U0165686

── 第三版 ──

臺灣史

黃秀政 、張勝彥 、吳文星 ──── 著

五南圖書出版公司 印行

黃序

　　臺灣為一海島，位於歐亞大陸板塊的東緣外海之中，是中國大陸、東北亞與東南亞的交通要衝，為歐亞遠東航線的必經之地。由於與中國大陸僅一水之隔，明、清兩代臺灣乃成為福建、廣東兩省移民的新天地，是近代漢民族殖民成功的特例。再加上四面臨海，地理位置特殊，自古以來臺灣歷史的發展便兼具海洋與國際雙重性格，十七世紀荷蘭、西班牙兩個海權國家曾分占臺灣南部及北部，十九世紀末至二十世紀上半葉日本曾統治臺灣；其主權者時有更迭，政權變動頻仍，與中國大陸的關係時分時合；其文化發展多元，與中國文化、日本文化，乃至美國文化相較，均有某種程度的差異性。

　　臺灣歷史的發展，對於「生於斯，長於斯」的你我而言，是相當值得吾人重視的。可惜的是，過去由於特殊的政治環境，臺灣史的研究一直是一種禁忌，並未獲得應有的關注與鼓勵。近年以來，隨著國內政治情勢的變化、社會日趨多元與開放，以及國民中學新課程「認識臺灣」的實施，臺灣史的研究備受海內外人士的重視。新史料陸續出土，專書、論叢的出版有如雨後春筍；學術研討會的舉辦、學者的參與研究，以及各地文史工作室的相繼成立，積極投入各地文史資料的發掘與蒐集工作，終使臺灣史的研究形成一股熱潮，蔚為「顯學」，與往昔的禁忌恰成強烈的對比。

　　由於臺灣史的研究已受到重視，各大學或獨立學院不僅在歷史系所廣開臺灣史課程，其通識教育中心等教學單位亦紛紛開設臺灣歷史領域的通識課程，以方便非歷史系的學生選修。為了及時提供各大學或獨立學院歷史系所及非歷史系學生一部合適的臺灣史教科書，五南圖書公司特於兩年前邀請張勝彥教授、吳文星教授與本人，亦即國民中學新課程「認識臺灣（歷史篇）」的三位核心成員，各就專長領域，分工合作，共同完成本教

科書，刊行問世。

　　本書的編寫，內容取材力求客觀平實，章節架構儘量配合臺灣歷史發展的脈絡，文字敘述務期淺近通順，便於閱讀；參考資料相當豐富，史事解釋力求周延平允，不偏不倚，俾能有助於讀者對臺灣歷史發展的進一步認識，以達成歷史教育的使命與目的。此外，由於本書係大學用書，爲顧及讀者的需要及可讀性，各節僅於必要時酌予加註，或註明出處，或就專有名詞加以解釋，以便讀者參考。

　　本書共分十章，約三十萬字，分由三位撰稿人執筆。初稿完成後，又承國立中興大學歷史系碩士班研究生李妙虹小姐協助整理參考書目，特此一併致謝。

　　本書三位撰稿人均爲史學科班出身，目前均於國立大學歷史系所講授臺灣史，且均有編寫教科書的經驗，允爲理想的撰稿人選。惟因臺灣歷史發展錯綜複雜，加以教科書的編寫本非易事，史事取材與史觀解釋難免見仁見智，疏漏錯誤之處諒必不少，敬請學界先進不吝指教，以爲再版修訂之參考。是爲序。

黃秀政　謹識

二〇〇一年十二月序於國立中興大學文學院

目錄

第一章　緒論

壹、「臺灣」一詞的空間定位

一、第一階段（一六二四年以前）

　　一六二四年（明天啓四年）以前，在中國的文獻裏，臺灣常以不同的名稱出現。被後人認為可能是臺灣的地方，最早有《尚書‧禹貢》篇的「島夷」、《列子‧湯問》篇的「岱員」，以及《史記‧秦始皇本紀》的「瀛洲」。比較可能是臺灣的地方，則有《後漢書‧東夷傳》的「東鯷」、《三國志‧吳志孫權傳》和沈瑩《臨海水土志》的「夷州」、《隋書‧流求傳》的「流求」、《宋史‧流求傳》的「瘣求」、趙汝适《諸蕃志》的「流求國」與「毗舍耶國」，以及《元史‧外夷傳》的「瑠求」。明代的稱呼更多，常用局部的地名來代替全島，如張燮《東西洋考》一書所稱的「雞籠」、「淡水」、「北港」、「東蕃」、「打狗」，以及「大員」等地名。明初，稱琉球爲「大琉球」以後，臺灣又有「小琉球」的名稱。至於北港一名「魍港」，即後來的笨港，現仍稱「北港」，在今雲林縣西部。

　　「臺灣」名稱的由來，可能與「大員」同音字有關。明神宗萬曆年間，親自到過臺灣的陳第所撰《東蕃記》一書，曾提過「大員」一詞。惟陳第仍稱臺灣爲東蕃，他甚至認爲「臺灣」是由諸島合成的，而「大員」只是一個小地名。

　　連橫《臺灣通史‧開闢紀》云：「或曰臺灣原名埋冤，爲漳、泉人所號。明代漳、泉人入臺者，每爲天氣所虐，居者輒病死，不得歸。故以埋冤名之，志慘也。其後，以埋冤爲不祥，乃改今名，是亦有說。」[1] 惟事

---

[1] 連橫，《臺灣通史‧開闢紀》（臺北市：衆文圖書公司影印，1978年2月），頁27。

實上，「埋冤」之名，從未流行過。

　　一六二四年，荷蘭人到達臺灣以後，其官方文書稱安平港爲「臺窩灣」。臺窩灣本爲當時原住民部落的名稱，也就是社名。而現今的安平港，就是以前的臺窩灣港，可能是明代人聽到臺窩灣這一名稱，遂轉稱爲大員、臺員、大冤、大灣，再進而爲臺灣。

二、第二階段（一六二四～一九四九年）

　　在一六二四年以前，荷蘭人曾兩度入據澎湖。第一次係由荷蘭東印度公司所派遣的提督韋麻郎（Wijbrant van Warwijck）率領，於一六〇四年（明萬曆三十二年）八月占領澎湖，隨即與福建當局進行貿易交涉，後來爲明都司沈有容所逼退。第二次係由荷蘭在巴達維亞的總督府所派遣之提督雷爾生（Cornelis Reyersen）率領，於一六二二年（明天啓二年）七月再度占領澎湖，仍積極謀求與福建當局交涉通商事宜。後來，因明朝實施海禁，並整修戰備，準備以武力加以驅逐，荷蘭人乃於一六二四年八月自澎湖撤退，轉往大員（今臺南市安平區），占據臺灣。

　　在荷蘭人兩度占領澎湖期間，當時的澎湖與臺灣在中外文獻中，係兩個不同的地理名詞，故荷蘭人雖於一六〇四年、一六二二年兩度入占澎湖，但中外文獻稱荷蘭人據臺，均自一六二四年開始。而一六二四年荷蘭人入據臺灣之後，「臺灣」一詞的空間定位從此包括臺灣本島及澎湖。此種稱呼歷經荷據時期（一六二四～一六六二年）、鄭氏治臺時期（一六六一～一六八三年）、清領時期（一六八三～一八九五年）、日治時期（一八九五～一九四五年），直至八年抗戰勝利，臺灣光復初期的一九四九年（民國三十八年）才再度有所改變。

三、第三階段（一九四九年迄今）

　　一九四九年（民國三十八年），中華民國政府自中國大陸撤退至臺灣以後，中華民國在臺灣的實際統治地區僅及臺灣（臺灣本島、澎湖）、福建（金門、馬祖）二省，臺、澎、金、馬成為不可分割的命運共同體。至是，「臺灣」一詞的空間定位乃再擴大，從原先僅包括臺灣本島及澎湖二地，擴大為包括臺灣本島、澎湖，以及金門、馬祖四地。而臺灣與中國大陸分屬兩個互不隸屬的政治實體，在外國人的稱呼中，常以臺灣代表中華民國。

貳、臺灣歷史的分期與定位

一、荷據以前（一六二四年以前）

　　在一六二四年荷蘭人入據臺灣以前，臺灣與澎湖由於是兩個不同的地理名詞，因而各有其獨特的歷史發展。在臺灣，係以原住民為主體的部落社會（tribal society），平地為平埔族的分布區，山地為高山族的分布區。平埔族與高山族又各因其生活、禮俗與語言的不同，而各自再分為若干族。除了原住民以外，偶有漢人來臺從事貿易，或漁民上岸取得補給，作短暫停留，但為數不多。

　　至於澎湖，則可以一三六〇年（元至正二十年）元順帝在澎湖設立巡檢司為斷限，畫分為前後兩個階段。在一三六〇年以前，中國文獻雖有不少有關澎湖的記載，但多屬傳聞與臆測，真實性待考。在一三六〇年以後，澎湖正式成為元朝的一個行政區；明朝前期與中期，亦曾在澎湖派兵

駐守。至一六二二年，時值明朝末年，荷蘭人占領澎湖時，當時應已有爲數不少的漢人。

　　本期臺灣史的定位，在臺灣與澎湖並不相同，臺灣係以原住民爲主體，澎湖則爲元明兩朝之地方史。

二、荷西時期（一六二四～一六六二年）

　　一六二四年，荷蘭人自澎湖轉進臺灣南部，首度在臺灣建立統治機構，是爲臺灣由「部落社會」轉型爲「民間社會」（folk society）的開始。越二年，西班牙駐馬尼拉總督府派遣提督瓦爾德思（Antonio Carreno de Valdes）率領艦隊入占雞籠（基隆）和滬尾（淡水）等北部地區，與荷蘭人形成南北對抗之局。惟至一六四二年（明崇禎十五年），南部的荷蘭人驅逐北部的西班牙人，荷蘭人乃成爲臺灣唯一的統治者，直到一六六二年敗退離去。

　　本期臺灣史的定位，不論其爲荷蘭人獨霸時期，或荷西南北對抗時期，均爲外國史，乃至世界史的範圍。

三、鄭氏治臺時期（一六六一～一六八三年）

　　一六五九年至一六六〇年間（明永曆十三年至十四年），鄭成功因在中國東南沿海所從事的反清復明運動遇到重大挫折，乃調整戰略，決定東征臺灣，建立新的根據地，俾能長期抗清。一六六一年四月，鄭成功率大軍自金門料羅灣啓程，先抵澎湖，旋登陸臺灣，與荷蘭人相持近十個月，終於逼迫荷蘭人投降，退出臺灣。

　　鄭成功進入臺灣之後，改赤崁地方爲東都明京，出現第一次的漢人政

權。翌年，鄭成功去世，世子鄭經繼位。一六六四年（明永曆十八年），鄭經再改東都爲東寧，直至一六八三年鄭克塽爲清廷平定，臺灣納入清朝版圖。鄭氏祖孫三代治臺，共二十三年。

　　本期臺灣史的定位，鄭氏與清朝雖爲敵國，但二者皆爲漢文化所建立之政權，故可視爲國史中的國別史。

四、清領時期（一六八三～一八九五年）

　　一六八三年（清康熙二十二年）六月，清廷派遣福建水師提督施琅率軍攻臺，鄭克塽投降納土，鄭氏治臺時期結束。

　　翌年，清廷在臺灣設置臺灣府，隸福建省管轄；並廢鄭氏治臺時期之天興、萬年二州，改設爲臺灣、鳳山、諸羅三縣，隸臺灣府管轄。其後，隨著臺灣各地的開發與民變的迭起，在一府的架構之下，各縣轄區再作調整，廳縣亦有增置。一八七五年（清光緒元年），原一府四縣三廳的格局再調整爲二府八縣四廳，二府即臺灣府與臺北府。一八八七年（清光緒十三年），臺灣建省，行政區劃由二府調整爲三府一直隸州，三府即臺南府、臺灣府與臺北府，一直隸州即臺東直隸州。三府下轄十一縣三廳，其後續有增置。至一八九五年（清光緒二十一年），因甲午敗戰，清廷被迫割讓臺灣給日本，結束清廷二百一十三年的統治。

　　本期臺灣史的定位，不論其爲一府、二府時期，或是建省時期，均爲清廷之地方史。

五、日治時期（一八九五～一九四五年）

　　一八九五年（清光緒二十一年，日明治二十八年）五月，日本根據馬

關條約取得臺灣，並於六月十七日在臺北舉行「臺灣始政典禮」，展開長達五十一年的殖民統治。

日本殖民統治時期，其行政區劃的調整多達十次，由一八九五年的三縣一廳（臺北縣、臺灣縣、臺南市及澎湖島廳）演變至一九二六年（日昭和元年）的五州三廳（臺北州、新竹州、臺中州、臺南州、高雄州及澎湖廳、臺東廳、花蓮港廳），變動幅度很大。而其臺灣總督的出身，則歷經武官總督、文官總督、武官總督三個階段。

本期臺灣史的定位，不論其行政區劃如何調整、臺灣總督的出身如何，均為外國史。

六、光復初期（一九四五～一九四九年）

一九四五年（民國三十四年），中國對日抗戰勝利，日本無條件投降，臺灣主權歸還中華民國，成為中華民國的一個行省。臺灣省下設八縣九省轄市（八縣即臺北縣、新竹縣、臺中市、臺南市、高雄市、臺東縣、花蓮縣、澎湖縣；九省轄市為臺北市、基隆市、新竹市、臺中市、彰化市、嘉義市、臺南市、高雄市、屏東市）。

臺灣光復之初，國民政府以臺灣情形特殊，省設行政長官公署而非省政府，委任行政長官立法、行政大權，行政長官並兼臺灣省警備總司令，集立法、行政、軍事大權。嗣因一九四七年二月爆發「二二八事件」，國民政府乃於同年五月改組臺灣省行政長官公署為臺灣省政府。此後直至一九四九年中央政府遷臺。

本期臺灣史的定位，不論是前期的省行政長官公署，或後期的省政府，臺灣省皆為中華民國的一個行政區，均為地方史。

七、中華民國在臺灣時期（一九四九年迄今）

　　一九四九年，中華民國因在大陸剿共失利，中央政府被迫播遷臺灣，臺北成為中華民國政府的首都。

　　中央政府遷臺之後，中華民國政府已無法對中國大陸作有效的統治，其實際統治區僅及臺灣、澎湖、金門、馬祖。另一方面，一九四九年十月中國共產黨在大陸另行成立「中華人民共和國」。中華民國與中華人民共和國各自擁有主權，是兩個互不隸屬的政權，雙方經長期的對抗，再經多年的停戰，目前正展開兩岸交流之談判。

　　本期臺灣史的定位，由於中華民國與中華人民共和國長期的對峙，各自擁有主權，互不隸屬，可視為國史中的國別史。[2]

參、臺灣歷史的特色

一、近代漢民族殖民成功的特例

　　十六、七世紀以來，中國東南沿海的福建、廣東兩省因人口壓力很大，兩省人民乃陸續向菲律賓、南洋其他地區，以及臺灣等地移民。

　　由於當時這些漢人移民地區曾先後成為西方帝國主義國家的殖民地，在殖民帝國重商主義之下，漢人的移民發展自然受到限制。社會學家陳紹馨曾針對西班牙、荷蘭殖民主義下的菲律賓與臺灣的福建移民作比較研究，他指出：西、荷殖民帝國為擴充貿易以增加利潤，乃不得不

---

[2]　黃秀政，〈論臺灣史的分期與臺灣史料的利用〉，收入氏著《臺灣史志論叢》（臺北市：五南圖書公司，2000年3月初版二刷），頁384至386。

招徠漢人至其殖民地。事實上，彼等安置漢人於一定區域之中：西班牙人安置漢人於馬尼拉之澗內（Parian），而荷蘭人安置漢人於普羅民遮城（Provintia）；此外，荷蘭人更提供船隻，將漢人自福建運抵臺灣。重商主義殖民帝國之原則，爲儘量由貿易獲取利潤。荷蘭人在臺灣獎勵農業，其目的無非希望自貿易取得利益。漢人與白人殖民者接觸，固然得利，但同時亦於交易中受到剝削，並受各種徵課與管理，有時甚至被欺凌。當漢人人數增至足以威脅其統治權時，雙方關係遂告緊張。在此情形之下，一有摩擦即容易發生衝突。

一五九三年，馬尼拉發生騷動，於是西班牙人開始限制漢人人數。一五九四年，五千名漢人被逐出馬尼拉；翌年，一萬二千名漢人被逐。一六〇三年，漢人與西班牙人終於發生大規模衝突，結果有二萬三千名漢人遭到屠殺。惟雙方雖形同水火，但漢人與西班牙人之關係仍未中斷——漢人仍得居留菲律賓以求生存，而西班牙亦需漢人以獲取利益——此種奇異之依存關係，持續相當一段時間，在一六三九年及一六六八年，雙方一再衝突，每次衝突都導致漢人被屠殺。因此，福建雖有多數過剩人口亟待外移，然菲律賓之漢人數目，終未能超過某一額度。根據文獻記載，一六三九年西班牙人屠殺漢人前夕，在菲律賓的漢人爲四萬五千人。

臺灣之情形，與菲律賓亦有幾分類似。荷蘭人於一六二四年入臺，自一六三六年開始獎勵農業以後，臺南及其附近之漢人人數，乃呈現穩定增加之趨勢。一六五〇年有漢人一萬五千人，一六五二年增爲一萬六千人。惟是年因利益衝突，引起漢人與荷蘭人之緊張，爆發郭懷一抗荷事件，因而造成一千八百名漢人被屠殺。然雙方亦維持奇特之依存關係，至一六六一年漢人壯丁尚且增爲二萬五千人。翌年，鄭成功驅逐荷蘭人，荷蘭人重商政策的統治從此告終。在西班牙人、荷蘭人分別統治菲律賓、臺灣期間，在菲的漢人遠較在臺的漢人爲多。但自一六六二年以後，隨著鄭氏政權的統治政策及其後的清領時期，漢人移民與人口之增加因而有結構

性的改變。由於漢人大量的移民臺灣，至一八一〇年臺灣的漢人已達二百萬人之多；一九四〇年，在臺灣的漢人更達五百五十萬人。反觀菲律賓，一八三六年約有漢人二萬五千至三萬人，其數目甚至較一六三六年少；至一九三九年，在菲律賓之漢人僅為十一萬七千人。[3]顯然地，鄭氏時期與清領時期的統治，是在臺漢人人口大增之原因；而菲律賓則因其先後為西班牙、美國的殖民地，漢人之增加有其無法克服之瓶頸。

至於南洋其他地區，亦因長期為西方帝國主義國家之殖民地，漢人無法大量移入，其移民發展受到限制，與菲律賓情形相同。臺灣作為漢民族的移民地區，成功地轉為漢文化的社會，成為近代漢民族殖民成功的特例，實非偶然，這是臺灣歷史的第一個特色。

二、政權變動頻仍

臺灣歷史的第二個特色，就是政權變動頻仍。如前所述，一六二四年荷蘭人入臺以前，臺灣與澎湖各有其獨特的歷史發展，臺灣係以原住民為主體的部落社會；澎湖則為元明兩朝的轄區，且已有為數不少的漢人移居其間。一六二四至一六六二年為荷西時期，主權者為荷蘭與西班牙。一六六一至一六八三年為鄭氏治臺時期，主權者為鄭氏政權；其中，一六六一至一六六二年荷蘭與鄭氏政權對峙期間，兩方各自擁有部分主權。一六八三至一八九五年為清領時期，主權者為清朝。一八九五至一九四五年為日治時期，主權者為日本。一九四五年臺灣光復迄今，主權者為中華民國。其中，一九四五至一九四九年期間，中華民國擁有大陸與臺灣，且以大陸為重心；一九四九年迄今，中華民國失去大陸，其實際統

---

[3] 陳紹馨，〈西荷殖民主義下菲島與臺灣之福建移民〉，收入氏著《臺灣的人口變遷與社會變遷》（臺北市：聯經出版公司，1979年5月初版），頁30至32。

治區僅及臺灣、澎湖、金門、馬祖，是所謂「中華民國在臺灣」之時期。

　　由上述可知，近幾百年來臺灣政權變動之頻仍。這些政權之中，荷蘭、西班牙，以及日本均係外國，使得臺灣社會與文化雜染幾分異國色彩，其中尤以日本的影響最深。

　　再者，由於政權變動的頻仍，臺灣與大陸時分時合。清領時期與光復初期，臺灣與大陸合一；其餘時期，臺灣與大陸分離。臺灣與大陸的時分時合，使得臺灣的歷史發展未能與大陸其他省分同一步調，彼此間存有某種程度的差異性。[4]

　　此外，就近百年臺灣與大陸的分合而言，在二十世紀的一百年中，臺灣與大陸分離的時間長達九十六年，合一的時間僅光復初期短短的四年。此種「分長合短」的分合關係，臺灣與大陸乃從一八九五年割臺前的一體關係，轉變成為若即若離，乃至各自發展。部分臺灣住民的國家認同發生混淆，產生所謂「臺灣獨立」的分離意識，就是此種分合關係的結果。這是臺灣政權變動頻仍的另一影響。

三、兼具海洋與國際雙重性格

　　臺灣歷史的另一個特色，是兼具海洋與國際的雙重性格。臺灣為一海島，位於歐亞大陸板塊的東緣外海之中，是中國大陸、東北亞和東南亞的交通要衝，為歐亞遠東航線的必經之地。早在一六二四年荷蘭人入據臺灣以前，在十六世紀掌握歐亞間海運霸權的葡萄牙，即憑藉其對亞洲所具有的豐富地理知識，繪有臺灣古地圖，註明臺灣之相關位置與航線。迨荷蘭人入臺之後，荷人更憑藉其優越的地圖製作技術與實地的探勘測繪，繪有

---

[4] 黃富三、曹永和，〈導言〉，收入黃富三、曹永和主編《臺灣史論叢（第一輯）》（臺北市：眾文圖書公司，1980年4月初版），頁2。

臺灣島全圖，詳載臺灣的海岸線，以及港口的位置與航道。[5]臺灣歷史的具備海洋性格，地理位置的優越是重要原因。

　　另就臺灣歷史發展來看，十六、七世紀臺灣已被迫捲入國際競逐的漩渦之中，日本、葡萄牙、荷蘭、西班牙等海權國家均有占領臺灣的企圖，其中荷蘭人、西班牙人更一度分占臺灣南部與北部。一六六二年，鄭成功驅逐荷蘭人，鄭氏政權為改善臺灣物資不足的困境，厚植國力；並取得軍火補給，以用兵於閩南，且積極推動國際貿易與英國、日本、南洋各地發展密切的貿易關係。臺灣歷史具備國際性格，是歷史發展的必然結果。

　　此後，歷經清領時期、日治時期，乃至光復以後的中華民國在臺灣時期，臺灣的海洋性格與國際性格雖因不同政權的統治政策，而略有消長，但其兼具此雙重性格，則始終未曾改變。時至今日，臺灣以一個資源有限的海島，憑藉著所具有的海洋與國際雙重性格，發展成為一個以國際貿易為導向的國家，在國際貿易中占有重要的地位，實有跡象可循。

四、文化發展多元

　　文化發展多元也是臺灣歷史的重要特色。在史前時期，先有舊石器時代晚期分布於臺東縣與屏東縣等地的長濱文化、臺南市的左鎮遺址，以及臺北市、苗栗縣的舊石器時代晚期人類遺址。接著有新石器時代的大坌坑文化、圓山文化和卑南文化等不同類型文化，以及金屬器時代的十三行文化、蔦松文化和靜浦文化等不同類型文化。吾人雖無法確知這些史前文化與後來臺灣歷史發展的關係，但仍可以由此推知史前時期臺灣文化的多樣性與分布之廣闊。

---

[5]　曹永和，〈歐洲古地圖上之臺灣〉，收入氏著《臺灣早期歷史研究》（臺北市：聯經出版公司，1979年7月初版），頁295至364。

　　進入歷史時期，十七世紀上半葉隨著荷蘭、西班牙的分占臺灣南部與北部，兩國乃各自引進其近代歐洲文化，並分別在其統治區傳布基督新教與天主教，使臺灣的原住民及漢人首度接觸到近代歐洲文化。

　　一六六二年，鄭成功驅逐荷蘭人之後，以臺灣作爲生聚教訓之地，中原的漢文化開始隨鄭氏大量傳入臺灣。其後，經鄭氏祖孫三代的統治，舉凡漢文化的典章制度、經濟社會與文化思想等，均自中原移植臺灣。一六八三年，清廷打敗鄭氏，再經清代兩百多年的統治，漢文化不但在臺灣生根，並且發展出具有臺灣特色的文化，此即所謂的「小傳統」文化。在鄭氏及清代長期的統治期間，漢人與原住民（平埔族與高山族）的互動相當密切，原住民的固有文化亦融入臺灣社會之中，成爲臺灣文化的重要成分。

　　一八九五年，清廷割讓臺灣給日本，經日本五十年的殖民統治，日本文化亦在統治當局的提倡與重視之下，不停地傳入臺灣，遍及城鄉各角落，逐漸蔚爲主流，臺灣乃形成以日本文化爲表、漢文化爲裏的「和表漢裏」二元文化型態。其間，現代歐美文化亦隨日本文化傳入，對臺灣社會發生一定程度的影響。

　　一九四五年臺灣光復，成爲中華民國的一個行省，日本文化支配臺灣社會的局面，隨著日本殖民統治的終止而漸告結束，漢文化再度成爲主流文化。一九四九年，中央政府播遷臺灣，大陸各省的地方文化亦隨大批官兵與人民傳入；而以美國爲主的西方文化亦因美國對臺灣影響力的與日俱增，美式的制度、價值觀與流行文化等乃不斷的傳入臺灣，成爲臺灣新文化的重要部分。近年來，原住民的文化因政府的少數民族保護政策，而逐漸受到重視；而日本文化亦隨著日本的經濟影響力及其特殊風格，受到臺灣民間的重視與歡迎，終至形成所謂的「哈日」風潮。

　　時至今日，臺灣已發展出以漢文化爲主體，融合原住民文化、美式西方文化，以及日本文化成分的獨特文化，多元發展。

第二章　史前時代

　　地球上任何一處，只要有人類的活動就有其歷史。一地的歷史一般而言，可區分爲沒有文字紀錄的時代，與有文字紀錄的時代。前者稱之爲史前時代，後者稱之爲歷史時代。根據考古學者研究的了解，二、三萬年前，甚或五萬年前臺灣就有人類活動著，這也就是說，臺灣的歷史說短也有二、三萬年，說長則有五萬年。臺灣度過漫長的史前時代，直到四百年前才進入有文字紀錄的歷史時代，而本章即在介紹史前時代的臺灣。

第一節 文化演進

壹、舊石器時代

一、長濱文化

　　日治之初期就有日本考古學者在臺灣發現人類之史前遺址，此後雖陸續發現不少人類遺址，可是都屬新石器時代的人類遺址，即使到了戰後的一九六〇年代中期，仍尚未發現舊石器時代的人類遺址，而長濱遺址是臺灣首度發現的舊石器時代人類遺址。民國五十七年底起，臺灣大學考古隊在臺東縣長濱鄉八仙洞從事海蝕洞穴的調查研究，發現了非常豐富的舊石器時代晚期的文化，將之命名爲「長濱文化」。此一文化始於五萬年到三萬年前，分布在臺灣東部及恆春半島海岸地帶，是目前在臺灣所發現的最古老文化，一直持續到五千年前才消失。

　　長濱文化屬於舊石器時代晚期的文化，其主要生產方式是採集、狩獵與漁撈，尚無種植農作物及飼養牲畜的情形，其石器主要是打製而非磨製的。長濱文化的石器，就種類而言，小型的多是無定型的，較大型的則以不加修整的原始礫石石片器爲多，石核器則絕大多數是一面加工的礫石偏鋒砍器。從石器的類型上來看，長濱文化屬於東亞大陸系統舊石器時代的礫石砍器文化。有的學者認爲長濱文化可能與華南、東南亞的打製石片文化有直接的聯繫。

二、左鎮人、網形文化

　　臺南市左鎮鄉所發現的人類頭頂骨的一部分與少量的牙齒，經考古

學家的研究，推定係二萬到三萬年前的人類化石，因之被命名爲「左鎮人」。由於左鎮人的遺址除化石外，並未發現文化遺物，其文化究竟如何，實無法了解，但係爲舊石器時代晚期的人類則似毋庸置疑。與苗栗網形伯公壠地方出土的網形文化屬同一類型的文化，其主要分布的地區在臺灣西海岸的中北部丘陵台地，其出現的年代可能在一萬年以上，但就其遺物的形貌而言，可推定爲舊石器晚期的文化。網形文化一如長濱文化，其主要生產方式也是採集、狩獵與漁撈，尚無農業與畜牧業。

網形文化與中國廣東新洲地區的石器頗爲相似。目前臺灣在屏東縣的恆春龍坑遺址與鵝鸞鼻第二遺址，苗栗縣卓蘭壢西坪遺址與臺北市芝山岩遺址都發現過舊石器時代晚期的文化。

貳、新石器時代

在距今約七千年前，臺灣開始進入新石器時代，自此一直持續到兩千多年前左右，臺灣才進入金屬器時代。臺灣目前所發現最早的新石器時代文化爲大坌坑文化，此一文化屬新石器時代早期的文化。繼大坌坑文化之後，臺灣在距今約四千五百年到兩千年前左右出現許多新石器時代文化，例如臺北市士林區的芝山岩與中山區的圓山、臺中市清水區的牛罵頭、臺南市仁德區的牛稠子、屏東縣恆春鎮的墾丁、花蓮縣壽豐鄉的鹽寮、臺東縣東河鄉的漁橋、澎湖縣馬公市的鎖港等地就出現過新石器時代中期（距今四千五百年到三千五百年左右）的文化遺址。臺北市的植物園與芝山岩、臺中市大肚區的營埔、高雄市湖內區的大湖、臺東縣的卑南與成功鎮的麒麟等地就出現過新石器時代晚期（距今三千五百年到兩千年左右）的

文化遺址。

一、新石器時代早期

　　民國五十三年（一九六四年），張光直先生在新北市八里鄉大坌坑從事挖掘工作，發現與舊石器時代的長濱文化及其他新石器時代文化截然不同的文化，經判定為新石器時代早期的文化，距今約七千年到四千七百年，將之命名為「大坌坑文化」。此一文化是臺灣目前所發現最早的新石器文化，這一類型文化在北部海岸、臺北盆地、西南海岸、東部海岸與澎湖群島都發現過。

　　新石器時代人類生活的若干特徵是陶器、磨製石器的使用與農業的出現。大坌坑文化人已會製造陶器，技術尚為原始，所製造出來的陶器大都很粗糙。陶器以罐和缽為主，顏色成暗紅或褐色。由於陶器口緣下方之主體部分，常飾以粗繩紋為其特色、因此大坌坑文化又被稱為粗繩紋陶文化。

　　大坌坑文化人所使用的石器，除打製的石斧、石刀與礫石砍器外，也使用磨製的石斧、石錛、石鏃與網墜等石器。附帶一提的是大坌坑文化人，也有骨角器與貝器的使用。

　　根據大坌坑文化人所使用的器物，考古學家推測他們可能是住在河邊、海邊或湖邊的臺階地，已經有種植一些根莖類植物的原始農業，不過狩獵、漁撈與採集仍是他們的主要生產活動。

　　臺灣大坌坑文化出現於七千年前，與長濱文化雖然有一段重疊的時間，但其間的關係至今仍不明朗。一般而言，大多認為大坌坑文化是由外地移入的新文化，從比較研究的結果，推測大坌坑文化也許是南島語系民

族[1]的祖先，臺灣原住民是南島語系民族的一部分，因此也可說大坌坑文化可能是臺灣原住民的祖先型文化。大坌坑文化與分布在東亞大陸東南沿海，尤其是中國福建閩江口以南到雷州半島附近的中國閩粵沿海的若干繩紋陶文化相當類似，可見其間有相當的關係。

二、新石器時代中期

這個時代的臺灣一方面是大坌坑文化在臺灣各地發展的適應期，另一方面是外來文化的移植，以致具地方特性之文化風起雲湧。

（一）芝山岩文化

繼大坌坑文化之後被發現於臺北市士林區芝山岩遺址的芝山岩文化，其存在約在四千年前左右。芝山岩文化內容包括石器、陶器、骨器與木器等。石器有打製的石斧、石鏟、石鋤，磨製的石斧、凹石、石錛、石刀、箭鏃、石杵與玉器飾物；陶器有罐、缽、碗、豆等類型；顏色有灰黑、褐與紅色；紋飾類別繁多，有捺點紋、圈紋、槽紋、方格紋與少量的繩紋，繩紋與大坌坑和鳳鼻頭出土的相同；木器有掘棒、尖狀器、陀螺形器與木槳形器等。芝山岩文化除有上述石器、陶器、骨器、木器外，尚發現有草編、藤編與繩索等編織物。根據芝山岩文化遺址和出土遺物加以分析研究，學者們認為芝山岩文化屬於小型聚落的性質，居民過著漁撈、狩獵與種植蔬菜稻米的生活，同時其製陶業也已相當發達。

---

[1] 南島語系：目前分布於太平洋和印度洋中的多數島嶼區，以及部分的中南半島，即分布於東起復活島（Easter Island），西至馬達加斯加島，北到夏威夷，南抵紐西蘭的土著族群，所使用的語言總數雖然有八百種之多，但從其語音（Phone）、構造（Construction）、語彙（Vocabulary）、語態（Voice）和語氣（Mood）加以分析，則可歸類為同一語系，語言學家將之統稱南島語系，使用此類語言的民族叫南島語系（Austronesian或Malayo-Polynesian）。臺灣原住民所使用語言，雖然多達二十多種，但都同屬南島語系。

（二）圓山文化

圓山文化距今約四千五百年到二千年左右，大致分布在臺灣北部海岸與臺北盆地一帶。圓山文化是一持續發展的文化，可分成前、後兩期，即約四千五百年到二千七百年前左右為前期（又稱圓山期），以臺北市圓山遺址出土的文化為此一時期的典型代表；約在二千七百到二千年前左右為後期（又稱植物園期），臺北市植物園遺址出土的文化為此一時期的典型代表。

圓山文化的特質：就石器而言，石器類型非常多，其中出現頻率較大的有磨製大鏟、平凸型大鋤、有段石錛、有肩石斧等石器，但沒有石刀，然段石錛和有肩石斧為其他史前文化所無；就陶器而言，絕大多數為淺棕色素面形圈足陶，帶有一對由口唇起附於肩上的把手。但自二千七百年前左右，圓山文化進入後期時已是新石器時代晚期，此時就骨角器而言，以漁叉的數量最多；就玉器而言，有玦、環與珮等飾物；就風俗而言，有拔牙風俗、行仰身直肢葬或屈肢甕棺葬。圓山文化遺址常有人們食用貝肉後，丟棄貝殼所堆積而成的貝塚，此為圓山文化的又一特質。根據圓山文化遺址出土的文物加以分析研究，學者們認為圓山文化人已有進步的農業，能大量狩獵和撈捕河湖，甚至海中的魚貝，有嚴謹的社會組織，並且已有宗教信仰。

（三）細繩紋陶文化

細繩紋陶文化廣泛分布在臺灣的沿海地帶，但在若干河谷地帶也有發現，此文化是臺灣各類史前文化中，在地域上分布最廣的一支。此類文化較具代表性的有臺中市清水區牛罵頭文化，臺南市仁德區的牛稠子文化，和屏東縣恆春鎮的墾丁文化。

牛罵頭文化、牛稠子文化和墾丁文化等細繩紋陶文化的共同特徵都有細繩紋陶的出現，這一點也可以說明這些細繩紋陶文化理應是在大坌坑文

化晚期的基礎上逐漸演化而來的地方性文化。不過此等細繩紋陶文化出土的陶器,其器型較大坌坑文化來得多樣,有罐、缽、豆、三足器、多聯杯等樣式;石器亦比大坌坑文化來得複雜且多樣,諸如斧、鋤、刀、網墜、箭鏃等農耕漁獵用具即是細繩紋陶文化的產物。這些細繩紋陶的文化,在各地區逐步演化發展爲各個新石器時代晚期的文化。

　　總的來說,新石器時代中期的文化遺址規模較比新石器時代早期的大,堆積較厚,因之其社會可說已是長期定居性聚落的原始部落社會。此時期的工具中農具已占相當大之比例,由此可知,農業在當時的社會占重要的地位。而稻米、小米等種子植物可能已是當時的重要作物。不過,漁撈、狩獵仍占重要地位,則毋庸置疑。

三、新石器時代晚期

　　臺灣新石器時代晚期的文化,其存在的年代大約在三千五百至二千年前。此時少量的青銅器已經導入北臺灣;此階段之文化類型逐漸複雜,出現能適應各種不同生態區位的人群;此外,此時期的聚落及人類活動的領域往山區擴張。茲舉營埔文化、大湖文化、卑南文化和麒麟文化爲代表,並分別說明如下:

(一)營埔文化

　　此一文化分布於臺灣中部大肚溪和濁水溪中下游一帶的河邊階地和丘陵上。以臺中市大肚區營埔遺址的營埔文化爲代表:此文化的陶器以灰黑色陶罐和陶缽爲主;紋飾種類更多,有羽狀、波浪、圓圈、點刺等紋案;石器種類繁多,有石鋤、石錛、石刀、石鏃、石槍、石球與網墜等。值得注意的是營埔文化出土的陶片中有稻殼的遺痕,顯示稻作已傳到臺灣中部。

（二）大湖文化

此一文化主要分布在臺南與高雄一帶，以高雄市湖內區的大湖遺址為代表。大湖文化出土的陶器，顏色以灰、紅兩色為主，器形有盆、杯、缽和罐等，此外也有相當多的黑陶和彩陶；石器有石鋤、石鏃、石刀和石錛等。

（三）卑南文化

卑南文化為新石器時代晚期的文化，分布在臺東海岸山脈東麓、花東縱谷，以及恆春半島一帶，而以臺東市的卑南遺址為最著名。卑南遺址出土的遺物內容豐富，除板岩石棺、板岩石柱外，有各種日用品和陪葬品。日用品包括石刀、石鐮、石杵、石矛、石鏃和石針等石器，以及陶罐、陶紡輪和陶環等陶器；陪葬品包括陶罐、陶壺、陶杯和陶紡輪等陶器，以及石質或玉質的頭飾、耳飾、頸飾、胸飾、箭頭和矛頭等器物。

就上述卑南遺址的器物內容可知，卑南文化人的農業較新石器時代中期發達，生活也較富裕。再就卑南文化人的板岩石棺內多樣的陪葬品、男女的拔牙、死者的頭部覆以陶器等風俗，亦可推知卑南文化人的宗教禮俗，亦較前一時代來的繁複些。附帶一提的是卑南文化的分布區，有一部分與分布於臺東海岸山脈東麓的麒麟文化相重疊，而麒麟文化與東南亞的新石器文化有所關聯，因此卑南文化或許有可能或多或少與東南亞的新石器文化有所關聯。

（四）麒麟文化

麒麟文化主要分布在花東海岸山脈的東邊，北起花蓮縣秀林鄉的太魯閣，南到臺東縣成功鎮的都蘭。而以成功鎮的麒麟遺址為代表。麒麟文化的陶器以紅褐素面陶為主，石器有石鋤、石錛、石矛、石刀和網墜等。此一文化的最大特色是遺址中除一般石器外，常出現岩棺、石壁、巨石、石

柱、單石、石像等與祭祀有關的大型石製品,因此麒麟文化又被稱為巨石文化。以上所述新石器時代晚期的文化,其發展的共同傾向是:陶器方面逐漸放棄繩紋裝飾,器型多樣化,聚落在規模方面也增大,且也有往中央山脈區的台地或山地移動的趨勢,此外可能因為人口的增加,社會日漸複雜,加上資源的爭奪,已經有小規模的戰爭。

參、金屬器時代

大約在二千年前左右,臺灣先民漸懂得使用或製造鐵質的生產工具,自此臺灣史前文化發生了重要的轉變,逐漸由新石器時代轉入金屬器時代。臺灣金屬器時代一直持續到四百年前才逐漸結束,而進入歷史時代。臺灣目前所發現的金屬器時代文化有十三行文化、蕃仔園文化、蔦松文化與靜浦文化等,這些文化可能都是臺灣新石器時代晚期文化的後裔。

一、十三行文化

此文化主要分布在臺灣北部海岸和臺北盆地,但桃園、新竹、苗栗等縣的沿海地區以及花蓮縣北部的立霧溪流域也有此一文化存在。十三行文化約在二千三百年前開始出現,一直持續到漢人進入後才告結束。此一文化,由於分布的地區廣,存在的時間也長,所以可以區分為幾個不同類型,其中以新北市八里區的十三行類型最具代表性。

十三行文化其若干特徵是:石器不多;已用金、銀、銅和鐵等金屬器,且能製造鐵器;陶器數量多,質地堅硬,其中十分之九為紅褐色夾砂

陶，其餘爲黑色或灰褐色，器型以罐、瓶、缽和盆爲主，陶器表面之紋飾圖案多，有各種幾何形印紋，而以方格紋和斜方格紋爲多；骨角器有矛、鏃、魚鉤和裝飾用品；遺物中出現瑪瑙珠、玻璃製品、漢人銅碗、銅錢和瓷片等，及數量多寡不一的陪葬品，行側身屈肢葬。

　　從十三行遺址的遺物和埋葬方式加以分析，學者認爲十三行文化人的生活情形爲：經濟上過著以種植稻米等穀類作物爲主，但捕魚、採貝和狩獵仍然是重要的生活方式；在精神生活方面，已有宗教信仰；社會上有貧富貴賤之別；政治上有部落聯盟；對外關係上與中國、東南亞及臺灣島內的其他族類有所往來。十三行文化的幾何形印紋陶，似與中國南方沿海所常見的幾何形印紋陶非常近似，而十三行文化的幾何形印紋陶，又爲臺灣北部平埔族的凱達格蘭和宜蘭地區的噶瑪蘭族所沿用到近代。由是足見十三行文化與各該地區的平埔族間一定有密切的關聯，同時亦可見該地區的平埔族文化與中國南方的金屬器文化也有所關聯。

二、蕃仔園文化

　　蕃仔園文化主要分布在中臺灣的海岸地帶，以臺中市大甲鎮的蕃仔園遺址爲代表，其存在年代距今約有一千五百年。蕃仔園文化的特質是：已有鐵器的使用，石器數量少；石器中以礫石片打製的石刀爲最多；陶器以灰黑色之罐、瓶、缽最爲常見，陶器之紋飾有方格、刺點、魚骨和波浪等紋；骨角器有骨鏃、骨錐和尖狀器；遺物中出現瑪瑙珠、玻璃製品；遺址有貝塚，有鹿、羊、豬、鳥、魚等動物骨骸；埋葬方式以俯身直肢爲主，有的頭部覆上陶罐。由蕃仔園遺址出土的遺物內容可見，此一文化爲金屬器文化，過著種穀類，採貝、捕魚和狩獵的生活。

三、蔦松文化

臺灣中部地區的金屬器文化，以蕃仔園文化最著，而臺灣南部地區的金屬器文化以蔦松文化最為有名。蔦松文化分布於臺灣西南部的海岸、平原與丘陵地，北起雲林、嘉義、南到高雄、屏東一帶。蔦松文化以臺南市永康市的蔦松遺址為代表，此種文化的若干特質是：遺址的面積一般都很大，且大多包含貝塚；石器甚為稀少，有鐵器的使用；陶器燒製的火候很高，以表面抹光的素面紅褐色陶為主，偶見黑色陶和陶面飾以劃紋、圈點紋和貝紋的陶器；陶器的種類多，除罐、缽外，其他尚有環、紡輪、支腳、網墜、珠和鳥首狀等陶製品。

四、靜浦文化

此文化分布花蓮、臺東海岸一帶，以花蓮縣壽豐鄉的靜浦遺址為代表，其文化特質是：石器的數量非常稀少，有鐵器、青銅器、玻璃器、瓷器和帶釉陶之使用；陶器顏色以紅褐色為多，形狀種類多，有罐、釜、缽、甕、瓶、杯和碟等，有的罐、甕、瓶和杯有提紐或把手；陪葬品內容豐富，有青銅項飾、銅鈴、金飾、玻璃器、玻璃珠、瑪瑙珠和鐵器，早期行石板棺直肢葬，晚期改為坐姿屈肢葬。學者依靜浦文化遺址出土的文物加以分析，認為此一文化已有相當進步的農業，不過仍然有漁撈、狩獵和採集等生產活動。此外，學者就此文化的特質推測，此文化為此地新石器

時代文化的後裔，有的學者甚至認為靜浦文化人是今天阿美族的祖先[2]。

---

[2]　臺灣史前文化的時空架構如圖2-1（引自劉益，《臺灣前文化與遺址》，臺灣省文獻會，1996年頁22）

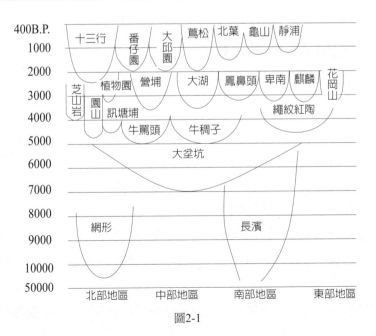

圖2-1

第二節 原住民社會

壹、平埔族

一、「平埔蕃」、「熟蕃」

漢人自古以來將周邊的非漢族稱為東夷、西戎、北狄、南蠻，中國明代稱臺灣之原住民為「東蕃」。從中國清代文獻可知此時期將臺灣原住民總稱為「蕃」，而將居住在臺灣東北部的宜蘭平原、西部的平原、丘陵地帶的原住民稱之為「社蕃」、「土蕃」、「化蕃」、「歸順蕃」。這些原住民與漢人接觸較早，相互溝通較易且大多居住在平原或丘陵地，因之漢人亦稱之為「熟蕃」或「平埔蕃」，後來又以平埔族稱之。

二、平埔族的族群與分布

平埔族一般分為西拉雅、洪雅、貓霧捒、巴布拉、巴則海、道卡斯、凱達格蘭和噶瑪蘭等八族。

西拉雅族之分布地區北起臺南平原，南達屏東平原之平地或山麓地帶。本族可再分為西拉雅、馬卡道、大武壠等三支族。文獻上的新港社、大目降社、蕭壠社、麻豆社、目加溜社、上淡水社、下淡水社、茄拔社或芒仔芒社等即是西拉雅族的聚落。

洪雅族分布於臺中市霧峰區以南、臺南市新營區以北之接近山麓的平地。萬斗六社、貓羅社、南投社、北投社、西螺社、諸羅山社與哆囉嘓社等都屬洪雅族的聚落。

貓霧捒族（即巴布薩族）分布於彰化平原的大部分和臺中盆地的一部

分。貓霧捒社、半線社、二林社與馬芝遴社都屬此族。

　　巴布拉族分布於臺中市清水區以南、大肚台地以西之海岸平原地帶。牛罵頭社、沙轆社、水裡社與大肚社等即屬此族的聚落。

　　巴則海族主要分布地爲豐原區，其分布範圍北抵大甲溪岸，南到潭子區，東達東勢區，西至大肚山一帶。岸裡社、樸仔籬社、阿里史社與烏牛欄等社皆屬巴則海之聚落。

　　道卡斯族分布於臺中市大甲區以北，苗栗鎮沿海地帶，北抵新竹市附近之海岸平原地帶。大甲社、苑裡社、吞霄社、後壠社和竹塹社等社都是道卡斯族的聚落。

　　凱達格蘭族主要分布地在臺北盆地，其範圍北起基隆市，南抵桃園縣。霄裡社、擺接社、秀朗社、武𣹷灣社、錫口社、毛少翁社、八里坌社、小雞籠社、大雞籠社、金包里社和三貂社等社都是凱達格蘭族的聚落。

　　噶瑪蘭族分布在宜蘭平原、棋立丹社、馬麟社、打馬煙社、歪仔歪社和里荖社等社即爲噶瑪蘭族的聚落。

三、平埔族的社會

　　平埔族族群多，各族的社會組織有所差異，就一般而言，各部落不相統屬，各有自己的領袖，社會中男女有別，男子依年齡分長老和丁男等若干階層，社會地位以年長爲高，負責政治事務。根據荷蘭文獻的記載，知西拉雅族之新港、麻豆、蕭壠一帶，其部落由四十歲以上的長老十二人組成之長老會議領導，長老會議之會員任期兩年。凡重要事務概由長老會議在公廨先開會討論磋商，然後再將討論磋商所得的決議案，向部落公眾徵求同意後，始可付諸實施，未經公眾一致同意的長老會議決議案無法律

效力。前述丁男係指年齡在十七至二十一歲之間的未婚男子，夜間宿於公廨，其職責在於戰爭和打獵，接受長老的差遣。根據日本學者伊能嘉矩的調查，巴則海族男子依年齡分成兒童級（初生至十三歲）、青年級（十四歲至二十歲）、成年級（二十一歲至三十歲）、中年級（三十一歲至四十歲）和老年級（四十歲以上）等五級。平埔族大部分為母系社會，行招贅婚，男人隨妻而居，男人替妻家服勞役，因此女性在家庭中扮演極為重要的角色。家庭中女性尊長為家長，由女性傳承家系，親族組織由母系親族所形成，凡重要家務，都由女性家長為主體而處理之。此外，女性負責耕稼、紡織等主要生產工作。

貳、高山族

一、高山族的族群與分布

臺灣原住民做學術性之系統分類，始自日本殖民統治時代。當時日本人將原住民之高山族分為九族。這九族為雅美族、阿美族、卑南族、排灣族、魯凱族、鄒族（又稱曹族）、布農族、賽夏族和泰雅族。

雅美居住在蘭嶼島、島之東岸有伊瓦根努、伊拉魯米魯庫和伊拉拉萊三個聚落，島之西岸有伊馬烏路魯、伊拉泰和椰油三個聚落。

阿美族分布於花蓮臺東縱谷平原和臺東海岸山脈東側之海岸地帶，即北起花蓮縣的新城鄉，南到屏東縣的牡丹鄉、滿洲鄉皆為其分布範圍。

卑南族主要分布地為臺東縱谷南部，一部分散居在恆春半島上。

排灣族主要分布地為臺灣中央山脈之南段，即北起武洛溪上游之大母母山一帶，南到恆春半島，東南邊則包括山麓和狹長的海岸地帶。

　　魯凱族主要分布地為臺灣南部中央山脈的東西兩側，即西側的荖濃溪支流卓口溪流域或隘寮溪流域，東側的呂家溪流域皆為其分布流域。

　　鄒族分布地在玉山西南方，而以阿里山為主要分布地。

　　布農族大多居住在臺灣中央山脈約海拔一千至一千五百公尺間的山地。

　　賽夏族分布地為中港溪上游的南河與後龍溪上游的八卦力溪流域，約當今新竹縣五峰鄉及苗栗縣泰安鄉、南莊鄉境內。

　　泰雅族分布地非常遼闊，即南投縣埔里鎮與花蓮市一線以北的大片山地皆為其分布地。

二、高山族的社會

　　高山族的族群多，其社會組織互異，茲分述如下：

（一）賽夏族、布農族和鄒族的社會

　　此三族為父系社會，家系和家產由男性繼承。但無男性子嗣時，賽夏族的情形是家系和家產可由女兒繼承；布農族的情形是女兒可繼承家產而不得繼承家系。這三族的部落都有完整的氏族組織系統。氏族是部落的政治、經濟和宗教活動之基礎。部落公共事務，由氏族族長會議領導。族長會議之上有部落首長，負責執行族長會議決定之事務。

（二）雅美族的社會

　　此族為父系社會，家系和家產由男性繼承，其社會中沒有氏族組織或階級組織，但有與經濟生活最為密切的漁團組織，以及解決聚落紛爭的長老會議。漁團組織為雅美族社會中最為重要的組織，其漁團組成和漁船的建造是同時進行的，其成員有造船、修船與漁獵的義務，也有平分漁獲的

權利。至於聚落長老會議係由聚落中年齡最長者，召集幾位長老（聚落中二、三位年齡高而受敬重的老人）及族長所組成。此長老會議並非定期性會議，只是聚落內或聚落間有紛爭事項發生時才召開。

（三）泰雅族的社會

此族爲父系社會，家系和家產由男性繼承，無子嗣時家系和家產可由女兒繼承，但女兒需要採行招贅婚。泰雅族大多爲小家庭，家庭成員通常是一對結婚的夫婦和其未婚的子女，子女結婚後遷出另築新屋成立新家，父母與長子或幼子同居。由於泰雅族大多爲小家庭，因此其社會中大於家庭之親族團體之組織較爲鬆懈。此族社會中較爲重要的團體是祭團，它是以部落內有近親關係的人爲核心，加上遠親以及一些沒有血親關係的友人所組成的團體。此種團體不僅取代了親族團體的功能，且兼有地緣團體的作用。部落的公共事務由部落首長和部落長老會議來處理。部落首長通常由部落內主要祭團領袖所推舉產生的，有的部落首長是世襲的。

（四）阿美族和卑南族的社會

此兩族同爲母系社會，家系和家產由女性繼承，無女嗣時由兒子娶婦繼承，而社會之公共事務由男性負責。部落公共事務之處理與男子年齡組織和男子集會所有密切關係，換言之，集會所是男子年齡組織之政治活動中心。部落事務是透過部落的領袖會議來推動，可以說此一會議爲部落的領導中心。部落領袖會議的成員，是由年齡組織中，較高年齡級的成員中選任，而部落首長是由部落首領中推選產生，係整個部落的最高領導人。

（五）魯凱族與排灣族的社會

此兩族爲雙性嗣系社會，家系和家產男、女兩性皆可繼承，惟魯凱族以男性爲優先，當無男嗣時，才由女性繼承，而排灣族則男女不拘，即

由子女中最年長者繼承。排灣族之親族組織，可說是我國原住民各族中最為複雜的親族組織。魯凱族和排灣族的社會有貴族、世族和平民之分，農地、獵場、漁區都屬於貴族所有，凡平民皆需向貴族服勞役和繳租稅。部落之公眾事務由部落會議處理。以排灣族為例，部落會議有部落貴族會議、部落平民會議、祭儀會議、軍事會議和部落公審會等會。

第三章　國際競爭時期

第一節　漢人與日本人的活動

壹、漢人的活動

一、漢人對臺灣的稱呼

　　有些學者認為《尚書‧禹貢》篇中的「島夷」，《史記‧秦始皇本紀》中的「蓬萊」、「方丈」「瀛洲」，《漢書‧地理志》中的「東鯷」，《三國志》中的「夷州」等名稱可能是指今日的臺灣。但上述這類說法為大多數學者所不以為然。

　　東亞大陸自三國鼎立之後，雖然不久即為西晉所併滅統一，但旋即又進入四分五裂的狀態，其間歷經東晉南北朝，分裂時間長達三世紀之久。在這段期間，似乎看不到有關漢人如何稱呼臺灣的記載。南北朝之後，由隋文帝併吞南方的陳，東亞大陸又出現一霸權隋朝。隋文帝之後的隋煬帝係一好大喜功的君主，有志於海上的經略，西元七世紀初大業年間乃有征「流求」的行動，《隋書‧流求國傳》就有隋煬帝派兵征「流求」的記載。因之，有些學者認為「流求」係指今臺灣或琉球，換句話說有人認為隋朝時代，已有漢人以「流求」稱呼現今的臺灣了。但《隋書》中之「流求」究竟係指何地，仍有爭議。至於唐代漢人如何稱呼臺灣，尚無文獻可考，因之無法知悉。

　　根據文獻的記載，宋代東亞大陸與臺灣之間的澎湖島已有漢人居住，且宋朝的主權已到達澎湖，而其時之漢人可能以「流求」或「毗舍耶」來稱呼臺灣[1]。

---

[1] 《隋書‧流求國傳》之「流求」有些學者認為是指今日的琉球，有些學者認為是指今日之臺灣，也有

　　蒙古人所建之元帝國，其國力強大，對東亞大陸東邊之海洋的經營頗為積極，自然不會放過對臺灣澎湖的經營。根據文獻記載，元時在澎湖設巡檢司，並曾於元世祖和元成宗時代派兵征「瑠求」，但沒有達成征服「瑠求」的目標。元代文獻所記載之「瑠求」即指今日之臺灣。

　　雖然到了宋、元時代，已明確可知漢人所稱的「流求」和「瑠求」係指現在的臺灣，但仍常與今之琉球混為一談。到了西元十四世紀後半葉（明朝洪武年間），琉球中山王受明朝冊封之後，稱今之琉球為大琉球。從此之後「琉球」專指現在之琉球，於是就有漢人以小琉球、雞籠、東蕃、笨港、北港、臺員、大員、大灣和臺灣等名稱來稱呼今之臺灣。

二、漢人在澎湖和臺灣的活動

　　從前述漢人對臺灣稱呼之演變看來，我們可以推測自宋代以來就有漢人居住在澎湖，並到臺灣本島活動，臺灣與東亞大陸的關係可能漸趨緊密，但是其關係局限於福建局部地區的民間往來，因此尚未引起世人的矚目。明朝自太祖起，有鑒於倭寇、海盜為患大陸沿海，為了維持治安，鞏固新政權起見，更加強化自元代以來的貿易統制，即在原則上只准朝貢貿易，而拒絕外國商賈來航，甚至禁止人民出海活動，其對外政策轉為相當消極。在此一前提下，明太祖為防止福建百姓勾引倭寇或激起海盜，曾進一步於一三八七年（洪武二十年）放棄澎湖，於是年廢澎湖巡檢司，將澎湖百姓遷回福建之漳州和泉州。由於福建沿海居民總需靠海謀生，所以明朝政府的這種禁止漁民出海，澎湖人被迫遷回福建的政策，自然不會為沿海居民所遵守。尤其是澎湖，因其地在海中，為政府力量鞭長莫及之處，

　　一些學者認為是今之琉球和臺灣的混稱或合稱。質言之，「流求」究係指何地，截至目前為止尚無定說。又「毗舍耶」究竟在現在的臺灣或是在現在的菲律賓，目前也尚無定論。

因之遷民之後仍陸續有福建逃亡漁戶或農民重新來到澎湖棲息，於是澎湖又漸成爲福建沿海居民的移居地和漁場，或成爲走私商人或海盜的聚集地，其後明廷雖曾再將澎湖人遷回福建，但並沒有達到墟地的目標，澎湖總是成爲漢人活躍的基地。

十五世紀初三〇年代（即明永樂至宣德年間）鄭和曾七次出使西洋[2]，對外政策轉趨積極，致明初以來的海禁政策呈現緩和。但這種緩和現象並未持久，從一四三三年（明宣德八年）、一四五一年（明正統十四年），又屢頒禁止百姓出海活動的禁令可知。

由於福建地小人稠，沿海百姓不得不往海上謀生，明初以來又行海禁政策，福建沿海居民爲了求生計，或私自武裝從商，形成海上武裝走私商人集團，或私自武裝到處掠奪，形成海盜集團，或與倭寇合流，騷擾江浙閩粵沿海居民。澎湖在福建東南邊海中，明初以來的海禁政策下所實行的徙民墟地措施，並未使澎湖衰落，至明中葉反使其成爲沿海漁民的漁場，或成爲海上武裝集團、海盜和倭寇的基地和巢穴，至是臺灣透過澎湖與東亞大陸的接觸更加頻繁，其間在臺灣北部已有漢人開始從事某種程度的硫磺和黃金之交易活動。

在東亞大陸沿海諸海盜中，據目前所知，與澎湖最早發生關係的，似乎是漳州海盜陳老。陳老海盜集團曾於一五五四年（嘉靖三十三年）間結巢於澎湖，擾害明朝大陸沿海。其後之嘉靖末年至萬曆初年間，在東亞大陸沿海騷擾的海盜有張璉、林朝曦、吳平、林道乾、曾一本、諸（朱）良寶、林鳳等諸海盜，其中有文獻明確記載曾到臺灣活動的是林道乾與林鳳等海盜集團。

根據臺灣各志書的記載，林道乾在一五六三年（嘉靖四十二年）寇

---

[2]　有些學者推測說鄭和到過臺灣，但也有持反對意見者，究竟如何，尚未定論。

擾明朝大陸沿海，被明朝之都督俞大猷追擊到澎湖，其後林道乾隨即遁入臺灣。當時臺灣人煙稀少，土地大多未開發，林氏以爲非久留之地，因之不久又由安平鎮逃往占城。繼林道乾之後來到臺灣的另一個海盜集團爲林鳳。大約自一五七三年（萬曆元年）起，林鳳的實力漸大，後來打倒林道乾，並併吞其黨羽，至是其實力已相當雄厚，在福建廣東海面上常見林鳳海盜集團蹤跡，乃有兩廣與福建官軍協力會剿之事。一五七四年（萬曆二年）林鳳被明朝總兵胡守仁所追擊逃竄到澎湖，其後又抵臺灣之魍港[3]，復遇明官軍之急追，乃改往菲律賓，曾襲擊馬尼拉不成。林鳳襲擊馬尼拉不成之後，再回臺灣之魍港，其後復騷擾閩粵沿海，因之再受到胡守仁的征剿，被擊潰於淡水海上，自此而後林鳳下落不明。

　　十六世紀的五、六○年代（明嘉靖末葉）以來，東亞大陸東南沿海海盜坐大，當時地方當道者認爲，與其嚴行海禁造成民困，迫使百姓鋌而走險與海盜合流，乃建議明廷不如開放海洋，讓百姓多些生路，明朝果然在隆慶和萬曆年間曾解除海禁。因此之故，西元十六世紀中末葉以來，除了海盜集團到臺灣活動外，根據文獻記載，在西元十六世紀五、六○年代（明嘉靖末）以來，最遲是西元十六世紀的七○年代（明萬曆初年），已有許多漢人商船和漁船進入臺灣本島活動，其活動範圍，南起南臺灣的北港，北至北臺灣的雞籠、淡水一帶。據文獻記載，一五七四年（明萬曆二年），明朝總兵胡守仁曾招漁民與原住民，合剿海盜林鳳。由此可見，當時到臺灣之漢人漁民和商人不僅人多，且可能與臺灣西海岸原住民相處得不錯，否則怎會有在臺漁民與臺灣原住民聯合攻剿海盜林鳳之事出現。

　　隆慶、萬曆年間以來，明朝一方面開放海洋，准許福建沿海居民出

---

[3]　魍港在南臺灣的西海岸。根據伊能嘉矩的說法，魍港即蚊港，即蟯港，係一音之轉，位在八掌溪出海處，約當今之新虎尾溪口之蚊港莊附近。根據和田清的說法，魍港是現今鹽水港之北的蚊港口（參見曹永和：《臺灣早期歷史研究》，初版，臺北：聯經出版社，1979年7月，頁163）。

海捕魚或通商，另一方面由於豐臣秀吉統一全日本之後，積極於海外發展，曾於一五九二年、一五九七年（明萬曆二十、二十五年）出兵侵略朝鮮，並威脅澎湖與臺灣，明廷乃加強沿海警備，增加澎湖防備力量，於一五九七年（明萬曆二十五年）在澎湖新設游兵八百五十名、管哨船二十艘，分春、冬汛守澎湖。自明廷在澎湖增加防備力量以後，國際貿易中途站逐由澎湖移轉至臺灣本島，於是自西元十七世紀初至該世紀的二〇年代（明萬曆末至天啓初），臺灣逐成為明、日走私貿易的基地，也成為海盜和倭寇出沒的場所和結巢的地方。此一階段，漢人在臺活動最具實力而見諸文獻的為顏思齊與鄭芝龍。

　　顏思齊為福建漳州海澄人，僑居日本期間，善理財而漸富，平日與華僑多所聯絡，廣結朋友，乃成為僑界領袖，曾邀集僑界要人二十餘人，以結盟方式共謀舉事。在與顏思齊共謀舉事的要人中，以福建泉州南安人鄭芝龍年齡最小，年僅十八歲，但頗受顏氏之器重。因顏、鄭集團共謀舉事之事機敗露，顏、鄭面臨日本當局之剿捕危機，乃率眾逃亡，原本打算暫住舟山，後依陳衷紀之主張航向臺灣，由北港登陸，其時為一六二一年（明天啓元年）[4]。顏氏自稱日本甲螺，其所率黨眾登陸臺灣後，分十寨駐紮在笨港至諸羅山一帶地方（約今雲林縣北港鎮、嘉義縣新港鄉一帶）。顏、鄭集團抵臺後，一方面鎮撫當地原住民，另一方面招攬福建漳泉之無業百姓來臺從事墾耕，顏、鄭之勢力大為膨脹。一六二五年（明天啓五年）顏氏因病去世，由鄭芝龍繼其位、亦稱日本甲螺，一六二八年（明崇禎元年），鄭芝龍向明朝投降，其大本營移往福建，然鄭氏對臺灣仍有極大影響力，漢人繼續留在臺灣活動。顏、鄭集團進入臺灣後，雖引進一大批漢人在臺灣從事墾耕，為漢人在臺灣的農墾事業奠下初基，但相

---

[4]　顏思齊來臺的時間，說法不一，但以天啓元年（一六二一年）似較為可靠。

對於臺灣原住民而言，自此首度在臺灣島內面臨強大的競爭對手，爲原住民自由自在的發展種下一大障礙。綜觀前述，可見漢人在臺灣活動均屬民間性質，明朝官方截至荷蘭人占領臺灣前，從未派人到臺灣本島活動，視臺灣爲化外之地，臺灣人爲化外之民。

貳、日本人的活動

一、日本人對臺灣的稱呼

　　日本學者尾崎秀眞認爲早在一千八百年前左右可能就有日本人到過臺灣，並說《日本書紀》中的「常世國」即是「蓬萊山」，可能是包括臺灣在內的地名。尾崎氏的說法，雖有學者支持，但暫且聽之即可。根據史料記載，日本室町時代⁵就有日本商人或海盜到臺灣活動。這些日本人用「高沙」、「高砂」、「塔枷沙古」、「塔枷沙谷」或「高山國」來稱呼臺灣。

二、日本人在臺灣的活動

　　臺灣位於日本西南方，基於地理位置的關係，日本人往南洋時，很少不經過臺灣或澎湖，因之日本人很可能早在古代就到過臺灣，但西元十四世紀中末葉之際（元末明初）漸有日人到臺灣活動，乃是無庸置疑的事實。

---

⁵　日本室町時代始於十四世紀中葉。

　　自西元十四世紀後半葉，就有一群日本人在高麗、山東沿海當海盜，這些日本海盜被稱之爲倭寇。迨元末明初，倭寇的劫掠地區漸往南移，浙江、福建、廣東乃常遭倭寇剽掠騷擾。如前節所述，明太祖爲了防備倭寇破壞明朝沿海之治安，乃嚴禁沿海居民出海活動，其後又行遷民墟地措施。但迫於明人與日人間貿易的需要，明朝東南沿海島嶼遂成爲明人與日人間走私貿易的據點，澎湖和臺灣本島自然也不例外。基於此，明代以來就有許多日人在澎湖與臺灣活動，尤其一五九七年，澎湖設游兵以後，日本人大多轉往臺灣活動，其間有商人也有倭寇。日本人主要活動地區爲雞籠和打狗。

　　日人除了商人和海盜來臺灣活動外，尚有受官方委派的人士來臺活動。豐臣秀吉統一日本後，積極於海外發展，臺灣也是他要發展的目標之一。一五九三年（明萬曆二十一年），豐臣秀吉派原田孫七郎往呂宋勸其地之西班牙人到日本朝貢，並命原田孫七郎順道到臺灣，諭令「高砂國」向日本輸誠納貢。豐臣秀吉逝世後，統治日本之大權落入德川家康手中。德川家康對海外貿易採積極的獎勵制度，日本商船更形活躍，出入於臺灣、呂宋、澳門、占城、交趾、暹羅、大泥等，此時巨商紛起，有馬晴信就是其中勢力雄厚的巨商。有馬氏於一六〇九年（明萬曆三十七年）奉德川家康之命，派兵入臺灣勘查港灣，調查物產，要求原住民向日本朝貢，企圖獨占臺灣貿易，但不得要領而回，一六一六年（明萬曆四十四年）德川家康又命長崎代官的村山等安負責侵臺事宜。村山氏乃命其次子村山秋安率船十三艘，眾三、四千人向臺灣出發，艦隊行抵琉球海面遭遇颱風而被衝散，結果僅一艘船抵達臺灣，抵臺之日軍爲臺灣原住民所殲滅，此次征臺之規模雖大但告失敗。日本德川幕府侵略臺灣之野心，經此次挫敗後，稍爲之收斂，不過日本人在臺灣的活動仍然相當活躍。迨一六三六年（明崇禎九年，日本寬永十三年），德川幕府實行鎖國政策後，日本人在臺灣的活動才告消逝。

第二節　荷蘭與西班牙人占領下的臺灣

壹、荷蘭占領下的臺灣

　　由前一節的探討，我們已大略了解澎湖和臺灣本島成為明朝與日本海外走私貿易據點的過程，而本節擬探究十七世紀前半葉，臺灣遭荷蘭和西班牙殖民統治的情形。

一、臺灣又稱福爾摩沙島（Ilha Formosa）

　　自西元十五世紀末葉，歐洲人發現到遠東的新航路以後，歐洲各國紛紛到太平洋和印度洋一帶尋覓殖民地，起初以葡萄牙和西班牙人占優勢地位。當葡萄牙人在印度臥亞建立其根據地後，他們就開始與東亞大陸的漢人和東北亞的日本人有所接觸。

　　當葡萄牙人於一五四三年（明嘉靖二十二年，日本天文十二年）到達日本以後，葡人在東亞大陸沿海之活動更為活躍。於是葡船頻繁往來於日本與東亞大陸沿海間，當葡人船隻駛近臺灣西海岸時，望見臺灣，覺得臺灣山明水秀，乃將臺灣稱為「福爾摩沙島」（Ilha Formosa，意為美麗島）。一五五四年（明嘉靖三十三年）在羅伯·歐蒙（Lopo Homem）所繪之地圖中，於琉球群島的南方繪有Ilha Formosa，可見最遲在一五五四年，已有不少葡人稱臺灣為福爾摩沙島[6]。自此而後，西方人常以福爾摩

---

[6]　西元一五五四年（明嘉靖三十三年），羅伯·歐蒙（Lopo Homen）所繪地圖，及西元一五五八年羅伯之子狄約哥·歐蒙（Diogo Homen）所繪地圖，皆標明臺灣為「I.Formosa」，這兩圖為目前所知歐洲地圖中，最早出現臺灣島名者（參見曹永和：《臺灣早期歷史研究》，初版，臺北：聯經出版社，1979年7月，頁48）。

沙島稱呼臺灣，即使至今，仍有西方人稱臺灣爲福爾摩沙。

二、荷蘭人占領澎湖

在十五世紀末葉歐洲人發現到遠東的新航路，乃紛紛到遠東尋找殖民地，起初以葡萄牙和西班牙占優勢。一五五七年（明嘉靖三十六年）葡萄牙占領中國的澳門，以澳門作爲對明朝貿易的據點。一五七一年（明隆慶五年）西班牙人占領菲律賓的馬尼拉，馬尼拉成爲其對明朝貿易的據點。十年後，即一五八一年荷蘭宣布脫離西班牙之統治而獨立，而一五八八年英國又在海上大敗西班牙艦隊。從此以後荷蘭與英國在海上的發展突飛猛進，在十七世紀初葉荷蘭與英國已漸與世界各國建立通商關係，在遠東地區，荷、英兩國自然也成爲葡萄牙和西班牙的勁敵。

一六〇二年（明萬曆三十年）荷蘭成立聯合東印度公司（Vereenigde Oost-Indische Compagnie，簡稱V.O.C.），此一公司除擁有巨大資本和種種特權之外，且獨占海上貿易，並可用國家名義設置軍隊，對外宣戰和媾和，此外，尚可任命官吏統治其殖民地。荷蘭東印度公司成立後，韋麻郎（Wijbrantvan Waer-Wijck）奉派到遠東拓展貿易。韋氏於一六〇四年親率艦隊占領澎湖，開始作貿易的交涉，後來爲明朝將領沈有容所逼退。荷蘭雖退出澎湖，但仍繼續積極尋找遠東貿易基地，其所採取的途徑之一是奪取葡萄牙和西班牙的遠東貿易據點，另一途徑是自行另開新據點。

一六一九年（明萬曆四十七年）荷蘭在巴達維亞城建總督府，同年荷蘭與英國訂立防守同盟，接著在一六二〇年（明泰昌元年）荷蘭與英國在遠東地區成立聯合艦隊，藉以威脅明朝、日本和印度間航線上的葡萄牙船隻，並封鎖西班牙的馬尼拉。在此情況下，菲律賓的西班牙當局，爲了確保貿易的進行和馬尼拉的安全起見，就在一六二一年（明天啓元年）圖謀

攻取臺灣。荷蘭獲知西班牙有攻取臺灣之意，於是荷蘭之巴達維亞當局就先發制人，派雷爾生（Cormelis Reyersen）率船十二艘、兵一千多人先襲擊澳門，並訓令如無法攻下澳門，則轉攻澎湖和小琉球（即指臺灣）。此次攻擊行動係荷、英聯合作戰，於是一六二二年六月上旬轉進澎湖，荷蘭人再度占領澎湖。

三、荷蘭人占領臺灣

荷蘭人占領澎湖後就專心積極的策劃與明朝的貿易政策，首先，一方面派軍阻撓明朝商船之前往馬尼拉，另一方面由雷爾生親率兩艘船來臺灣，調查臺灣之港灣形勢，最後決定在澎湖建築城堡。翌年，雷爾生親往廈門，循陸路到福州交涉通商事宜，但仍無結果。荷蘭軍初抵澎湖時，明之福建巡撫商周祚下令荷蘭自澎湖撤退，後南居益繼商周祚任福建巡撫，南氏對荷蘭的態度更加強硬。明朝部分，一方面積極修戰備，並於一六二三年九月下旬下令實施海禁，明朝與荷蘭瀕臨大戰邊緣。翌年二月南居益派王夢熊率船隊攻澎湖，但未克澎湖，其後明朝船隊繼續集結，準備一舉攻下澎湖。在此期間，雙方有所戰鬥，荷軍居於下風，荷蘭方面乃主動派人與明朝方面談判，結果雙方達成下列協議：1.荷蘭撤離澎湖；2.明朝同意與荷蘭貿易；3.明朝對荷蘭之占領臺灣不加干涉。

一六二四年八月二十六日荷蘭拆毀在澎湖的城堡，自澎湖撤退，轉到大員（今安平），至是部分臺灣被荷蘭人所占領。

四、荷蘭陸續擴大其在臺灣的控制範圍

荷蘭人占領大員後，立即在該地築城堡，起初稱之為奧蘭

稔（Orange），一六二七年（明天啓七年）改稱之爲熱蘭遮城
（Zeelandia），此城前後共費八年四個月才告全部完工。荷蘭在占領臺灣
的次年（一六二五年）以康甘布（Cangan）十五匹，向新港社原住民換
得赤崁一帶地方，在該地建築荷蘭東印度公司的宿舍、醫院和倉庫等，並
鼓勵漢人遷到該地，以期發展成爲繁榮的市街，而荷蘭人稱之爲普魯岷希
亞（Provintia）。

　　荷蘭在築城堡、建市街的同時，不忘擴張其占領範圍。當時荷蘭人最
想攻取的地方，就是一六二六年被西班牙占領的北部臺灣，但荷蘭人經幾
次的加以攻擊卻未攻下，直到一六四二年才將西班牙人驅逐出臺灣。荷蘭
人除攻略臺灣北部外，還不斷討伐原住民部落。到了一六三六年（明崇禎
九年）年底時，臺灣南北地方向荷蘭屈服的原住民有五十七社。其後，即
一六五〇年（明永曆四年、清順治七年）時，服從臺灣荷蘭當局統治的原
住民，據統計約在二百七十社以上。由此可見西元十七世紀五〇年代，荷
蘭人幾乎已控制全臺，連東臺灣也在其控制之下[7]。

五、荷蘭人與日本人的衝突

　　遠在荷蘭人占領臺灣之前，漢人與日本人就在臺灣從事走私貿易。荷
人占領臺灣之後，日本商人與荷蘭商人在臺灣競逐漢人貨物，他們之間逐
處於利害衝突的地位。一六二五年（明天啓五年）起，在臺灣之荷蘭當局
開始向來臺灣的日本商人課一成的貨物輸出稅，然而日本人來臺從事貿易
活動先於荷蘭，且此時荷蘭人之貨物輸入日本享有免稅之優惠，因此日
本人拒絕向臺灣的荷蘭當局納稅，使荷蘭人與日本人間糾紛乃起。是年，

---

[7]　荷蘭人對臺灣東海岸產金早有所聞，因此早在一六三六年起，便不斷的努力探勘東海岸的金礦。到了
　　一六四二年，荷蘭將西班牙人逐出北部臺灣後，整個東海岸就落入荷人控制下。

日本人所購得的一批生絲，因拒絕納稅而遭臺灣荷蘭當局沒收，荷蘭人與日本人關係更形惡化。一六二八年（明崇禎元年）荷、日間終於發生濱田彌兵衛事件。

　　一六二六年日人濱田彌兵衛帶領日本長崎代官末次平藏的船隻到臺灣買生絲，並擬向荷蘭當局借用帆船到福建運回訂貨（生絲兩萬斤），但均不得要領。是時濱田氏知悉新港社原住民不堪荷人的虐待，對荷蘭人心有不滿，乃於一六二七年誘帶十六名該社原住民一同到日本，準備回日鼓動江戶幕府採取反荷措施。一六二八年春，濱田氏又率商船兩艘來臺，同行者共四百七十人，其中包含先前十六名新港社原住民。此時荷蘭駐臺長官為諾伊茲（P. Nuyts），他在濱田氏抵臺前已獲密報，日船載有士兵和大砲、刀槍等武器，因之以為濱田氏來意不善，乃派員登船檢查，果然查出大量武器和火藥，荷蘭當局就將武器和火藥全部扣留，並軟禁濱田氏五、六天，同時還將十六名新港社原住民下獄。其後濱田氏提出發還武器和火藥、釋放十六名原住民、提供船隻赴福建取貨、准其回日本等要求，均為諾伊茲所拒絕。濱田氏遂採暴力措施，經雙方協商，濱田氏在安全無虞下回到日本。濱田氏回日後，荷日雙方關係更形惡化，平戶之荷蘭商館遭日本江戶幕府封館。其後荷蘭幾經派人赴日本，磋商恢復通商事宜，但都未成功。一六三二年（日寬永九年、明崇禎五年）荷蘭將當年負責處理濱田事件直接相關的荷蘭臺灣長官諾伊茲引渡給日本，使荷蘭人在日本的貿易方獲得恢復；其後，日本在一六三三年（日寬永十年、明崇禎六年）陸續數次發布施行鎖國令，禁止日本人到海外貿易，日本人就絕少到臺灣活動，荷蘭人與日本人在臺的糾紛就自然不再發生了。

六、荷蘭人對原住民的控制與教化

　　荷據時代，臺灣荷蘭當局在其勢力所及的地方畫分七個行政區，至於其行政區為何？目前仍不知其詳，只知臺灣荷蘭當局在各地設有政務員，各社長老需向其報告各社中所發生的事情，可見此等政務員為荷蘭人控制原住民的行政工具。另外，荷蘭當局或派商務員、裁判員、傳教士、教師、醫務員等駐在各社，這些人員雖為荷蘭當局之行政補助員，可是亦可說是荷蘭當局派駐各地的耳目。

　　一六三六年（明崇禎九年）起，荷蘭人令其所征服的原住民各社選出長老，每年需集會一次，會上除宣達臺灣荷蘭當局的施政措施外，各長老需向臺灣荷蘭當局宣誓效忠。一六四一年後，此項集會稱之為地方會議（Landdag）。到了一六四四年卡侖（F.Caron）擔任臺灣長官時，地方會議的組合內容更加完備。其後，該項會議分開在北部、南部、東部和淡水四區開會，而各社長老一年一次集合於一定點開會，會上一如以往，長老們需向臺灣荷蘭當局宣誓效忠，並報告其管轄情形，同時還宣達荷蘭當局的政令。此等長老由臺灣荷蘭當局授給刻有荷蘭東印度公司標幟的籐杖，以示其合法性，平時在社內得行使司法權。

　　荷蘭人對付臺灣原住民的辦法，先是以武力征服，繼之以行政控制和宗教洗腦，因此隨著荷蘭人以武力征服原住民，荷蘭傳教士的傳教範圍也隨之擴大。為了宗教的傳播，荷蘭人除了在各地建教堂，還在各地建立學校。

　　一六二七年和一六二九年（明天啟七年和崇禎二年）傳教士甘地第伍斯（Georgius Candidius）和尤尼伍斯（Robertus Junius）先後到臺傳教，在他們兩人努力下，傳教順利且成果頗佳。一六三六年時在新港、蕭壠、麻豆等地，不僅已有相當規模的教堂，且開始在新港社設學校。新港社初設學校時，招新港少年七十人入學，繼之收婦女六十人入學，教以羅馬字

之讀法和寫法，並授以教義大要。不久荷蘭人又在目加溜灣、蕭壠及麻豆
等社設立學校。據文獻的記載，一六三九年時原住民在荷蘭人所設學校裡
就讀的學生人數分別爲：新港社四十五人、目加溜灣社八十七人、蕭壠社
一百三十人、麻豆社一百四十人。一六四七年（明永曆元年）時新港、目
加溜灣、大目降、蕭壠、麻豆等五社，六年學童共爲五十七人、成年人班
近千人，此時有原住民五十餘人協助教學。由前述數據可見，荷蘭人在臺
灣的教化事業頗有發展。

　　荷蘭人在臺灣的教化事業，究竟對臺灣有多大影響，目前雖尚難確切
評估，但從臺灣在荷據末年，教化成果佳的地區，百分之八十的居民均受
過基督教教育，其中百分之四十對教義有相當程度的了解，以及由傳教士
爲了傳教之便而替原住民用羅馬字拼成的原住民文字，一直到十九世紀初
葉，仍出現在臺灣的地契文書上的現象而言，荷蘭人對臺灣原住民具有相
當程度的影響，殆無庸置疑。

七、荷蘭人在臺的主要經濟活動

（一）利用漢人開墾土地發展農業

　　荷蘭人占領臺灣時需要一大批勞力去從事糧食生產，但當時臺灣原
住民之農業生產力低於漢人，其時又值東亞大陸動亂不安，想移居海外的
漢人頗衆，荷蘭人乃設法吸引他們移民來臺。起初荷人或以東印度公司的
船隻運送漢人來臺，並予以免稅、提供土地和生產工具等優惠條件來吸引
漢人，在此一推一拉的情況下，移民來臺者愈來愈多，如此一來，漢人在
臺南一帶的人口由荷據初年的五千人，迅速增加成爲一六三八年（明崇禎
十一年）時的一萬乃至一萬一千人。

　　荷蘭人利用漢人在臺大事開墾土地，其辦法是由荷蘭東印度公司提供

土地、牛隻、農具和水利設施，讓漢人以佃人的身分向公司租用土地，土地所有權屬荷蘭國王所有，故稱「王田」。

在荷蘭人利用漢人的勞力大事開發農用土地，及發展農業的結果，臺灣農產物遂成為重要經濟作物，對荷蘭人而言，漸增其重要性。起初在臺灣的荷蘭人，其糧食是靠來自日本與東南亞地區的供應，稍後由於漢人的大事生產，不僅可供荷蘭人之需，且可大量外銷。當時臺灣的主要農作物為蔗糖和稻米。蔗糖的生產，在一六三六年（明崇禎九年）時就有可觀的產量，一年有白砂糖一萬二千零四十二斤、紅砂糖十一萬零四百六十一斤輸往日本出售。稻米的生產，在一六三七年時預估兩、三年後可達一千拉索得（拉索得即「last」，每一拉索得為三千公升）。其後，臺灣荷蘭當局仍繼續獎勵漢人移民來臺，一六三八年十二月（明崇禎十一年十一月）時，荷蘭控制區內的漢人已增加到一萬至一萬一千人，因之一六四五年，在赤崁及其附近之農作耕地總面積已達三千摩爾亨[8]，其中稻田一千七百一十三摩爾亨，甘蔗、大麥和果園七百七十三摩爾亨，新播種地和未播種地五百一十四摩爾亨。一六四七年（明永曆元年，清順治四年）赤崁及其附近稻田之面積遽增為四千零五十六摩爾亨，蔗園之面積也遽增為一千四百六十九摩爾亨。到了接近荷據末年，即一六五六年（明永曆十年）時，赤崁及其附近之稻田面積更達到六千五百一十六餘摩爾亨，蔗園面積達一千八百三十七餘摩爾亨。一六六〇年，即鄭成功入臺前一年，全臺之農作耕地總面積已達一萬二千二百五十二摩爾亨。漢人的農地開墾，使臺灣米、糖產量大增，盛產之稻米和蔗糖乃大量外銷，稻米輸往東亞大陸，蔗糖銷到日本、波斯等地，為臺灣荷蘭當局增加一大筆農業收入。據統計，在一六四六年（明隆武元年）時，荷蘭當局的農業收入為

---

[8] 摩爾亨（Morgen）為荷據時代的地基單位，摩爾亨相當於一甲。

十二萬金盾（Gulden），兩年後即一六四八年時增加至二十萬金盾。

（二）貿易與稅捐

荷蘭占領臺灣當初的主要目的是以臺灣作為國際貿易轉運站，其主要貿易對象為東亞大陸、日本和南洋。荷蘭在臺的貿易方式和內容是：自東亞大陸購進生絲、絹綢、瓷器和藥材等，經由臺灣轉售日本、波斯、荷蘭或歐洲其他地方；由日本或歐洲運到臺灣之銀及由南洋購進之香料、胡椒、琥珀、鉛和錫等，經由臺灣運往東亞大陸購物或販售；將臺灣之土產蔗糖銷售給日本、波斯等地，稻米輸往東亞大陸（已如前述），鹿角、鹿脯和藤也賣到東亞大陸，鹿皮販售到日本[9]，臺灣北部之硫磺曾銷售到東亞大陸和柬埔寨等戰亂頻起的國度。由上可見荷蘭占領臺灣後，以臺灣為國際貿易轉運站，從中獲取到極大的利潤。一六四九年荷蘭東印度公司的報告中說明，荷蘭在亞洲的十九處商館中，有盈餘的只有日本和臺灣等十處，且臺灣僅次於日本，此段報告內容即可證實。

前述荷蘭人為了獎勵漢人移民來臺，雖給予漢人開墾上許多優惠條件，但漢人需向荷蘭當局納賦稅，其賦額約清初的兩倍。荷蘭人在臺的稅收，除向漢人抽賦稅外，尚抽人頭稅、漁業稅、狩獵稅、釀酒稅、海關稅和臨時捐等，其收入相當可觀。

八、荷蘭人對漢人的壓迫和郭懷一事件

前面已提過荷蘭人占領臺灣的主要目的在於獲得經濟利益，基於此一前提，荷蘭人遂獎勵東亞大陸漢人移民來臺。其獎勵之初衷並非幫助貧困

---

[9] 鹿皮產量在高峰期曾年產十五萬張，平常每年產五萬至七、八萬張。

漢人，其實是榨取漢人的智力與勞力，即藉漢人的農業生產技術和勤勞的精神來爲荷蘭人犧牲奉獻。此外，荷蘭人占領臺灣之前，已有一大批漢人移居在臺灣，單就當時大員（今安平一帶）而言就有五千人。這批漢人深知荷蘭人一旦占領臺灣，對他們的生計一定會造成嚴重的損害和威脅，一開始就不歡迎荷蘭人來統治臺灣。在此一背景下，荷蘭人與臺灣漢人的關係，從一開始就處於既需合作又會對立的矛盾情境。荷蘭人爲達其經濟目的，不得不以種種的優惠條件來吸引東亞大陸之漢人移民來臺，來臺漢人爲了生存也不得不屈從荷蘭人的安排。

荷蘭人對付漢人的策略是，一方面控制漢人的生產手段，一方面限制漢人的政治社會活動，其具體的辦法是只給漢人生產工具，不給土地所有權、隨意遷移漢人離開其耕作地、嚴禁漢人與原住民私相交易、將苛捐重稅加諸漢人、禁漢人私藏武器、嚴禁漢人自由集會、強迫娶原住民爲妻之漢人改信基督教，否則強制離異等。由是可見，荷據時代臺灣之漢人幾乎無人權可言，受荷蘭人嚴重迫害，像這樣的情形，持續一段時間，直至被壓迫的漢人忍無可忍時，迫使漢人走向武裝反抗一途。

在上述的背景下，果然於一六五二年九月七日（明永曆六年八月五日）漢人在其領袖郭懷一的領導下，發動大規模的反荷蘭抗暴事件。郭氏係赤崁一帶漢人的領袖人物，原擬於是年陰曆的八月十五日舉事，但因其弟向臺灣荷蘭當局告密，郭氏乃提前十日起事。當時的荷蘭駐臺長官富爾堡（Nicholas Verburgh，一六五〇～一六五三年之駐臺長官）獲悉郭氏舉義事，乃迅速派兵一百二十名赴援赤崁，郭氏於陣前戰死，荷軍趁勢動員原住民士兵二千人，一同追擊郭氏之餘眾。由於荷蘭軍隊武器精良，素有組織和訓練，原住民士兵性情強悍，而漢人部隊成員多爲農民，除少數備槍，餘皆持棍棒竹竿，平日既無組織又無訓練，形同烏合之眾，因此戰爭只進行了十四日，漢人反荷運動就被荷蘭當局鎮平。此次戰爭荷方死傷有限，而漢人死傷慘重，除重要幹部被梟首示眾或五馬分屍外，漢人被殺者

男人四千，婦女及小孩被殺者更多。漢人經此次荷蘭人的屠殺之後，對荷人之痛恨更難以言喻，難怪一六六一年鄭成功攻臺時，居臺漢人紛紛響應，終於在次年二月共同將荷蘭人驅逐出臺灣。

貳、西班牙占領下的臺灣

一、西班牙人占領臺灣

　　由前節可知西班牙人為確保東亞貿易和馬尼拉的安全，早就想攻取臺灣，只是尚未行動而已。俟荷蘭人於一六二四年八月（明天啟四年七月）占領臺灣後，馬尼拉的西班牙人更深深感受到威脅。一六二六年，西班牙駐馬尼拉總督施爾瓦（Fernando de Siolva）派法爾得斯（Antonio Carreno de Valdes）率大劃船（Galera）兩艘、舢板船十二艘、眾三百名到臺灣。法氏一行人於是年五月五日由菲律賓出發，沿臺灣東海岸北上，於十一日先到三貂角[10]（Santiago），然後於十二日進入雞籠港（今基隆港），將之命名為「antisima Trinidad」，意為「至聖三位一體」），十六日在雞籠港內社寮島（今稱和平島）舉行占領儀式，並開始築城堡，將城命名為薩爾瓦多（San Salvador，意即「聖救主」），至是西班牙正式占領臺灣北部。

---

[10] 三貂角又名三朝、或又名山朝，即今新北市貢寮區，係由西班牙人命名之地名「Santiago」音譯而來。

二、西班牙人勢力在臺灣北部之擴張

　　西班牙占領雞籠不久，荷蘭人知悉西班牙人已占領雞籠，荷人深覺其與明朝及日本間的貿易必受阻礙，臺灣南部之荷蘭當局，乃於一六二八年（明崇禎元年）分水陸兩路，陸路由新竹北上，水路則搭船北上，擬進攻淡水。其時，西班牙人已先占領淡水，並建城堡，將之命名爲聖多明哥（Santo Domigo，比鄰今之淡水紅毛城）。一六二九年七月（明崇禎二年），荷軍以破竹之勢逼近淡水，並開始攻擊西班牙軍之要塞，終因西軍防禦工事堅固，荷軍不僅未攻下西軍要塞且潰散。至是西班牙人已占領從雞籠西方迂遍至淡水一帶。一六三二年三月西班牙人再從淡水河溯流，進入臺北平原，沿著北方支流的基隆河，新闢直達基隆的陸路，招撫八里坌（今新北市八里區）、北投、里族（今臺北市松山區）、大浪泵（今臺北市大同區）各社的原住民；另外侵入臺北南邊的新店溪，並招撫武朥灣（在今新北市新莊區）三大部落。

　　宜蘭位居馬尼拉北上沿臺灣東海岸至北部臺灣必經之地，又相傳有金、銀等礦與稻穀、鳥獸、魚貝之利，西班牙對此早有入侵之野心。一六三三年西班牙臺灣當局，以一六三二年三月有一艘西班牙船遭風漂流至蛤仔難（今宜蘭）五十餘名（包括西班牙人、漢人和日本人）船員全被原住民殺害爲藉口，出兵蛤仔難，燒毀該地七個村落。但有許多勇敢的原住民，並不因此而畏懼，也不屈服。一六三四年西班牙雞籠守將羅米洛（Alonso Garcia Romero）再派兵六百名（西班牙人二百名，原住民四百名）攻打蛤仔難，結果西人大勝，自是而後臺灣東北角之宜蘭地帶落入西班牙控制之中，整個北臺地方爲西班牙人所占領。

三、西班牙人在臺灣北部的傳教

西班牙人占領臺灣北部的目的，起初是防禦日本的南侵，即在於策劃馬尼拉的安全；一六一二 年日本德川幕府禁止葡萄牙人和西班牙人在日本傳教，一六一六年又禁止西班牙人到日本通商，一六二五年更進一步禁止日本人到海外通商。因此西班牙占領臺灣的另一目的是對抗荷蘭，確保西班牙人對明朝、日本貿易之進行，引誘漢人和日本人來臺灣北部貿易；再一目的是西班牙為天主教國，積極於海外傳教，因此想以臺灣為跳板，求進一步的前往明朝和日本傳教。且在西班牙人占領臺灣之後，正值日本對外漸採保守政策，使西班牙人來自日本的威脅漸減，但在對日貿易中斷，西班牙人又無法將荷蘭人驅逐出臺灣之下，傳教便成為西班牙海外發展的重要目標，因此西班牙人在臺灣的最大活動就是傳教。在此情況下，就西班牙人的立場言，在臺灣北部獲最大成就的就是傳教。當時只要西班牙人的勢力伸展到那裡，其傳教事業就推展到那裡。

西班牙人占領雞籠的次年，即一六二七年，馬尼拉西班牙當局就通過在臺設立教區案，可見其傳教之積極。當時傳教之對象，除原住民外，尚包括當地的漢人和日本人。在西班牙占據臺灣的十六年當中，先後來臺傳教的教士有三十餘人，其中也有日籍神父，如西六左衛門（西班牙文名為Tomas de San Jacinto）和園永（西班牙文名為Santiago de Santa Maria）是日籍神父。這些傳教士的努力，到底收穫有多少，由於文獻不足，實在很難確實估計。不過有人推測經傳教士十六年的努力，臺灣北部西班牙人占領下的居民，改信天主教的人數，可能不下四千人。

四、西班牙被荷蘭人逐出臺灣

由於西班牙人想引誘漢人和日本人來北部臺灣從事交易活動，使雞

籠和淡水成爲國際貿易中心的目的，一直沒有實現，到日本傳教的機會同樣也遙遙無期，所以西班牙人對臺灣的興趣漸趨低落，其殖民政策改重視對菲律賓方面的經營。一六三五年六月哥爾奎拉（S.H.de Corcuera）任菲律賓總督，他得到情報知悉對日貿易已屬絕望之後，以爲占領臺灣並非必要，乃決定專心致力於菲律賓之經營。此時菲律賓南部回教徒，反西班牙的活動未息，急需兵力支援，哥氏乃於一六三八年下令拆毀淡水城堡，調淡水城守軍回菲律賓，並減少雞籠之守軍，截至一六四〇年雞籠守軍約僅剩四百名。

由於荷蘭人打從西班牙人占領臺灣北部時，就想將之逐出臺灣，雖曾出兵攻擊西班牙，但未成功。其後，因濱田彌兵衛事件和原住民反抗未息，所以荷蘭人沒有餘力繼續攻擊西班牙人。但截至一六三六年反荷蘭人的原住民各社大體爲荷人所平定後，荷蘭就不斷偵視西班牙人的動靜，後來知悉北部臺灣西班牙人的兵力甚爲單薄，遂又謀將西班牙人逐出臺灣。一六四一年葡萄牙和西班牙結盟，對荷蘭人構成嚴重威脅，荷人即決心將西班牙人逐出臺灣。

一六四二年（明崇禎十五年）八月臺灣的荷蘭長官杜拉第紐斯（Paulus Traudenius）派哈勞哲（Henrick Herrousee）爲指揮官率艦七艘，兵士及水手等六百九十人向雞籠出發。是年八月二十一日荷軍向雞籠發動攻擊，其時，西班牙軍配置在前線作戰的兵員只有二百五十名，守在城內的只有八十名。西班牙守將眼見寡不敵眾，乃於是月二十六日向荷蘭投降，至是荷蘭人終於將西班牙人逐出臺灣。

第四章　鄭氏王國治臺時期

第一節　政治與文教

壹、政治

一、鄭成功轉進臺灣驅逐荷蘭人

　　鄭成功為鄭芝龍之子。一六四五年（明弘光元年）滿清攻下南京，弘光朝亡。是年，明唐王即皇位於福州，改元為隆武元年，是為明隆武帝。隆武元年，鄭芝龍帶其子鄭成功（原名森，字大木）晉見隆武帝。鄭成功相貌非凡，反應靈敏，頗受隆武帝的器重，獲隆武帝賜姓朱賜名成功，拜為宗人府宗正，封為御營中軍都督，儀同駙馬，此後人們稱鄭成功為「國姓」或「國姓爺」。

　　滿清軍隊度過長江以後，作戰不如在北方順利，清廷以鄭芝龍手中握有重兵，乃藉高官顯位誘鄭氏投降，即以閩粵總督為餌誘降，果然打動了鄭芝龍的心，鄭氏遂於一六四六年（明隆武二年）向清朝投降。

　　鄭成功與其父的想法和作法大為不同，他以為隆武帝對他有隆恩，不敢一日或忘。當鄭芝龍準備投降，招鄭成功議論時，鄭成功乃分析當時的局勢，力諫其父不要投降，要盡力挽回頹局，以求貫徹其愛國忠君的理念，但鄭芝龍不聽成功之諫。如此，鄭成功不得已逃往金門，自行另謀發展之途。不久鄭成功獲知隆武帝及皇后遇難，旋令軍民掛孝以示哀悼；繼又聽說其父被挾往北京，並猝聞母親翁氏[1]被清軍淫辱殉難，鄭成功大為

---

[1] 鄭成功之母的出身，至今世人仍不是很清楚。據一些資料記載或說她是「日本長崎王族女」；或說是「日本肥前平戶士人田川氏之女」；或說是「歸化日籍的泉州治匠翁翌皇從日本人田川氏領來的養女」；或稱她為「倭婦翁氏」。因之，華人多稱她為翁氏，日本人多稱她為田川氏。不過筆者以為成功之母既生於日本，又在日本長大，因此不管她姓翁或田川，就文化的角度而言，她是日本人。可是她後來嫁給華人，鄭芝龍又回到明朝任官，她也回福建定居，如果認同其夫的大明，則她應該是大明

憤怒，立即揮軍回安平。鄭成功回安平，先發母喪，之後往孔廟祭拜先師孔子，焚儒服，以示決心抗滿清到底。他隨即以「忠孝伯招討大將軍罪臣國姓」的名義號召天下，一六四七年（明永曆元年，清順治四年）即鄭成功二十四歲的那一年年初，在南澳廣招兵馬正式步入抗清復明運動的生涯。

　　鄭成功自一六四七年（明永曆元年）正式抗清以來，轉戰東亞大陸東南沿海十餘年。一六五九年（明永曆十三年）鄭成功自金陵敗退，退守廈門，此時鄭氏深知要挽回逆勢非短期內所能實現，因此不論是練兵或籌餉都需有長久之計。加上一六六〇年（明永曆十四年）鄭氏軍隊與清軍在廈門之戰雖獲勝，但清軍損失不大，清軍隨時有再度進犯的可能，如是想長期固守金門和廈門實在有其困難。況且此時滿清的海澄公黃梧，又建議無風時出小舟以環攻之策，頗使鄭軍疲於奔命。在此情況下，鄭成功不得不調整戰略，另謀開闢新基地，俾能長期抗清。以當時鄭成功所處的情勢而言，新基地必須不太近以利防守，又須不太遠以利進取；新基地需面積不可太小，亦需有一定數量的人口，方能提供人力生產軍糧。臺灣原為鄭芝龍經營過的地方，加上荷蘭為提高在臺經濟利益，曾吸收不少漢人移民臺灣，使其有一定的人力，且臺灣與東亞大陸又僅臺灣海峽一水之隔，可與金門、廈門相呼應，為一進可攻退可守的好基地。此外，臺灣自十六世紀末十七世紀初以來，已為東亞貿易據點，有可觀的經貿利益，在此前提下，鄭成功乃決意轉進臺灣。

　　基於鄭成功的立場而言，臺灣的確最適合作為鄭氏反清的新基地，另外由於臺灣的何廷斌來歸[2]鄭氏，並詳告當時臺灣荷蘭當局的虛實，令鄭

帝國的國民。

[2] 　一六五二年郭懷一事件之後，鄭成功與臺灣荷蘭當局間之關係更形緊張，雙方來往通商船隻劇減，甚至幾乎沒有來往，由於鄭氏海上船隻常遭荷蘭留難，一六五五年鄭成功更下令禁止與臺灣通商，荷蘭損失慘重。一六五七年荷蘭派專人到廈門與鄭成功談判，恢復通商事宜，由臺灣的漢人長老何廷斌

成功推估臺灣荷蘭當局的實力有限，更助長鄭成功取臺的決心。其後鄭氏曾與諸將討論進取臺灣事宜，終於一六六一年二月（明永曆十五年正月）決定東征臺灣。

一六六一年四月八日（明永曆十五年三月十日）鄭成功率兵進駐料羅灣，派其子鄭經留守廈門。四月二十一日鄭氏率艦四百艘、兵二萬五千人自料羅灣啓程，四月二十二日抵澎湖，至此鄭成功已正式踏入東征臺灣之途了。鄭軍抵澎湖後，發現澎湖無糧可徵，無法讓軍隊停滯澎湖過久，乃決定迅速繼續東進臺灣。四月二十九日鄭軍離澎湖，前往臺灣，四月三十日上午鄭軍開始由鹿耳門登陸臺灣。

臺灣荷蘭當局對鄭成功想轉進臺灣一事早有耳聞，曾一再要求巴達維亞派兵增援臺灣，巴達維亞方面的判斷認為鄭軍攻臺可能性不大，但仍循當時臺灣荷蘭長官揆一（Frederick Coyett）之增兵要求，於一六六〇年七月（明永曆十四年六月）派萬得來恩（Jan Vander Laan）率艦十二艘、兵六百名增援臺灣。萬氏的艦隊抵臺後，久未見鄭氏有攻臺的徵兆，乃決定僅留兩戰艦一運輸船在臺灣，其餘船艦於翌年二月由萬氏帶回巴達維亞。因之是年鄭軍來襲時，荷軍戰備薄弱，除了萬氏留下之戰艦兩艘、運輸船一艘外，另有快艇一艘、熱蘭遮城守軍一千一百餘名和火藥四萬磅而已。

一六六一年四月三十日（明永曆十五年四月一日）鄭軍登陸臺灣，經雙方海陸大戰，五月五日赤崁之普魯岷希亞城守將萬倫坦（Jacobus Valentyn）舉城率眾向鄭成功投降。萬氏投降後，守在熱蘭遮城的荷蘭人並未馬上投降，先派使者與鄭成功談判，由於雙方條件相差太大，即鄭氏要求荷蘭退出臺灣，而荷蘭人只願增加每年的輸貢額，因之談判破裂，雙

担任通事。何廷斌此行與鄭成功訂有代為在臺向商船抽出口稅的祕密協定，協定中鄭氏應允每年給何氏一萬八千兩紋銀為報酬。一六五九年鄭何祕密協定為荷蘭當局所發現，何氏被解除其在荷蘭東印度公司所享的權利與職務，其非法所得亦全被沒收。何廷斌受此打擊，為求報復，乃逃往廈門投靠鄭成功。

方繼續對峙。其後巴達維亞城雖曾派軍增援臺灣，但仍無法擊退鄭軍。到了一六六二年一月，熱蘭遮城的荷蘭守軍已陷於糧缺彈盡援絕的極端困境中。此情況下，鄭成功於是年一月下令再發動總攻擊，經一番戰鬥，荷軍頗有損失，此時熱蘭遮城內能戰的守軍僅剩六百人，作戰士氣低落，鄭氏乃再派人入城諭令投降，否則後果將不堪設想，後悔莫及。揆一此時知已無法繼續與鄭軍對敵，同意有條件投降。於此雙方經五天的談判，於一六六二年二月十日（明永曆十五年十二月二十二日）和議成立。荷蘭人終在鄭氏保證其能安全撤離臺灣的條件下，全數撤離，鄭成功也終於將荷蘭人驅逐出臺灣，總計荷蘭人自一六二四年（明天啓四年）至一六六二年（明永曆十五年），共統治臺灣三十八年。

二、漢人王國在臺灣之出現及其政制之初建

鄭成功於一六六一年四月三十日（明永曆十五年四月二日）開始登陸臺灣，臺灣的命運又一次發生轉變，鄭氏之登臺可說是鄭氏延平王國[3]轄區的擴大，臺灣漢人王國出現的契機。不久鄭氏果然於翌年二月將荷蘭人驅逐出臺灣，使漢人王國第一次在臺灣出現。由於漢人王國的出現，臺灣原住民又淪爲漢人所統治，其命運與荷據時代一樣，仍爲被統治者。

鄭成功本對東征臺灣充滿信心，登陸臺灣後，即著手臺灣的全盤規劃。首先區劃行政區，改赤崁地方爲東都明京，設承天府和天興、萬年兩縣。後以東都稱全臺，改赤崁地區（即普魯岷希亞城）爲承天府。天興縣轄區包括今之嘉義、雲林、彰化、南投、苗栗、新竹和桃園等及臺中、臺北、基隆、新北、臺南等市，縣治設在佳里興（今臺南市佳里區）；萬年

---

[3] 西元一六五四年（永曆八年）永曆帝冊封鄭成功爲延平王，鄭氏辭不敢接受，直到次年才接受冊封。因之鄭氏遂被稱之爲延平王，其統轄地被稱之爲延平王國或鄭氏王國。

縣轄區包括今之屏東縣及臺南、高雄兩市，縣治設於二贊行（今臺南市仁德區二行里）。次年二月熱蘭遮城之荷蘭人投降，鄭氏將之改名爲安平鎮。澎湖也於此時改設爲安撫司，並屯戍重兵以捍衛臺灣本島的安全。

鄭氏將行政區劃定後，即派楊朝棟爲承天府府尹、莊文烈爲天興縣知縣、祝敬爲萬年縣知縣，自是郡縣制度初建於臺灣。

鄭氏王國的中央行政組織設有吏官、戶官、禮官、兵官、刑官、工官六官，其地位等於明朝之侍郎，負責掌理六部事務。六官之下設司務（後改稱都事）和協理各一員，負責佐理六官處理事務。

三、鄭經繼承王位與政制之變革

鄭成功占領臺灣不久，即一六六二年六月下旬（明永曆十六年的五月初），因病去世。鄭成功去世時，其子鄭經尙留守廈門，臺灣方面之黃昭和蕭拱辰聯合擁立鄭成功之弟鄭襲繼承王位。鄭經獲悉臺灣生變，迅速率軍東征臺灣，黃昭和蕭拱辰遭斬，鄭經繼承王位。鄭經平內亂後，將臺灣交給顏望忠鎮守，臺灣南北路之軍事交給黃安指揮，自行率領周全斌、陳永華和馮錫範等一批人回廈門以爲清軍之來襲預做籌防。一六六三年十一月（明永曆十七年九月）滿清與荷蘭聯合出擊金門與廈門，結果雙方損失慘重，鄭氏之金、廈淪陷，退守銅山。翌年春鄭經退守東都。

鄭經退守臺灣後，對政制有所變革，即於一六六四年（明永曆十八年）改東都爲東寧，東寧成爲全臺之稱呼。同時改天興、萬年兩縣爲州，各置知州，並於澎湖及南北二路各設安撫司，各設安撫使。承天府典兩州，之下計轄四坊二十四里和原住民之社。坊設簽首、里置總理，負責處理民事，整理戶籍，舉凡人民之遷徙、職業、婚嫁、生死都報於簽首、總理，每年仲春之月再由簽首，總理彙呈於官府，由官考核善惡，裁定賞

罰。以上爲鄭經理臺時地方官制之梗概。至於中央官制，在鄭經繼位之後也略有變革。除了再設置諮議參軍外，又置察言司、承宣司、審理司、賞勳司和中書科等職員。一六七四年（明永曆二十八年、清康熙十三年）鄭經率軍西征滿清東南沿海，鄭氏以陳永華爲「總制」留守東寧，負責總領全臺事務，其地位之高已如丞相。到了一六八〇年（明永曆三十四年、清康熙十九年），陳永華乃請鄭經立鄭克𡎁爲「監國」，負責決斷政事。從上述中央官制之變革，顯然可見鄭經繼位後之鄭氏王國，已是一個獨立自主的王國。

貳、文教之發展

鄭成功出身儒生，對人才之培育相當重視，在攻取臺灣之前，曾於一六五四年（明永曆八年）設立儲賢館和育冑館來以培育人才。到了一六六一年（明永曆十五年），鄭氏占領臺灣後，由於戎馬倥傯，未積極從事文教建設，就於一六六二年六月下旬去世。因之，鄭成功在臺談不上有文教建設。

一、官方之推動

一六六四年（永曆十八年）春鄭經退守臺灣，軍國大事大多委諸諮議參軍陳永華。次年鄭經在臺局面漸趨安穩，乃著手積極從事各項措施，而有關人才培養之文教措施亦爲陳永華所相當重視。是年向鄭經提議建聖廟，立學校。鄭經以爲「荒服新創，不但地方侷促，而且人民稀少，姑暫

待之將來」，陳氏乃進一步向鄭經說明，其內容大致是說：立國最重要的是能培養人才爲國所用，而不在國土之大小人民之寡眾；現在臺灣土地肥沃，人民俗醇，又地處海外，只要三十年生聚教訓，國中有人才可用，國本自然鞏固，就能與中原相抗衡；更何況現今臺灣人民已富足，如今之逸居而不加教育，其與禽獸又有何不同；因此現在須擇地來建聖廟，設學校，藉以收納人才。鄭氏經陳氏的說明後，同意陳氏的建議，乃擇承天府之卓仔埔（今臺南市南門路）興建孔廟，其旁置明倫堂。一六六六年（明永曆二十年）文廟落成，成爲臺灣歷史上第一座孔廟。

孔廟成立後，鄭氏王國當局又令各里、社設學校，延聘教師以教育子弟讀書。當時規定，凡是年滿八歲須入小學，以經史文章爲教材。爲了讓進學者有升學的機會，一六六六年設立學院[4]，陳永華主持，學院內設國子監助教，以禮官葉亨爲首任。一六七〇年（明永曆二十四年）設國子監司業，由葉后詔擔任。

當時設學校最主要的目的在於培育國家公務員，即培育爲官的人才，因此入學是進入宦途的途徑。換言之，當時的學校是準備科舉考試的場所，其考課辦法爲：天興、萬年兩州三年兩試，州試有名者送府，府試有名者送院，各試策論，院試取中者准入太學，按月月課一次，三年取中試者，補六官內都事，擢用陞轉。由於臺灣此時的學校是知識傳播場所，並非教育行政機構，加上出仕又必須透過學校教育，因此學校在鄭氏王國時代，的確對當時的文教發展有相當大的作用，這對漢文化在臺灣的發展也打下了基礎，相對於原住民文化而言，鄭氏時代的學校成爲原住民文化的新障礙。

---

[4]　鄭氏王國之學院如明朝國子監，相當於現在之大學。

二、文人之耕耘

　　鄭氏王國時代，臺灣漢族之文教發展，除上述官方之推動外，尚有民間文人的自力耕耘。約在鄭成功占領臺灣前後，就有一些漢人孤臣宿儒，或飽學之士也相繼移民來臺灣。這些移民來臺之文人，甚少在鄭氏王國中為官，這些文人包括沈光文、王忠孝、辜朝薦、李茂春、沈佺期、張灝、張瀛、郭貞一、許吉燝、黃驤陞、黃事忠、諸葛倬、林英、張士榔等人。這些人當中，辜朝薦、王忠孝、張灝、張瀛等人僑居臺灣的時間相當短，他們對漢族文教之推廣，所付出之力量和影響，理應相當有限。其餘諸文人多未在鄭氏王國之政府中任官，在官方推動文教發展中，自然使不上力。這些未出仕的文人，隱居鄉里，或以醫藥濟人，或日誦佛經自娛，或設塾教讀維生，或居家教育子姪，他們多與民間庶人有所接觸，因此對臺灣當時的漢族文教之發展必有所助長，惟必成為原住民文化發展的阻力。換言之，漢族文化在鄭氏王國時代強行侵入臺灣社會時，這批文人也發揮了力量，對漢族文教之發展是有所耕耘的。

第二節　墾殖與對外貿易

壹、墾殖

一、鄭成功頒布拓墾準則

　　鄭成功來到臺灣後，為了解決軍民的糧食問題，在登陸臺灣不久，即於一六六一年六月十四日（明永曆十五年五月十八日）向其所率之軍民宣諭拓墾時應守之準則。此一準則之具體條款為：

1. 承天府安平鎮，本藩暫建都於此，文武各官及總鎮大小將領家眷暫住於此。隨人多少圈地，永為世業，以佃以漁及經商取一時之利，但不許混圈土民及百姓現耕田地。

2. 各處地方，或田或地，文武各官隨意選擇創置莊屋，盡其力量，永為世業，但不許紛爭及混圈土民及百姓現耕田地。

3. 本藩閱覽形勝，建都之處，文武各官及總鎮大小將領，設立衙門，亦准圈地創置莊屋，永為世業，但不許混圈土民及百姓現耕田地。

4. 文武各官圈地之處，所有山林及陂池，具圖來獻，本藩薄定賦稅，便屬其人掌管；須自照管愛惜，不可斧斤不時，竭澤而漁，庶後來永享無疆之利。

5. 各鎮及大小將領官兵派撥汛地，准就彼處擇地蓋房屋，開闢田地，盡其力量，永為世業，以佃以漁及經商，但不許混圈土民及百姓現耕田地。

6. 各鎮及大小將領派撥汛地，其處有山林陂池，具啟報聞，本藩即行給賞；須自照管愛惜，不可斧斤不時，竭澤而漁，庶後來永享無疆

之利。

7. 沿海各澳，除現在有網位、罟位，本藩委官徵稅外，其餘分與文武
各官及總鎮大小將領前去照管，不許混取，候定賦稅。

8. 文武各官開墾田地，必先赴本藩報明而後開墾。至於百姓，必開畝
數報明承天府，方准開墾。如有先墾而後報，及少報而墾多者，察
出定將田地沒官，仍行從重究處。

　　鄭氏所頒拓墾準則共有八大條款，於此已明白提示寓兵於農是拓墾臺
灣的重要手段，對於如何推展寓兵於農政策，也做了原則的規定。此外，
為使寓兵於農之政策能順利推展，並於八大條款中，一再強調不可侵占原
住民及在住漢人（指鄭氏軍民未來前即已移民來臺的漢人）的耕地和漁
區。

二、寓兵於農之實施

　　一六六二年，鄭成功進一步說明寓兵於農的理論和實施的辦法。其
辦法是：留勇衛和侍衛守安平鎮和承天府，其餘諸鎮，按鎮分地，按地
開墾，鄉仍稱社，土地面積單位仍用甲；地墾三年後，依地之肥瘠，定
為上、中、下則，用以立賦稅；地墾三年內，有收成者，官府借其十分之
三，以供正用；農隙時，則從事軍訓；有警訊時，則武裝以備應戰；無警
訊時，則操農具以事耕作；平日以十分之一人力為瞭望，以便相互接應。

　　一六六二年（明永曆十六年）鄭成功去世，其後由其子鄭經繼承王
位，鄭經繼續推行寓兵於農政策，作為拓墾臺灣的主要手段。鄭氏王國所
推行之寓兵於農政策，從其實行的辦法看來，它具有三大功能：

（一）解決軍糧問題

鄭氏占領以前，臺灣雖有農業發展，但僅限於臺南等地，絕大部分為人煙稀少，遍地拋荒之地，因此無法在短期間提供鄭氏龐大軍隊所需之軍糧。實行寓兵於農，遣軍屯墾，軍隊可自耕自食，解決軍糧問題。

（二）保障漢人之安全

昔日鄭氏軍民除了面對大清外敵外，尚需面對島內原住民的反抗，實施寓兵於農，遣軍於各地屯墾，可就近監視原住民的動靜，以防原住民之突襲，有利保障漢人之安全。

（三）促進農業發展

臺灣在荷據時期，雖已有漢人移民來臺從事農耕，但為數實不多，且局限於臺南等地。鄭成功率軍民二萬五千人來臺，實施寓兵於農，遣軍屯墾各地，似等於將大批少壯勞動力，有組織有計畫的投入農業行列，自然對農業發展產生促進作用。

三、勞動力之增加

提高糧食的生產量是鄭氏王國在臺灣亟需解決的問題。欲提高糧食生產量，就需增拓生產地之面積，欲增拓生產地之面積，其重要方法之一即是增加勞動力，因此鄭氏乃有寓兵於農之實施。但單憑軍隊之投入生產，以當時的情況而言，仍嫌勞力尚有不足。

鄭氏王國為了解決勞力不足的問題，無論鄭成功或鄭經，都曾採取強迫其軍人帶眷來臺及招納大批漢人流民來臺等方策。所謂強迫其軍人帶眷來臺，指的是鄭成功取臺之初，及鄭經西征大清東南沿海時，尚有軍人留

眷在東亞大陸,而鄭氏父子,強令其軍眷搬運來臺之謂。至於招納大批漢人流民來臺一項,是指一六六一年(明永曆十五年)鄭成功轉進臺灣後,滿清為了要凍結鄭氏的資源和兵源,行堅壁清野之策,曾下遷界令,造成大清東南沿海流民四起,鄭氏趁機招納之謂。除此之外,鄭氏王國也曾將其占領東亞大陸時的罪犯放逐到淡水,從事拓墾工作。

四、拓墾範圍

一六六一年(明永曆十五年)鄭成功轉進臺灣後,在臺灣建立獨立的漢人王國,迨一六八三年(清康熙二十二年)消滅鄭氏王國止,鄭氏共在臺統治二十二年。臺灣歷經鄭氏三代的大力拓墾,究竟鄭氏時代在臺拓墾的範圍有多大,目前無法一一陳述。大體而言,其時拓墾的範圍是始自承天府、安平鎮,而以其南北附近的文賢、仁和、永寧、新昌、仁德、依仁、崇德、長治、維新、嘉祥、仁壽、武定、廣儲、保大、新豐、歸仁、長興、永康、永豐、新化、永定、善化、感化和開化等二十四里為中心,漸次向外開展,南至鳳山、恆春,北及嘉義、雲林、彰化、埔里、苗栗、新竹、淡水和基隆等地。以上除承天府、安平鎮和另二十四里外,其餘南北各地之拓墾,大多呈點狀的分布。至於鄭氏王國時代究竟在臺拓墾多少田園,目前雖無可考,但有文獻記載清朝領臺時,經清廷清查得知滿清領臺初年全臺已拓墾的田有七千五百三十四甲五分七釐七毫,園有一萬零九百一十九甲二分八釐六毫,合計田園面積為一萬八千四百五十三甲八分六釐四毫。茲將滿清領臺初年全臺及全縣已有的田園面積列如表4-1以供讀者參考。

表4-1　清領初年全臺田園面積表

面積（甲）地區 田園	田　地	園　地	合　計
臺灣縣	3,885.644	4,676.178	8,561.822
鳳山縣	2,678.496	2,369.711	5,048.208
諸羅縣	970.436	3,873.396	4,843.832
全臺灣	7,534.577	10,919.286	18,453.864

資料來源：高拱乾，《臺灣府志》，臺灣銀行經濟研究室編，臺灣文獻叢刊第六五種，頁115、118、
　　　　121、124。

　　鄭氏王國末期，因抽丁作戰，勞動力較前減少，田園耕作面積，自然
也有所減少，到了清軍侵入臺灣，田園拋荒者不少，因之滿清領臺初年清
查所得之田園面積，理應比鄭氏王國時代已拓墾的面積還少。換言之，鄭
氏王國時代所拓墾的面積，推估當超過一萬八千四百五十四甲以上才是。
鄭氏時代的田園依所有權誰屬而分，可分為三大類：一為荷據時代的「王
田」，屬鄭氏王國政府所有的叫「官田」；一為由鄭氏王國之宗室、文武
官員、士庶有力人士招佃開墾而成的私有田園叫「私田」；一為駐防各地
營兵，就所駐之地，開墾而成的田園叫「營盤田」。

　　鄭成功轉進臺灣，在臺灣建立漢族王國，由於漢人是一農耕文化高度
發展的民族，加上面對大清帝國的併吞危機，亟需壯大其國力，拓墾成為
其必然的手段，而漢人在此前提下透過有組織有計畫的拓墾活動，相對於
原住民而言，其生存空間在荷蘭退出臺灣之後不僅沒有恢復，反而迅速的
縮小。因此，鄭氏王國的出現，就原住民的立場而言，毋寧說是又面臨一
次生存發展的危機。

五、鄭成功轉進臺灣後所面對的經濟困境

　　由於鄭成功在滿清東南沿海從事反清運動，滿清在軍事上又一直無法打敗鄭軍，滿清政府乃於一六五六年（明永曆十年、清順治十三年）實施海禁，對鄭氏實施經濟封鎖。此項海禁政策行之有年，但未能獲得預期的成果，清廷乃於一六六一年採鄭氏叛將黃梧所獻的遷界政策，將山東、江浙、閩粵海邊居民，向內地遷徙，企圖堅壁清野，對鄭氏做徹底的經濟封鎖。滿清這兩項政策，並沒有達到封鎖鄭氏經濟的目標，也就是說滿清政府對鄭氏的經濟封鎖並沒有成功。鄭氏之所以能突破滿清的經濟封鎖，其原因之一是，鄭氏透過厚賂滿清守口官兵，以取得貨品；其原因之二是，鄭氏有一嚴密的商業組織，即五商[5]，透過此一組織，可突破種種貿易障礙。

　　滿清政府對鄭氏所採的海禁和遷界辦法，不僅沒有達到封鎖鄭氏經濟的目標，甚至於反而助長了鄭氏的經濟力量，由於東亞大陸東南沿海居民，被禁出海通商，使鄭成功反而得以操縱壟斷中外貿易，從中獲取更多利潤。

　　鄭成功於一六六一年（明永曆十五年）轉進臺灣，當時由於臺灣漢人有限，臺灣原住民的經濟活動又非以農業為主，臺灣一時難以供應鄭氏軍民所需之糧食，鄭氏乃積極於拓墾事業，對國際貿易之經營，自然無法如以前之積極，加上一六六四年（明永曆十八年）鄭經因金廈戰敗，退守臺灣，其五商在東亞大陸的基地全失，滿清的海禁和遷界政策又沒解除，臺灣對滿清帝國間的走私貿易，一時有斷絕之勢，國際貿易也隨之衰頹，此

5　鄭氏貿易對象主要分為東亞大陸、東北亞和東南亞各國，而負責這些貿易業務的即為五商。五商分為山路五商和海陸五商：山路五商為金、木、水、火、土五行，設在杭州及其附近各地，收購各地名產輸往廈門；海陸五商為仁、義、禮、智、信五行，設於廈門及其附近各地，將東亞大陸物資運銷東北亞和東南亞各國。五商不僅負責東亞大陸與外洋之貿易，而且擁有龐大的商船隊，負責當時的運輸任務。

時鄭氏在經濟上的處境可說相當困難。

貳、對外貿易

一、鄭氏王國再打開對滿清帝國的走私貿易

　　鄭成功轉進臺灣不久，即於一六六二年六月（明永曆十六年五月）就去世。鄭經繼承王位，於一六六四年放棄東亞大陸東南島嶼，退守臺灣，初仍積極從事拓墾。一六六六年左右鄭經在臺的布局漸形安定，陳永華於此時曾說：「（臺灣）安插已定，船隻整備，又加年豐，但寸帛尺布價值甚高。」並嘆說：「臺灣遠隔汪洋，貨物難周，與販維艱」，陳氏乃建議設法打開與滿清帝國的走私貿易，以改善臺灣物資不足的現象，並藉以促進國際貿易，令臺灣賺取更多的利潤。鄭經依陳永華之建議，派江勝率一水師進駐廈門。江勝在粵東游民領袖邱輝的協助下，擊退盤踞廈門的陳白骨與水牛忠集團，在不騷擾清軍和不擄掠百姓的前提下，交通滿清邊將。如是，江勝果然得以在廈門開市，滿清東南沿海居民，祕密乘夜負貨來廈門從事走私貿易者絡繹不絕，臺灣與東亞大陸間的走私貿易之途徑又漸打開。

二、對英國之貿易

　　鄭成功去世後，不久鄭經繼承王位，一六六四年（明永曆十八年）鄭經放棄東亞大陸沿海諸島，退守臺灣、澎湖，此時鄭氏王國之國際貿

易曾一時有斷絕之勢。一六六六年鄭氏王國再次打開對滿清帝國走私貿易之途（已如前述），東亞大陸之貨品又流入臺灣。爲了促進臺灣與國際間貿易之加強，鄭經乃行函各國，積極鼓勵外人前來臺灣通商。此時英國極欲開展東亞貿易，就在一六七○年（明永曆二十四年）英國東印度公司派克利斯布（Ellis Crisp）自蘇門答臘的班丹（Bantam）率船於六月到達臺灣，與臺灣當局洽談通商事宜。這次英船來安平，是荷蘭撤離臺灣後，首次開進安平的歐洲船隻，因此受到鄭氏王國當局的熱烈款待。臺、英雙方於是年七月達成通商協議，其主要內容爲：臺灣王[6]允准不阻撓掛有英國旗幟的船隻於海上航行，英人可在臺自由交易，英人可將在臺購得之鹿皮、蔗糖和一切臺灣土產裝運到日本、馬尼拉或其他地方，互相保護對方人民之安全，英人得隨時接近臺灣王國之官員，英人可在臺灣自由旅行，臺方應以時價出售貨物，英人可自由轉運或輸出白銀與黃金，英國可隨時撤銷其商館並運走一切財物離去，英人得使用其標幟和國旗，英人可運銷各種貨品來臺，臺灣國王所購貨品及銷臺灣之食米全部免繳關稅，英方有必要時得提出其他要求；臺灣王國向英方要辦事項有英人租用房屋須繳年租金五百比索（Peso），英方出售進口貨品須繳百分之三的海關稅，出口貨物免稅，英方船隻進入港口後須將武器火藥交由臺灣當局保管至返航時刻，英方須經常留一鐵匠替臺灣王國製造槍砲，英船來臺時每船必須載有火藥、火繩槍、黑胡椒、黑布、藍布、暗紫色布、大紅布、精良棉布、珊瑚、大小琥珀和大塊白檀布等貨品。

　　一六七一年（明永曆二十五年）英國東印度公司批准上項協議，並准在臺灣設立商館。臺灣之商館，由班丹分公司管轄。次年六月英國東印度公司再派史帝芬（David Stephens）等七人搭實驗號（The Experiment）、

---

[6]　當時英國東印度公司致鄭經的書函稱鄭氏爲臺灣王（King of Formosa）。

歸航號（The Return）和駱駝號（The Camel）於七月抵達臺灣，正式在安平設立商館，此外並進行商談簽訂正式通商條約事宜。臺、英雙方經一番交涉，乃於是年十月正式簽訂通商條約，其內容與一六七〇年（明永曆二十四年）所訂之協議內容大致相同，惟未將英方來臺船隻，每船應載貨物品名加以列舉，而代之以英方同意每年將臺灣國王所需之貨物運到臺灣的條文。

英國原以為與臺灣建立通商關係後，接著可恢復與日本的貿易關係[7]，並擴展其東亞貿易，遂於一六七三年，即與臺灣簽訂通商條約之後，一方面令實驗號和駱駝號載運臺灣王國所贈送貨物和在臺灣所買到的貨物運回班丹，另一方面令其在臺灣的歸航號，載運在臺灣所買到的貨物運往日本長崎。實驗號在一六七二年一二月返回班丹的途中，被荷蘭船所俘；駱駝號在次年三月下旬於班丹港外，亦被荷蘭船所俘。歸航號行抵日本長崎時，因遭荷蘭人的阻礙，而無法達成與日本恢復貿易的目的。歸航號無法在長崎貿易，乃轉往澳門。當時澳門之葡萄牙當局，不許英人在該地設商館從事貿易。英人如欲購物，需以現款由葡萄牙人經手從事之，歸航號因船上沒有現款，只好出售船上的貨物，去換取現款來買所需貨物。但出售貨物有限，所得現款也就有限，購買到的貨物自然也不多，因此歸航號之澳門行可說是沒有成功。由是看來，英國雖打開與臺灣通商之門，但未能達到擴大東亞貿易的預期效果。

一六七三年（明永曆二十七年、清康熙十二年）大清帝國發生三藩之亂，次年鄭經出兵閩南占領廈門，並陸續擴張其勢力，是年英國與荷蘭簽訂和約。在此一背景下，英國對日本和臺灣貿易之興趣又再次提升。一六七四年英國東印度公司總公司指示班丹分公司，遣船到臺灣，再進行

---

[7] 英國東印度公司曾於一六一三年在日本平戶設商館，旋於一六二三年閉館。

洽談通商事宜。翌年五月班丹分公司派船由班丹載運槍砲火藥和大批致贈
臺灣國王、王妃、王母及大臣的禮物，於是年七月抵達臺灣。此刻正值鄭
經用兵閩南，亟需軍火之時，而英人又載運軍火前來，因此，此次英人之
來航，大受臺灣之歡迎。是年臺、英雙方乃又補訂通商條約，其內容除未
提及海關稅率，保證英人得自由購買蔗糖和鹿皮總產的三分之一，並再將
英船來臺時所必須載運貨物之品名加以具體列舉等三項外，其餘大致與前
次所訂者相同。

　　臺灣與英國東印度公司雖然曾三訂通商條款，但雙方間的貿易一直
不太順利。到了一六八○年（明永曆三十四年、清康熙十九年）三月，鄭
氏王國奪回的海澄、廈門又為滿清所占領，鄭經遂率軍退守臺灣和澎湖，
此時臺灣經濟已相當困難。在此情況下，臺灣和英方間的貿易已難繼續維
持，英國東印度公司班丹分公司，乃於一六八○年的七月，下令撤銷該公
司在臺灣的商館，僅留一名代理人員繼續在臺處理業務，至是臺灣和英方
間的貿易可說已到盡頭。

三、對日本、南洋各地之貿易

　　鄭氏王國的始創者為鄭成功，鄭成功之父鄭芝龍之發跡地為日本，而
臺灣又與日本為鄰，因此基於人脈和地緣的關係，臺灣之鄭氏王國一直與
日本關係相當密切，尤其與日本之貿易關係更為密切。

　　臺灣在鄭氏王國時代所生產的商品，大體而言是先銷往日本。銷往日
本的貨物，主要是蔗糖和鹿皮，除此之外還有獐皮、米穀、絲織品和藥材
等。臺灣自日本輸入的貨物，主要是銅、鉛和武器等。臺灣自日本輸入的
銅，一方面是用以轉販給其他亞洲國家以謀利，另一方面是用來鑄造錢幣
和製造武器。由此可見當時臺灣由日本輸入的貨物，主要是軍用物資。

　　鄭氏王國時代的臺灣，也與南洋各地有貿易關係，其涵蓋地點曾見諸文獻的有呂宋、蘇祿（Sooloo）、汶萊、交趾、廣南、柬埔寨、暹羅、柔佛、滿剌加（Malacca，亦譯為麻六甲）和咬𠺕吧（即巴達維亞）等地。

　　鄭氏王國時代，臺灣到南洋的商船，以到呂宋的為最多，曾經出現一年有五艘或六艘之多，往南洋其他各地的每年或有一、兩艘。然而就整體而言，臺灣商船，以到日本的為最多，在十七世紀中葉以前每年平均有大商船十四至十五艘到日本交易，其後因臺灣與滿清帝國戰爭的關係，社會動盪不安，貨源缺乏，船隻折損，出航日本的臺灣商船漸少。到一六八〇年鄭經自東亞大陸敗退回臺灣之後，出航日本的臺灣商船更少，但仍有八艘之多。由是可見鄭氏王國時代，臺灣與日本間的貿易始終相當繁盛。

第三節　清國征服臺灣

壹、鄭氏王國的進出東亞大陸

　　一六六四年（明永曆十八年）鄭經退守臺灣後，一方面清廷無意積極謀取臺灣，另一方面鄭經一時也無力西進東亞大陸，鄭氏王國與滿清帝國形成對峙的狀態。一六七三年（明永曆二十七年）滿清內部發生三藩之亂，吳三桂、耿精忠邀鄭經會師聯合抗清，鄭經乃以陳永華留守臺灣，而於一六七四年親率大軍西征。

　　鄭經率軍西進東亞大陸，轉戰閩粵各地，曾經擁有閩南粵東，一時頗有獨霸一方之勢。但由於鄭氏與耿精忠、尚可喜不和，抗清步調不一，耿氏向滿清投降後，面對十餘萬清軍的正面攻擊，鄭經遂處於不利的地位。不久鄭氏軍隊為清軍大敗，鄭軍士氣受挫，數年轉戰所得之閩南粵東盡失，鄭經再退守金、廈。自此而後，鄭氏與滿清在閩南地區形成拉鋸戰。在這種情形下，滿清一方面採堅壁清野政策，一方面在漳州設「修來館」專事煽誘鄭氏文武官員，凡來降者從優善待之，因之，鄭軍士氣大受影響。一六八〇年（明永曆三十四年）二月鄭軍與清軍在泉州有所接戰，雖獲小勝，但鄭經見軍心不穩，乃於三月率軍退回臺灣、澎湖。結束在東亞大陸的戰鬥事業。

貳、清國征服臺灣

　　鄭經在東亞大陸用兵失敗,乃退回臺灣、澎湖。鄭經由於在中國之挫敗,其精神上所受的打擊之大不難想像,再加上老臣像陳永華、柯平、楊英等人相繼去世,鄭經至此已無心政務,繼續令其子克壓監國,自己卻過著縱情的生活,夜以繼日,因而體力大衰,終於一六八一年病逝,享年三十九歲,並遺命由克壓繼其王位。

　　鄭經雖遺命其子繼承王位,然權臣馮錫範別具野心,立即結合武將劉國軒與其他權臣等謀害鄭克壓,另立其弟(馮錫範之女婿)鄭克塽爲王,由此顯見鄭氏王國內部充滿政治矛盾。清廷有鑑於此,便積極準備對臺用武。此時清廷在大學士李光地及閩浙總督姚啓聖的大力推薦下,命施琅擔任福建水師提督,之後施琅一再奏請清廷發兵攻臺。臺灣方面獲悉施琅任水師提督後,亦積極備戰,並派劉國軒陸續集結近兩萬的軍隊駐守澎湖。一六八三年七月施琅奉命率軍攻打澎湖,臺灣王國之軍隊在此展開抵抗侵略的保衛戰,臺灣與滿清軍隊雙方戰鬥極爲激烈。

　　臺灣與滿清雙方在澎湖激戰的結果,清軍雖受重創,但臺灣軍不幸潰敗。澎湖之戰後,臺灣鄭氏王朝已喪失抵抗侵略的意志,而於一六八三年九月初向滿清投降,九月下旬施琅率清軍接收臺灣,至是臺灣王國爲清國所征服。

第五章　清領時代前期

第一節　政治演進

壹、鄭氏降清與臺灣棄留爭議

一、鄭氏降清

（一）鄭氏政權的內爭

一六八○年四月，鄭經以福建海戰失利，盡棄金門、廈門附近島嶼，倉惶退回臺灣。部將陳昌、朱天桂等先後降清，水師精銳喪失大半。

鄭經回臺之後，意志消沉，無心政事，乃下令世子克𡒃監國秉政，凡文武奏疏一切事宜，悉由監國決斷。當時諮議參軍陳永華統領最為驍壯之勇衛軍，且為監國鄭克𡒃之岳父，大權在握。侍衛馮錫範、右武衛劉國軒等均嫉視之，二人乃設計解除陳永華兵權，鄭經竟許之。不久，陳永華見國事日非，抑鬱以終；繼而刑官柯平、戶官楊英相繼去世。老臣凋謝，權臣益張。

一六八一年春，鄭經病故，遺命傳位於世子克𡒃。鄭克𡒃果決剛正，撫輯兵民，頗有乃父遺風，監國期間為鄭氏諸公子與權臣馮錫範等所深忌。至是，馮錫範乃謀之劉國軒，並聯合反鄭克𡒃之勢力，發動政變，襲殺鄭克𡒃，改擁年僅十二歲的鄭克塽繼位。鄭克塽為馮錫範之婿，政事無分大小，一決於馮氏；軍事則由劉國軒主持，得專征伐。

鄭氏政權的內爭，權臣專擅，恃威妄殺，人心離散，顯露出敗亡的徵兆，因而給予清朝派兵攻臺之機會。

（二）鄭氏經濟困難

鄭氏政權的敗亡，除政爭之外，經濟困難也是一個重要因素。

早在一六七四年三藩反清，鄭經率師西征之初，鄭氏曾大舉徵調屯丁及原住民至廈門，導致臺灣農業勞動力不足，從而影響糧食的生產。而鄭軍在閩，連年征戰，後勤補給在在均由臺灣轉運提供，更顯得捉襟見肘，難以為繼。

其間，由於清廷再度厲行禁海遷界之令，以封鎖臺灣，致使臺灣軍用、民生均極困難，軍民衣食時有斷絕之虞。一六八一年至一六八三年間，安平附近發生旱災，五穀歉收，米價騰貴，民不堪命，甚至有餓死者。一六八三年五月，鄭氏軍隊因缺乏糧食與餉銀而發生騷動，軍心不穩。當時臺灣因米糧缺乏，軍民怨聲載道，米價極昂，幾至無米可買，多以番薯果腹。

由於戰事頻繁，鄭氏政權支出龐大，百姓賦稅負擔極為沉重，苛捐雜稅亦多。賦稅方面，其稻粟之官佃田園賦稅，沿襲荷據時期之王田制度，幾近剝削，為清領時期賦稅之數倍有餘。至於苛捐雜稅，舉凡人丁、社餉（各社贌餉）、鹽埕、罟網、牛磨、蔗車、載鹽出港、僧道、載貨入港、街市店厝、港口渡船，以及澎湖人丁、園地、船網等，均須納稅。其項目或為當時臺灣之特殊情況，如各社贌餉；或為當時內地所無，如牛磨稅、街市店厝的房屋稅等，可見其稅負沉重之一斑。

由於經濟困難，財政不佳，鄭氏政權的存續，因而受到嚴酷的考驗。

（三）澎湖失守

在鄭氏政權與清廷對峙期間，雙方和議仍未中斷。但因雙方堅持各自立場，互不妥協，終無結果。

一六八一年春，鄭經死後，清廷傳旨：「鄭錦（經）既伏冥誅，賊中必乖離擾亂，宜乘機規定澎湖、臺灣。」經閩籍內閣學士李光地與福建總督姚啟聖的力保，再授施琅為福建水師提督，積極準備攻臺。而鄭氏聞

清軍將來犯，乃令水師督修戰船全力整備，以劉國軒爲總督守澎湖，征北將軍曾瑞、定北將軍王順二人爲副，於澎湖修築營壘砲臺。旋又聞清軍欲進攻雞籠，以掛臺灣之背，乃令左武衛何祐爲北路總督，以智武鎮李茂爲副，守淡水、雞籠，重修西班牙人城堡。

一六八二年九月，施琅以臺灣內部不穩爲由，上疏請求獨任東征之責，康熙皇帝許之，授以全權。施琅乃加緊整船練兵，伺機進攻臺灣。至於鄭軍，劉國軒既聞施琅獲專征之權，乃嚴臺灣、澎湖之防務，以馮錫範爲左提督守鹿耳門，並增兵澎湖，總兵力共二萬人，兵船二百號，分戍澎湖各要地。清、鄭雙方各嚴防務，整軍備戰，大戰呈一觸即發之勢。

當時鄭氏政權內部情勢日趨惡劣：軍需財政困難，則加重民眾捐派。北部因迫令原住民築城，南部爲採金問題，引起原住民反抗。施琅又密派心腹進行離間，鄭軍有不少人因而動搖降清，內部未能團結一致。一六八三年六月，康熙皇帝因招撫不成，下詔催施琅進攻。七月五日，施琅下令東征。七月八日，施琅率領大小戰船二百餘艘、水陸官兵二萬餘人自銅山（東山島）出發，進攻澎湖。鄭氏則由劉國軒率兵二萬餘、船二百餘艘守澎湖，嚴陣以待，準備與清軍決戰。七月九日，清軍抵澎湖海面。七月十日，清、鄭雙方激戰終日，互有死傷。七月十六日，施琅以船隊分三路猛攻，雙方砲火猛烈，清軍總兵朱天貴戰死，鄭軍將領陣亡多人，鄭軍大敗，清軍損失亦重。劉國軒率殘部逃回臺灣，澎湖遂落入清軍手中。

（四）鄭克塽納土請降

鄭氏末年，爆發嚴重的內爭，經濟困難，百姓稅賦沉重，內部情勢日趨惡劣，鄭氏的前途確不樂觀。惟就澎湖海戰而言，清、鄭雙方兵力、戰船旗鼓相當，鄭氏又素以海戰見長，卻未能作堅強的抵抗，迎戰數日，即告潰敗，則已非單純的戰術問題。

澎湖失敗之後，臺灣人心惶惶，馮錫範令嚴守鹿耳門，並禁兵民越

出村落，旋奉鄭克塽大會文武，商議戰守之策。建威中鎮黃良驥、提督中鎮洪邦柱等主張南取呂宋，以存鄭祀，未有結論。群情洶湧，各懷向背，或主張死守，或主張投降。劉國軒以軍心渙散，軍械糧食都感不足，南進戰守，均非其時。施琅又遣劉國軒舊部至臺招撫，允諾保題劉氏爲現任總兵；戍守淡水、雞籠的北路總督何祐也派人到澎湖投降。於是劉國軒決定投降，乃建議鄭克塽派遣禮官鄭平英、賓客司林維榮齎捧降表至澎湖，以削髮稱臣，世守臺灣爲請，但爲施琅拒絕。鄭克塽不得已，乃再派兵官馮錫圭（馮錫範胞弟）、工官陳夢煒、劉國軒胞弟劉國昌、馮錫範胞弟馮錫韓等人，同齎降表，於九月六日至澎湖求見施琅，獻出延平王及招討大將軍金印各一、將軍銀印五，以及土地戶口府庫軍實冊籍等請降。明宗室寧靖王朱術桂和五姬妾，聞鄭克塽決計降清，均自縊而死，爲明室盡節。臺灣歸清版圖。

　　自一六六一年四月鄭成功入臺，至一六八三年九月鄭克塽投降，鄭氏治臺計二十三年。

二、臺灣棄留爭議

（一）臺灣棄留未定

　　清廷平臺，就清廷而言，可以說是消除了多年的邊患，也完成了統一中國的最後一步，所以對攻臺將領的論功行賞，特別優渥。平臺統帥福建水師提督施琅封靖海侯，世襲罔替；其他人員也都爵賞有差。然清廷因中原初定，正傾全力經營大陸，對臺灣則以打垮鄭氏便算了事，對新入版圖的國土之處理，並無固定的方針，亦無興趣。故當施琅在澎湖接受鄭克塽的降表，奏請對臺灣的棄留應有決定時，引起了朝廷的一場爭議。當時有人認爲臺灣「孤懸海外，易藪賊。欲棄之，專守澎湖。」也有人說：「海

外泥丸，不足爲中國加廣。裸體文身之蕃，不足與共守。日費天府金錢於無益，不若遷其人而棄其地。」但福建總督姚啓聖則反對上述主張，他認爲臺灣如果棄而不守，「勢必仍做賊巢」。後來，康熙皇帝命令派往福建的工部侍郎蘇拜會同福建總督姚啓聖、巡撫金鉉及施琅等人，會商臺灣的棄留，結果認爲「留恐無益，棄虞有害」，所議不一，未能獲得結論。

　　一六八四年二月，施琅再度上「恭陳臺灣棄留疏」，剖陳臺灣棄留之利害，奏請設置臺灣鎮守官弁，棄留問題重新提到抬面。康熙皇帝於是又命令大學士等會同議政王大臣、九卿詹事科道，再行確議具奏，惟他們不敢作確切的建議，祇覆奏請行令福建的總督、巡撫、提督再行討論，仍無結果。

（二）施琅力主留臺

　　在臺灣棄留爭議期間，清廷文武大員中對臺灣地位的重要性，認識最深者當推施琅。

　　施琅是清廷平臺的首功者，曾親率大軍征臺。抵臺之後，施氏復率興化總兵吳英與鄭氏降將劉國軒等，實地勘查南北兩路，親眼目睹臺灣「野沃土膏，物產利薄，耕桑並耦，魚鹽滋生，滿山皆屬茂樹，遍處俱植修竹。硫磺、水籐、糖蔗、鹿皮，以及一切日用之需，無所不有。」對臺灣地方「北連吳會，南接粵嶠，延袤數千里，山川峭峻，港道迂迴，乃江、浙、閩、粵四省之左護。」[1]均有深刻的了解。他的力爭保留臺灣，奏請設置臺灣鎮守官弁，實與他「奉旨征討，親歷其地」有關。

　　臺灣的棄留，在歷經數月的爭議之後，清廷終於有所決定。一六八四年三月，康熙皇帝再度就施琅所奏請設置臺灣鎮守官弁乙事，詢問大學士

---

[1]　施琅，〈恭陳臺灣棄留疏〉，收入氏著《靖海紀事》（臺北市：臺灣銀行經濟研究室，臺灣文獻叢刊第十三種，1958年2月），頁59至62。

等官員之意見，大學士李霨贊同施琅的意見，主張留臺。康熙皇帝亦認爲
「臺灣棄取，所關甚大。鎮守之官三年一易，亦非至當之策。若徙其人
民，又恐失所；棄而不守，尤爲不可。」[2]康熙皇帝的表態，結束了臺灣
棄留的爭議。

貳、地方建制與調整

一、道鎮的設置與職權

（一）道

　　清廷既決定保留臺灣，乃於一六八四年五月劃臺灣爲一府三縣，隸
屬福建省。臺灣府連同廈門，合置分巡臺廈兵備道，兼有指揮監督文武
職官之大權，並兼理學政。一七二一年，臺灣發生朱一貴之役，分巡臺
廈兵備道梁文煊未戰先遁，乃革其鎮撫武職之權，去兵備銜，改爲分巡
臺廈道。一七二七年，以增加興泉巡海道駐廈門，乃改分巡臺廈道爲分巡
臺灣道；而其兼理學政，則移歸巡臺御史兼管。[3]一七五二年，以巡臺御
史改半年駐臺之例，兼理學政有所不便，學政乃再歸分巡臺灣道兼管。
一七八八年，分巡臺灣道加按察使銜；同年，復加兵備銜，以便鎮壓，於

2　臺灣銀行經濟研究室編印，《清聖祖實錄選輯》（臺北市：臺灣銀行經濟研究室，臺灣文獻叢刊第
　　一百六十五種，1963年3月），頁131。
3　1721年，臺灣發生朱一貴之役，因軍政廢弛，未及一月全臺俱陷。清廷乃設巡臺御史之制，簡滿漢御
　　史或給事中巡視臺灣，督察文武，「釐覈案牘，查盤倉庫，閱視軍伍，周巡南北疆圉。」（朱景英
　　《海東札記》，卷二〈記政紀〉）滿漢各一人，歲一更替，駐臺灣府治。1752年更例，御史巡臺，三
　　年巡視一次，而半歲輒回，不事駐臺。1765年，以巡臺之制效果不彰，改爲隨時派往，不拘常例。至
　　1787年，遂罷御史巡臺之制。參閱盛清沂撰，林衡道主編《臺灣史》（臺灣省臺中市：臺灣省文獻委
　　員會，1977年4月），頁259。

是臺灣「凡廳縣刑名，由府審轉者，道復核審移司。錢穀冊案，亦多經道稽覈。舉歲科試，甄錄文武生童；其恩拔歲貢，亦由道考取彙卷冊送本省學政。歲會臺灣鎮兩閱水陸軍務。又設廠督修臺澎戰船八十一號。責綦重矣。」[4] 分巡臺灣道職權益為加重。

（二）鎮

　　一六八三年，清廷既克臺灣，以靖海侯施琅議，決定在臺灣設置府縣，並置戍兵。制以萬人，分為十營。當時以臺灣為海上巖疆，比於九邊重鎮。其將弁兵丁，陸路者概由福建漳州等六鎮標、福州等五協標抽調而來；其水師則由福建海壇等三協標及廣東之南澳鎮抽調而來。三年瓜代，輪流戍臺，故謂之班兵；並定例總兵官三年俸滿，奏請陞見。副將三年任滿，給咨引見。參將、遊擊、都司、守備二年限滿，咨部推補。千總、把總三年限滿，調回內地，候缺陞補。其兵丁由內地三年按班抽換，不准就地推補。俱不准攜眷至臺。

　　當時十營之兵，分為陸師五營、水師五營。初期每營千人，各為五千人；內又撥歸鎮閫將標兵計五百二十人，把總二人。故在臺實有將弁兵力，共有鎮守臺灣總兵官一員、臺灣水師副將一員、澎湖水師副將一員、參將二員、遊擊八員、守備十員、千總二十員、把總三十員，步戰守兵九千四百八十人。官自備騎坐馬二百五十匹，戰船九十艘。

　　其駐守地區，陸師鎮標中、左、右三營及水師中、左、右三營，俱集中臺灣府治及安平鎮地區。其陸師南路參將營，則駐鳳山縣之統領營（今高雄市區）；其陸師北路參將營，則駐臺灣縣之佳里興（今臺南市佳里區）。其駐澎湖則有澎湖水師左、右二營，共二千人，專為防守澎湖（今

---

[4]　朱景英，《海東札記》（臺北市：臺灣銀行經濟研究室，臺灣文獻叢刊第十九種，1958年5月），頁17。

澎湖縣）而設。

其後，隨著土地的拓墾及行政區劃的調整，水陸各營駐地防區及兵員，亦迭有調整。

二、府縣的設置與調整

（一）一府三縣

一六八四年五月，清廷劃臺灣爲一府三縣，隸福建省。以鄭氏時期之舊天興州爲諸羅縣；析萬年州爲臺灣、鳳山二縣。府治設於東安坊（今臺南市），以臺灣縣爲附郭。由於臺灣縣位在三縣之中，故名中路。其疆界東至大山，西至大海，廣四十五里；南至二層行溪之北支界鳳山縣，北至蔦松溪（今鹽水溪）與諸羅縣爲界，南北延袤三十六里。至於澎湖地區，當時亦歸臺灣縣管轄。

自鳳山縣而南，謂之南路。其疆界北以二層行溪之北支界臺灣縣。然犬牙交錯，其於二層行溪以北之土塹埕、新昌、永寧，喜樹仔四堡及安平鎮地區，當時並歸鳳山縣管轄。其二層行溪以南之文賢里，則歸臺灣縣管轄。南極沙馬磯頭（今屏東縣恆春鎮貓鼻頭），南北延袤二百七十五里；東北界諸羅縣；西北臨大海，東西廣三十五里。

自諸羅縣而北，謂之北路。其疆界東界大山，西抵大海，南界鳳山縣，西南以新港溪界臺灣縣，東西廣五十一里。北至大雞籠（今基隆市），六百零五里。由大雞籠山後東南至鳳山、卑南地界（包括今宜蘭、花蓮、臺東三縣沿海地區）二百十三里，南北延袤九百十九里。以上疆域境界，舊志記載不一。

臺灣縣署在東安坊（今臺南市）；鳳山縣本設治興隆莊（今高雄市）；諸羅縣則設治諸羅山（今嘉義市）。然以南、北路蠻荒未開，知縣

懼歸治所，以致鳳山縣暫附府治治事，諸羅縣則暫駐佳里興（今臺南市佳里區）。縣境遼闊，鞭長莫及。其後，因北路諸羅縣接連發生天地會吳球之役、劉卻之役，各地騷動，乃有歸治之議。一七〇四年，始奉文歸治；惟諸羅縣遲至一七〇六年，始實際歸治，上距設縣之年，已逾二十年。

（二）一府四縣二廳

一七二一年，臺灣南部發生朱一貴之役，全臺騷動。事平之後，東征統帥、南澳鎮總兵藍廷珍幕僚藍鼎元鑒於北路遼闊，治理維艱，議割諸羅縣北部半線地方（今彰化縣），另立一縣。一七二三年，巡臺御史吳達禮、黃叔璥以設縣上奏，爰於是年析諸羅縣北部為彰化縣及淡水廳。

一七二七年，以澎湖地方，東向為臺灣之要衝，西向為福建之左護，在朱一貴之役期間，全臺皆陷，惟澎湖未陷，得以迅速平臺。因澎湖地位重要，是年乃合澎湖諸島，改設澎湖廳，而成一府四縣二廳之局。

至於臺灣、鳳山、諸羅三縣行政區劃，亦隨縣、廳的增設而有所調整。一七三一年，以新港溪北之諸羅縣新港、卓猴二社地方，劃歸臺灣縣管轄。一七三四年，以原屬鳳山縣二層行溪以北之土墼埕、新昌、永寧、喜樹仔四堡與安平鎮地區、二層行溪南支迤北之依仁里，以及二層行溪東北部之羅漢門莊等，皆劃歸臺灣縣管轄。而原臺灣縣二層行溪以南之文賢里，則改歸鳳山縣管轄。又新港溪南之諸羅縣新化里，則劃歸臺灣縣管轄。

臺灣縣治原設於東安坊，一七五〇年移鎮北坊（今臺南市赤崁樓）。彰化縣治設於半線（今彰化市），初以衙署未建，尚附治諸羅。至一七二八年，始歸治。淡水廳治設於竹塹（今新竹市），然以北路荒涼，初尚附治於彰化縣，至一七三一年始割大甲溪以北之刑名、錢穀歸其管理；而淡水同知移駐沙轆社（今臺中市沙鹿區）。一七三二年一月，大甲西社原住民的武力反叛，始議歸治。一七三三年，同知徐治民始植竹塹築

城。一七五六年，同知王錫縉始建衙署，歸治竹塹。澎湖廳則設治於大山嶼文澳（今澎湖縣馬公鎮）。

一七八六年，因林爽文之役，南路受創甚鉅。越二年，乃移鳳山縣治於埤頭（今高雄市鳳山區）。一七八七年，以林爽文之役，諸羅縣守城未陷，因改名為嘉義縣。治所仍之。

（三）一府四縣三廳

一八一二年，增置噶瑪蘭廳，連同以前的各縣、廳，乃成一府四縣三廳之局。

噶瑪蘭或稱蛤仔難，係平埔族語Kavalan之譯音。西、荷據臺時期，均曾經營其地。鄭氏治臺時期，僅事羈縻，政教未及。清人有臺，一六九五年始輸餉於諸羅縣。一七二四年，附東螺以北二十二社原住民，撥入彰化縣屬。一七三一年，大甲溪以北刑名、錢穀撥入淡水廳，乃歸淡水廳管轄。乾隆以降，漢人入墾，漸及山地。當時有墾首吳沙率漳、泉、粵三籍移民入墾噶瑪蘭北界之三貂。一七八六年，林爽文之役爆發之初，淡水同知徐夢麟恐林爽文黨眾入據後山，往三貂堵截，知吳沙望孚可信，乃委以堵截之責。當時蛤仔難三十六社尚未歸附，臺灣知府楊廷理欲招撫歸化，惟福建巡撫徐嗣曾以經費困難，且恐引起界外原住民反叛，而未應允。

一七九七年，吳沙進墾蛤仔難地區。越二年，吳沙向福建布政使請給墾單，福建當局復以恐引起原住民反叛而未同意。一八〇二年，吳沙去世，其部眾再請墾，並欲獻地納賦，請設官府，惟亦未獲准。然墾地已至五圍（今宜蘭市）。

其後，因海盜蔡牽、朱濆先後進犯噶瑪蘭地區，一八一一年十月閩浙總督汪志伊會同福建巡撫張師誠聯銜上奏，建議清廷在噶瑪蘭設廳，並派兵駐防。同年十一月，清廷正式批准，設治之議始定。一八一二年九月，

以蛤仔難地區新設噶瑪蘭廳，廳治設於五圍。其疆界東至海十五里；西至枕頭山後大坡山（今宜蘭縣員山鄉），與內山原住民界十里。北至三貂遠望坑（今新北市貢寮區）界淡水廳；南至蘇澳過山大南澳（今宜蘭縣蘇澳鎮）。東北循海以泖鼻山（今新北市貢寮區）界淡水廳，水程九十五里。

參、消極治臺與前期吏治

一、消極治臺

　　一六八三年，清廷平臺，完成中國全境的統一。唯清廷自始對於領有臺灣乙事，態度上並不積極，在與鄭氏政權武裝對峙期間，也曾經多次與鄭氏進行和談，要求其削髮易服，稱臣納貢即可。因此，施琅攻克臺灣，鄭克塽納土請降之初，清廷一度打算將臺灣的漢人移民遷回中國大陸，放棄臺灣，只保留澎湖，引起所謂的臺灣棄留爭議。經施琅力爭，棄臺之說才成為過去。

　　另一方面，由於施琅力求保留臺灣，純係就海防著眼，僅為東南沿海各省的安全而已，並無積極經營臺灣之意。而清廷的接受施琅之建議，將臺灣納入版圖，也是基於同一觀點，亦即非為理臺而治臺，乃為防臺而治臺，所以其治臺政策的設計，可說一開始便有偏差，實行一種被動防制的消極政策。

　　由於清廷採消極的治臺政策，為防臺而治臺，因此對臺灣的開發並不積極，甚至以政策阻礙臺灣的開發。一六八三年，清廷雖已平臺，但對鄭氏政權遺民，心存戒心，乃頒布「臺灣編查流寓六部處分則例」，除了編查臺灣原有的「流寓之民」外，嚴格限制移民資格，不准移民攜眷，且規

定來臺居住者不得返鄉招來家眷，就是消極治臺的具體例證。

　　一六八四年，臺灣既定，清廷一度考慮開放海禁，聽任人民出海貿易或捕魚，但施琅隨即上「海疆底定疏」指出：「邇來貿易船隻，……叢雜無統。兼數省內地，積年貧窮游手奸宄罔作者，實繁有徒，莫從施巧，乘此開海，公行出入汛口。若嚴于盤查，則以抗旨難阻之罪相加。如此行走，不由向問，恐至海外誘結黨類，蓄毒釀禍。……臣以爲展禁開海，固以恤民裕課，尤須審弊立規，以垂永久。如今販洋貿易船隻，無分大小，絡繹而發，隻數繁多，貲本有限，餉稅無幾，不惟取厭外域，輕慢我非大國之風，且藉公行私，多載人民，深有可慮。」[5]期期以爲不可。施氏又請嚴禁廣東省惠州府、潮州府等地之民渡臺。清廷俱從之，乃又頒布渡臺禁令三條：

　　1.欲渡船臺灣者，先給原籍地方照單，經分巡臺廈兵備道稽查，依臺
　　　灣海防同知審驗批准；潛渡者嚴處。
　　2.渡臺者不准攜帶家眷；業經渡臺者，亦不得招致。
　　3.粵地屢爲海盜淵藪，以積習未脫，禁其民渡臺。

　　上述第三條之粵籍禁渡，終施琅之世，其禁甚嚴。一六九六年，施琅去世，其禁漸弛，惠、潮之人渡臺者漸多。

　　領臺之初，清廷除了制定前述各種嚴厲禁令限制漢人入臺外，在被動防治的消極政策之下，同時採取下列特殊措施：

（一）為官員任期短

　　清代初期，宦臺文武官員的任用，相當特殊，任期甚短。其文官自道員以下、教職以上，俱照廣西省南寧府之例，自福建省品級相當的現任官員揀選調補，不經吏部銓選，三年俸滿即陞。武員的總兵、副將、參將、

---

[5]　施琅，〈海疆底定疏〉，收入氏著，前揭《靖海紀事》，頁70。

遊擊等官，亦定以三年或二年轉陞內地，無致久任之例。文、武官員至臺，俱不許攜眷。

（二）設置班兵制度

清廷為避免駐臺的軍隊成為中央不易節制的邊陲勢力，甚至發生動亂，因此規定駐臺的兵員均係從福建省綠營中抽派，整編成軍，臨時再派遣武官至臺指揮，而且每三年就調回內地歸建。同時，來臺的官兵必須有家眷、有恆產，凡亡命之徒不得預其選，但不准官兵攜眷。兵丁出缺也不准在臺就地徵補，以避免駐軍作亂。

（三）臺灣不許築城

中國向以城垣為防禦工事，各都邑及軍事衝要之處均有築城，惟為避免城垣成為叛軍的堡壘，清初臺灣的府、縣行政中心均不許築城。臺灣縣是附郭，道員、知府都駐紮於此，直至朱一貴之役後的一七二三年，才開始創建木柵以代城垣。至於磚城，則直至乾隆末年林爽文事件之後，才開始興築。此外，清廷亦厲行封山政策，不允許在臺居民深入山地，以避免漢人與原住民發生衝突，以及漢人入山圖謀不軌。

清廷上述的特殊措施，其主要目的乃在防止臺灣成為反政府的淵藪，基本上是以臺灣現狀的安定為前提而展開，是消極治臺政策的具體表現。這些特殊措施，部分隨著漢人的陸續入墾、各地的漸次開發、民變與械鬥，以及行政區域的增設而作調整；部分則長期實施，直至一八六〇年臺灣開港，仍未調整。

二、前期吏治

由於清廷治臺採取消極政策，因此清領前期兩次行政區劃的調整，都

是以統治者的立場爲著眼點，均與臺灣內部發生諸如朱一貴事件、海盜蔡牽及朱濆騷擾事件等重大變故有關。也就是說，治安是清廷考慮是否調整臺灣行政區劃或增置行政官員的重要關鍵，其次才是移民開發與財政收入的考量。[6]

　　在此種統治政策之下，清廷在臺灣配置的行政官員，不僅文職官員極爲不足，武職人員亦嚴重缺乏。領臺之初，爲了處理漢人移墾可能造成的治安及其與原住民的衝突問題，以及海盜的可能威脅，曾在淡水設千總，在大甲以北設七塘作爲防禦。但是從大甲到淡水僅配備一百二十名駐防的部隊，此種單薄的兵力部署自然無力維持地方治安。在公權力無法確保人民身家安全的狀況下，面對移民社會多方的不確定性，人民乃結黨拜盟，尋求自保。實際上，不僅體制上編制的不足，即清領之初已建縣的諸羅、鳳山兩縣，知縣雖已來臺，但均並未赴縣治，縣政自然難以正常運作。兩縣知縣直至二十年後，因轄區接連發生民變，才分別赴現今嘉義市的諸羅縣治諸羅山、高雄市的鳳山縣治興隆莊上任。而彰化建縣之初，知縣之附治諸羅；淡水設廳之初，同知之附治彰化，亦如出一轍。由此可見，即使在完備的行政區劃之下，政府的機能仍無法有效的運作。

　　此外，在大清帝國的體制之下，邊陲臺灣的地方行政亦難以推動，吏治不易上軌道。此因清代中央政府文官制度的有效運作是到縣的層級，縣以下則必須仰賴士紳階級的協助，才能進行有效的社會控制。但臺灣由於係新開發地區，欠缺類似中國大陸強大的士紳階級，因此不僅社會內部沒有有效的控制機制，也欠缺制衡貪官汙吏的名望家族。制度的不健全，因而給予胥吏差役的需索空間，吏治自然更形敗壞。

　　吏治敗壞的結果，使得臺灣人民在沉重的賦稅負擔之下，尙須受貪官

[6]　張勝彥，《清代臺灣廳縣制度之研究》（臺北市：華世出版社，1993年3月），頁44至45。

污吏的中飽私囊，人民的痛苦可見一斑。當時人民沉重的賦稅，雖然名義上係由墾戶、大租戶來承擔，但透過大租戶、小租戶、佃農多重的土地所有制度，實際上仍再轉嫁給實際耕作的農民，農民的負擔因而更見沉重，而農民沉重的負擔就是當時臺灣社會不安的重要因素。這是清領前期臺灣民變迭起的原因。

第二節　經濟活動

壹、土地開墾與水利設施

一、土地開墾

（一）土地取得

　　從事土地開墾，其先決條件是取得土地。一六八三年，清領之初，當時臺灣新開拓的土地可分為無主地與「蕃地」。由於地權的差異，土地取得的方式也不同。

　　無主地係指「蕃地」以外之地，地權屬官方所有。墾民要取得土地的開墾權，必須先到土地所在之廳縣衙門，向官方提出預定開墾之土地範圍（四至），官方派人查勘是否有侵入「蕃地」或重墾之情形；若無問題，便發給墾照或墾單，准其開墾。以下試引康熙末年墾戶陳賴章入墾臺北之墾照為例，以資佐證。其墾照全文如下：[7]

　　臺灣府鳳山縣正堂、紀錄八次、署諸羅縣事宋，為給墾單示，以便墾荒裕課事。據陳賴章稟稱：竊照臺灣荒地，現奉憲行勸墾章。查上淡水大佳臘地方有荒埔一所，東至雷匣秀朗，西至八里分干脰外，南至興直山腳內，北至大浪泵溝，四至並無妨礙民蕃地界，現在招佃開墾，合亟瀝情稟叩金批，准給單示，以便報墾陞科等情。業經批准：行。查票著該社社商、通事、土官查勘確覆去後，茲據

---

[7] 臺灣銀行經濟研究室編印，《清代臺灣大租調查書（第一冊）》（臺北市：臺灣銀行經濟研究室，臺灣文獻叢刊第一百五十二種，1963年4月），頁2。

社商楊永祚，夥長許總、林周，土官尾帙、斗謹等覆稱：祚等遵
依會同夥長、土官，踏勘陳賴章所請四至內高下不等，約開有田園
五十餘甲，並無妨礙，合就據實具覆各等情到縣。據此，合給單示
付墾。為此，示仰給墾戶陳賴章即便招佃前往上淡水大佳臘地方，
照四至內開荒墾耕，報課陞科，不許社棍、閒雜人等騷擾混爭；如
有此等故違，許該墾戶指名具稟赴縣，以憑拿究；該墾戶務須力行
募佃開墾，毋得開多報少，致干未便，各宜凜遵，毋忽，特示。

康熙四十八年七月二十一日給

　　至於「蕃地」，包括「生蕃」地與「熟蕃」地。「生蕃」地因清廷厲
行封山政策，漢人不得入墾。「熟蕃」地的開墾，亦與清廷「理蕃政策」
有關。清領初期，為恐臺灣因漢「蕃」接觸而發生衝突，曾禁止漢人承租
「熟蕃」地進行開墾。但因漢人承墾「熟蕃」地仍相當普遍，至一七二四
年清廷乃開放「熟蕃」地，准許漢人承租招墾。

　　「熟蕃」地有兩種類型，一種是土地個人化較顯著者，另一種是土地
屬於全社共有者。前者由於土地面積較小，多由漢人開墾者與「熟蕃」個
人訂立契約；後者因土地面積廣大，常由漢人墾首向「熟蕃」部落頭目承
墾。惟無論何種類型「熟蕃」地的開墾，漢人開墾者除與「熟蕃」個人或
部落頭目訂立契約外，均須再向官方申請墾照，取得開墾權。以下試舉雍
正初年陳拱、施世榜（墾戶名為施長齡）入墾鹿港為例，加以說明：

　　一七二四年，（意）霧莊墾首陳拱入墾鹿港，首先取得馬芝遴社頭目
阿嘓等的「給與」，同意其前去開墾。陳氏隨即向彰化縣署申請墾照，敘
明四至，東至山，西至海墘，南至鹿仔港大車路，北至草港，要求到鹿港
拓墾，塡築魚塭，輸納課餉。經彰化縣知縣談經正核准，於是年十二月發

給墾照，此為現存鹿港最早的墾照。其全文如下：**8**

> 臺灣府彰化縣正堂談，為叩乞天恩准給照以便填築、以裕塭稅事。
> 據（意）霧莊民陳拱具稟前事，詞稱：緣上鹿港有小港又二條，東
> 至山，西至海墘，南至鹿仔港大車路，北至草港，四至並無與民蕃
> 妨礙。拱欲募雇工力，填築魚塭，遞年願徵塭稅銀九錢，誠恐附近
> 棍豪藉端阻撓，但未有照不敢填築，合情叩乞恩准報餉給示，俾得
> 前往填築，輸納塭稅，生民有賴，沾恩靡涯等情到縣。據此，除查
> 明註冊給示外，合就給照。為此，照給陳拱即便前往上鹿仔港，務
> 照在於所請四至界內填築魚塭，輸納課餉，勿得侵越界限，致茲事
> 端，毋違，須照。
>
> 右照給塭戶陳拱　准此
> 雍正二年十一月　　　日給

在陳拱入墾鹿港期間，開築八堡圳的施世榜也以墾戶施長齡之名，
在鹿港從事拓墾。一七二六年七月，施長齡以銀四十兩廣駝，向馬芝遴社
頭目阿喟等，就陳拱已申請獲准開墾的埔地，承買盡根，取得頭目阿喟的
同意，合立杜賣盡根契約。施長齡隨即向彰化縣署申請墾照，要求改正戶
名，換給告示，以便僱募人工，築成塭業；俟工力完竣，報明陞科。經彰
化縣知縣張縞核准，於同年九月發給墾照，施長齡乃得進行開墾。**9**

（二）合股組織

土地的開墾需龐大資金，而資金的籌措與多寡，因地而異。大致而

8　同前註，頁3。
9　黃秀政，〈清代鹿港的移墾與社會發展〉，收入氏著《臺灣史志論叢》（臺北市：五南圖書公司，
　　2000年3月再版），頁16至18。

言，合股開墾的情形相當普遍。

清領初期的開墾，投資性質較濃，合股組織的特色是股數少，股金大；中期以後，股數多，每股股金較小。早期的投資者，不在地地主較多，僅提供資金，未親自參與開墾；中期以後，投資者本身也常是實際參與開墾的地主。合股開墾說明開墾者互助合作、共謀利潤的一面，但也反映其共同承擔開墾風險與損失的一面。惟合股的組織，雖能解決早期資金不足的問題，但隨著墾務的受挫，股夥不合，甚至退出的情形也時有所聞。

就開墾區域而言，中期以後由於平地已次第開墾，因而轉往山地附近的丘陵地，二、三十股的合股組織乃很常見，投資者亦是墾耕者。投資者多準備在墾地安身立命，其墾耕合作的意義大於投資謀利，因此土地的開墾與建莊同時進行，墾民在墾地互助合作，形成命運相依的共同體。這種合股投資的開墾組織，無論股數、股金多少，其互助合作的精神，隨著土地的漸次開墾，移民的日漸增加，而逐漸形成臺灣社會的重要特質。

另一方面，漢人除透過正常程序取得墾地外，巧取豪奪「熟蕃」地的情形也不時發生，因而引起原住民的不滿，爆發嚴重的漢「蕃」衝突。而原住民為了生存，也開始學習漢人的農耕技術，牽牛握犁從事耕作；有的則學習漢人的合股組織，集資從事土地的開墾。

（三）各地的開發

荷據與鄭氏時期，臺灣土地的開墾以南部為主。清領以後，擴及中部、北部和臺灣南端，東部也有一些零星的開墾。

在清領初期十多年間，土地的開墾係以臺灣縣（今臺南市）為中心，分向南、北兩路拓墾。初期因大批鄭氏宗室、文武官員兵丁及眷屬被遣返大陸，一些原已墾闢的田園又呈荒蕪景象，因此最初移民多是拓墾這些荒廢的田園。其後，隨著移民的日增，逐漸往北開墾嘉南平原大片未開

發之荒埔，濁水溪以南的荒野鹿場乃逐漸變爲田園，斗六門入山一帶鹿獐亦漸少見。同一期間，諸羅縣的閩南移民更招徠福建汀州府的客家人進墾楠梓仙溪、荖濃溪上游的山地。

濁水溪以北至淡水河流域的西部平原，在清領之初仍爲林深草長、麋鹿成群，一片未開發的荒野景象，不同族群的平埔族人各據一方，漢人的蹤跡並不多見。惟隨著濁水溪以南地區的漸次開墾，移民乃大量湧入，形成「昔年近山皆爲土蕃鹿場；今則漢人墾種，極目良田」、「向爲蕃民鹿場麻地，今爲業戶請墾，或爲流寓占耕」的現象。首先是彰化平原和臺中盆地等地區，因鄰近已開發的嘉南平原，拓墾的進展十分迅速。移民或從斗六一帶（雲林平原）越濁水溪北上，或由海路從鹿港登陸，大規模拓墾沿海平原、濁水溪中游河谷平原、臺中盆地等地區。著名墾戶施世榜、楊志申、吳洛、張達京等，均投下巨資，興修水利，招佃墾殖，更促進了本地區的迅速開發。至乾隆後期，拓墾已進至八卦台地、大肚台地一帶。

新竹等地區的開墾，是康熙中葉由福建同安人王世傑率領入墾的。王氏率族人鄉黨一百餘人請墾竹塹埔，至康熙末年在今新竹市區已墾成南北二莊。雍正、乾隆年間，除了向南北兩個方向進展以外，還沿著鳳山溪和頭前溪溯流而上，拓墾河谷平地。至於桃園台地，康熙末年已有粵東潮州府屬的饒平客家人入墾南崁、竹圍等地。乾隆中期，閩粵人民移墾中壢、楊梅等地，並深入台地開墾。惟因水源不足，開發的進展較爲緩慢。

臺北盆地的大規模開發，以一七○九年著名墾戶陳賴章請墾大佳臘爲標誌。此後，大小墾戶以及零星開墾者接連而至，分別入墾盆地各角落。雍正年間，拓墾地區已從盆地中心向四周的板橋、新莊等地擴展。乾隆早期，開始進入林口台地等條件較差的地區。

除了向北路拓墾外，亦有粵東嘉應州屬平遠、鎮平、興寧等縣客家人渡臺，相率入墾下淡水溪東岸未開墾的荒野。這些移民大量招徠原籍族人鄉黨，不斷擴大開墾範圍。至康熙末年，下淡水溪沿岸的平原已大致開

發，下淡水溪客家各莊已有十三大莊六十四小莊。在屏東平原開發的基礎上，粵東的客家人和閩南人有的轉向山陵地帶，有的拓墾最南部的平地，除了最南端的琅璚（今屏東縣恆春鎮）一帶禁墾以外，南路多已開闢。

　　從一六八三年清廷領臺，至一七六〇年代的乾隆中期，歷經八、九十年的開墾，西部平原基本上多已開發。乾隆後期以後，移民拓墾的目標乃漸轉往東北部的宜蘭平原及南投縣境內的埔里盆地等地。宜蘭平原的開發，主要在乾隆末年與嘉慶年間，宜蘭平原土壤肥沃，水源充沛，是適宜農業耕作的地區。惟宜蘭平原與臺北盆地之間，隔著大雪山山脈，山高谷深，林莽深密，難以通行，移民因此裹足不前。一七六八年，漳州府人吳福生曾自西部進入，旋被當地原住民驅逐。後來，又有漳州府人吳沙在淡水街富戶的支援下，集合移民二百餘人，人給米一斗，斧一把，披荊斬棘，進入蕃地。一七九八年，吳沙在烏石港築成頭城，作為拓墾的基地，其後漳、泉、粵移民陸續加入，步步進逼，終將宜蘭平原全境開拓。

　　至於埔里盆地的開拓，始自嘉慶年間。一八一五年，水沙連蕃地隘丁黃林旺、嘉義縣人陳大用、彰化縣人郭百年等，擁眾千人入墾埔里盆地，焚殺搶掠原住民，當局乃於一八一七年立碑禁墾。但移民仍然不斷越界私墾，至咸豐年間，埔里盆地已大致開墾完成。[10]

　　此外，一八二八年墾首吳全、蔡伯玉等率淡水、宜蘭流民二千八百多人入墾臺灣東部的奇萊，惟因瘴癘疾病等原因，墾民大半散去。

----

[10] 陳孔立主編，《臺灣歷史綱要》（北京市：九洲圖書出版社，1996年3月），頁142至146。

二、水利設施

(一)早期的水潭與水陂

水稻是清代臺灣最主要的農作物。但水稻栽培必須有充足的水源，水稻才能發育生長，因此如何取得灌溉用水乃成為土地開墾的首要課題。

清領之初，土地開墾尚未具備規模，亦缺乏水利興築之組織，其灌溉用水的取得，多就近取自天然的低窪水潭或池沼。其取水方式，通常用龍骨車（俗稱水車）以人力轉動輪軸，帶動龍骨，引低窪地區的水灌溉。

此外，也有利用水陂取水，在水潭或池沼等窪地四周築堤，儲蓄雨水，以供乾旱季節之用。水陂的特色是築堤蓄水，水位高出地面甚多。用水時，打開水閘，能有效的控制水量。水陂較大者，周圍長百餘丈，面積大，也可養殖魚蝦。此種水利設施，以臺灣南部較為普遍。由於水陂的儲水量有限，其所灌溉之地僅限於水陂附近地區，當土地大量開墾之後，水陂的儲水即不敷灌溉之需，水圳的興築乃應運而生。

(二)重要水圳興築

水圳的興築，工程費龐大，技術上的問題很多，往往需歷時多年始告完成。在興建的過程中，因為水源取得的難易、水圳的長短，以及橫越河川的多寡有別，其面臨的問題也有不同。由於水圳興築的難度高，因此其興築亦往往採合股經營方式，多人共同出資，共負風險，並共享興築成果。

水圳有大小之分，在丘陵地附近常有汲引泉水灌溉的小水圳；在平原地區則有截阻溪流，灌溉面積廣大的大水圳。清代臺灣水圳的興築，較著名的有五座，首先是十八世紀初葉的八堡圳，終為十九世紀中葉的曹公圳。以下試分別加以說明：

1.八堡圳

彰化平原的八堡圳，係由施世榜（墾戶名爲施長齡）投資興築。康熙末年，施世榜繼承父業，在彰化一帶拓墾土地，一七○九年施氏著手興築八堡圳，費時十年，於一七一九年始告完工。

施世榜興築八堡圳，過程並不順利，水源的取得最爲艱難，歷經多次籌引濁水溪水灌溉田地，都未成功。後有林先生繪圖教以開鑿方法，終告完成。林先生的故事，說明了當時開鑿八堡圳的艱難。

此圳係引濁水溪水灌溉當時半線（今彰化縣境）地方十三堡半之八個堡，因此名爲八堡圳。又因係施氏所開築，故又名施厝圳。此圳灌溉面積達一萬九千餘甲，奠定了彰化平原拓墾之基礎。

2.貓霧捒圳

貓霧捒圳在今臺中市，是臺中盆地主要灌溉水源的水圳。此圳係以通稱「蕃仔駙馬爺」張達京爲首，結合數位業主所共同興築而成。

貓霧捒圳分爲上埤和下埤兩大段，均於雍正年間由岸裡社原住民讓出部分土地，以換取水利權持分的「割地換水」之投資方式興築而成。上埤的興築，係由張達京和陳周文、秦登鑑、廖朝孔、江又金、姚德心六人合組六館，合股出資六千六百兩銀，與岸裡社議訂開築圳路，引大甲溪水灌溉，水權分爲十四分，各館及岸裡社皆配水兩分，以爲灌溉之用。下埤亦是由張達京仲介張承祖與岸裡社以「割地換水」的投資方式興築而成。

貓霧捒圳築成之初，約可灌溉千餘甲田，至乾隆五十年代其灌溉面積已達三千餘甲，今臺中市之神岡區、大雅區、潭子區、豐原區、南屯區與北屯區皆蒙其利。

3.瑠公圳

瑠公圳係由郭錫瑠所興築。郭氏於雍正年間在淡水廳大加蚋（今臺

北市）從事拓墾，因苦於墾田缺水灌溉，乃思引拳山青潭溪水灌溉，於一七四〇年著手開築水圳，其間因地勢險惡、原住民的破壞等因素，水圳工程相當艱難而費時，臺北地區的灌溉系統遲至一七六〇年才完工。如連同大坪林平原的灌溉系統一併計入，則全部灌溉系統至一七六五年才告完成，費時共二十五年。瑠公圳的完成，臺北平原的農墾因此順利推動，各地開發迅速。

郭錫瑠獨資開築此圳，由於工程浩大，乃賣盡家產以為支應，方得完成。此圳原名「金合川圳」，共可灌溉田地一千二百餘甲，受惠農民不計其數，當地人為感念郭氏的功德，乃又名此圳為「瑠公圳」。

4.大安圳

大安圳是擺接平原（今板橋、土城一帶）的主要供水水圳。一七六〇年，由林成祖（墾戶名）鳩佃興築，灌溉面積達千餘甲。圳寬二丈四尺，兩岸植相思樹保護圳岸，設計甚為周密，為水圳中之佼佼者。

5.曹公圳

曹公圳係由鳳山縣知縣曹謹所興築，分曹公舊圳和曹公新圳兩大部分。曹公舊圳於一八三八年興工，共築水圳四十四條，引下淡水溪（今高屏溪）之水灌田二千五百五十甲。此圳完工時，清廷派臺灣府知府熊一本前去勘察，除立碑表彰曹氏的功勞外，並命名為「曹公圳」。曹公舊圳完工後，鳳山地區農田的缺水現象因而獲得改善。

一八四二年，曹氏又命歲貢生鄭蘭、附生鄭宣治等人開築曹公新圳，由九曲塘築水圳至下草潭，共開新圳四十六條，引下淡水溪水灌田二千零三十餘甲。

（三）水圳興築的意義

水圳興築的規模與方式雖有區別，但其克服困難與追求利潤的企業精

神則無不同。水圳的開成，利潤頗多，一則水稻可二熟，二則每單位面積的產量提高，三則可收取水租。其中，尤以水租獲利最多。水租的收取，每甲約三至四石，約爲大租的三分之一，甚至二分之一。上述諸水圳灌溉面積皆達一千甲以上，則每年水租至少有三千至四千石。以十八世紀上半葉臺灣米價平均價格計算，一石約一兩左右，則年收入至少達三千至四千兩銀。例如興築貓霧捒圳下埤的張承祖出資一萬一千五百兩銀，如僅以水租的利潤來計算，約三至四年即可收回成本。因此，水圳的投資利潤高，回收快。惟因水圳投資的資本額相當龐大，籌措不易；再加上「蕃」害、技術等問題，實爲難度高、風險大的投資，非有克服困難與追求利潤的精神，多不敢貿然從事。

　　清代臺灣漢人的企業精神，從水利興築中可以充分看來。在興築水圳的過程中，投資者均曾遭遇到許多料想不到的困難，八堡圳興築中林先生的故事，充分反映當時所面臨的技術瓶頸。此外，瑠公圳的興築者郭錫瑠爲解決原住民破壞水源問題，而與泰雅族女子通婚。在此艱鉅的過程中，同時鍛鍊出他們的意志與智慧，培養出他們創新的精神，郭錫瑠的創石空頂圳法、大安圳興築者林成祖的種植相思樹保護圳岸，都顯示其克服困難的能力。[11]

---

[11] 溫振華，〈清代臺灣漢人的企業精神〉，《歷史學報》九（臺北市：國立臺灣師範大學歷史學系，1981年5月），頁11至13。

貳、農商發展與貿易港口

一、農業發展

　　一六八三年，清領臺灣之後，由於移民的不斷湧入，以及各地的開發，農業獲得相當幅度的發展。

　　就移民的不斷湧入而言，雖則清廷實施消極的治臺政策，並制定各種禁令限制移民入臺，惟因當時的臺灣堪稱富庶，是一個充滿希望的新天地，而一水之隔的閩粵兩省由於山多田少，正面臨極大的人口壓力，因此兩省居民仍多利用各種途徑移民入臺，使得臺灣的人口成長極為快速。根據一般的估計，鄭氏治臺時期漢人的人口約為十二萬至二十萬之間，扣除清領之初約有半數遷徙回籍，因此清廷治臺初期的漢人人口最多不過十萬人左右。惟至一八一一年，當局進行戶口編查之時，在臺漢人的人口卻已達一百九十四萬餘人，將近清廷治臺初期的二十倍。由於一八一一年上距一七九〇年代清廷放鬆移民入臺管制不過二十年左右，由此可知，一七九〇年代起的二十年期間，是漢人移民大量入臺的時期。這些龐大的新增人口對臺灣的土地開墾與農業發展有很大的幫助。

　　另就各地的開發而言，清領臺灣之後，土地的開墾以臺灣縣為中心，分向南、北兩路拓墾。北路的嘉南平原、斗六門入山一帶、濁水溪以南的荒野鹿場、彰化平原、臺中平原（盆地）、新竹地區、桃園台地、臺北平原（盆地）、宜蘭平原等次第開發；而南路的下淡水溪流域、最南端的平地等亦次第開發。這些新開發地區，初期由於缺乏充足的水源，不能種植水稻，僅能種植甘蔗、番薯及花生等旱作，農業生產係以粗放經營為主。但隨著水利的興築，各地水利系統逐漸形成，部分地區的水田漸漸取代旱地，稻作成為主要的耕作方式，稻米乃成為臺灣最重要的農產品。另

外，亦有部分地區則稻蔗兼作，農民在水田上精耕細作，而在蔗園則是粗放經營。甘蔗的種植，使「沙土相兼」的旱地得到充分的利用，蔗糖產量大增，成爲僅次於稻米的農產品。

二、商業活動

　　清廷領有臺灣之後，准許臺灣與中國大陸、日本和南洋等地通商貿易。當時臺灣內部土地開發迅速，稻米和蔗糖等農產品逐年增加，而民生日用品又仍需仰賴進口，因此臺灣與周邊地區的貿易相當頻繁。其中，尤以與中國大陸的貿易最爲興盛。出口的貨品除稻米和蔗糖外，尚有鹿皮和鹿脯等；進口的貨品爲紡織品、藥材和其他日用品。

　　至十八世紀前半葉，隨著商業的興盛，當時臺灣的進出口商或大批發商爲滿足商業的需求，其從事同一地區貿易的商人或從事同一類貨品的商人，乃聯合組成類似行會組織的「郊」，以解決彼此貨品運銷事宜，並避免同行間的惡性競爭。「郊」或稱「行郊」，亦稱「郊行」。早期的「郊」以貿易地爲名者較多，如臺南的「北郊」、「南郊」。「北郊蘇萬利」是由貿易地點在上海、寧波、天津、煙臺和牛莊等地的貿易商所組成；「南郊金永順」則由貿易地點在金門、廈門、漳州、泉州、汕頭和南澳等地的貿易商所組成。此外，鹿港的「泉郊金長順」、「廈郊金振順」，北港的「廈郊金正順」、「泉郊金合順」，艋舺的「泉郊金晉順」、「北郊金萬利」等，也都是以貿易地爲「郊」之名稱。其後，隨著商業的發達，某一特定貨品的需要量增加，從事特定貨品買賣的「郊」乃漸成立，如「糖郊」、「布郊」、「簏郊」等，均爲從事同類貨品買賣者所組成。

　　「行郊」的成員多爲當地的富商，其中不乏具有正途或雜途功名身分

者。他們多擁有巨貲，爲地方上的領導階層，對地方的慈善救濟、排難解
紛、造橋鋪路等公共事務均積極參與，對各地方的公共事務具有極大的影
響力。因此，「行郊」的組織除具有經濟功能外，尚具有相當大的社會功
能。

三、貿易港口

（一）安平

　　南部開發較早，安平在荷據時期、鄭氏時期就已經是臺灣與島外的運
輸與貿易中心。一六八三年，清廷領臺之後，臺灣府治所在的安平成爲臺
灣對外唯一的「正口」，所有來往中國、日本、南洋等地貿易的船隻，均
須取道安平，使安平商舶聚集，府治肆街紛錯，商業相當繁盛。

　　當時臺灣盛產蔗糖，年產量甚豐，商舶運載出入，多經安平輸往日
本、呂宋諸國。另外，臺灣所產之稻米、麻、豆、鹿皮、鹿脯等，爲數亦
夥，亦悉經安平運至各地。在一七八四年鹿港開設正口之前，安平在臺灣
對外貿易之中長期享有獨特之地位。

　　安平由於對外貿易興盛，商業發展，所在地臺灣府治於雍正年間開始
有商業團體之組織，此即北郊、南郊、港郊三郊之稱。北部共有二十餘號
營商，群推蘇萬利爲北郊大商；南郊共有三十餘號營商，群推金永順爲南
郊大商，北郊、南郊分赴中國大陸北部、南部配運貨物。另有熟悉臺灣島
內各港（如東港、旗後等）之採羅者爲港郊，共有五十餘號營商，郊中共
推李勝興爲港郊大商。在安平的對外貿易及島內貿易之中，三郊實居於關
鍵角色。

（二）鹿港

　　鹿港是臺灣中部的重要港口，是中部各地商業活動的據點。早在十八世紀上半葉，鹿港已有商船到此載運芝麻、粟、豆，街市已逐漸形成；至十八世紀中葉，鹿港街已有「水陸碼頭，穀米聚處」之描述，商業已相當發達。但因鹿港當時僅爲十七個島內貿易港之一，對大陸的貿易尙未開放，因此許多商船乃不顧禁令，直接往返廈門與鹿港販售；甚至直接到中國大陸沿海港口，進行貿易，懋遷有無。

　　一七八四年，清廷在禁不勝禁的情勢之下，開放鹿港與福建泉州的蚶江直接對渡，成爲繼安平之後另一個「正口」，可直接與大陸通商，貿易更爲興盛。開設正口後，鹿港乃一躍成爲臺灣中部貨物的總吞吐口，輸出以稻米、蔗糖爲大宗，輸入民生日用品如絲巾、紙、木材、五金製品等，甚至磚石等建築材料，全由福建運來，從鹿港大量輸入。由於進出口貿易的興盛，鹿港街市繁榮、行郊先後成立，商業空前發達。

　　全盛時期的鹿港，其商業發展亦如安平，行郊實居重要的地位。當時鹿港有所謂「八郊」，即泉郊、廈郊、簐郊、油郊、糖郊、布郊、染郊、南郊。八郊各擁商號若干家，其中資產最大者爲泉郊日茂行，其他資產達十萬者約有百家。八郊除扮演商業團體的經濟角色外，並積極參與街市的公共事務，發揮相當功能的社會角色。

　　當時鹿港之街市，以米市街、魚脯街、杉行街等最爲熱鬧，商家櫛比林立。其島內之市場遍及臺灣中南部一帶，實執臺灣商業之牛耳。故鹿港有句俚諺云：「頂到通霄，下到琅璚。」意即鹿港之生理（商業）區域，北到通霄，南及恆春。另外，淡水一帶則設有「鹿郊」，專門從事與鹿港之貿易。

（三）艋舺

　　艋舺為河口港，相較安平、鹿港等海港，其自然條件顯然受限較多。故艋舺直至十九世紀上半葉，才發展成為臺北盆地的商業中心，贏得「一府二鹿三艋舺」的地位。

　　在艋舺發達以前，八里坌、新莊均曾扮演過重要地位。八里坌位於淡水河口，商船頗多，是臺北地區重要的進出口岸。惟早期清廷限制臺灣與中國大陸的來往，北部運往大陸的貨物，亦須先運抵安平報備，再轉運中國大陸各地，但北部距離安平較鹿港為遠，運輸更為不便。而十八世紀下半葉，淡水廳已大致開墾，田園面積增加，稻米產量甚豐，因此由北部直接私販中國大陸的情形非常普遍，稽查困難，清廷迫於情勢，乃於一七八八年開放八里坌與福建福州五虎門直接對渡。

　　八里坌的開設正口，一方面反映臺灣北部與中國大陸貿易的繁盛，同時加強了彼此的貿易活動。惟隨著臺北平原的開墾，商業中心逐漸移往新莊。其後，新莊因河道逐漸淤淺，再加上艋舺位於臺北盆地的中心，水陸輻輳，艋舺乃逐漸取代新莊的地位。

　　隨著商業的發展，艋舺亦如安平、鹿港，有所謂「三郊」的成立。三郊即泉郊、北郊、廈郊，其中泉郊成立最早；其次為北郊，有的泉郊亦兼營北郊；廈郊勢力較小。郊商的船隻或自購，或承租。一般勢力較大的郊商皆擁有船頭行，自置船隻，資產很大，具相當規模。

（四）馬公

　　澎湖位於臺灣與廈門往來之中途，居臺灣對中國大陸貿易之中樞，故馬公港商舶停泊，行旅往來絡繹不絕，商業亦稱發達。

　　馬公街市交錯，亦如臺灣本島，設有行郊，名為臺廈郊，以通商臺灣及廈門為主。臺廈郊設有公所，逐年爐主輪值，以支應公事。遇有帳條爭

論，各商號齊赴公所，請值年爐主及郊中之老成曉事者，評斷曲直。各商號鋪面所賣貨物，自五穀、布帛，以至油酒、香燭、乾果、紙筆之類，以及家常日用器具，相當齊全，稱為街內。至於其他魚肉、生菜、熟菜，以及糕餅等商家，因未加入臺廈郊，雖有店面，統謂之街外。

（五）其他港口

　　除了以上的貿易港口，臺灣西海岸尚有許多海港及河口港，各港商業亦稱發達。海港如南部的東港（今屏東縣）、旗後（今高雄市），中部的五汊港、大安港（二者均在今臺中市），北部的雞籠港等。各港船隻往來臺灣西海岸，從事島內貿易或走私中國大陸販售貨品。其後，因臺灣西海岸泥沙淤塞，各港逐漸喪失原有功能。

　　河口港如南部的鹽水（今臺南市）、笨港（後改稱北港），中部的大里杙（今臺中市），北部的中港（今苗栗縣）、大溪（今桃園縣）等。河口港可利用河船、竹筏通航上游，而成為各地區較次級的集散中心；惟後來隨著拓墾進至丘陵山地，上游植物多被砍伐，水土遭到嚴重破壞，使得河道淤塞，許多河口港亦失去通航的功能。

第三節　社會與文教發展

壹、抗官事件與分類械鬥

一、抗官事件

（一）事件的發生

　　所謂「抗官事件」，是指人民以武裝力量反抗政府的官民衝突事件。清領前期，抗官事件迭起，究其原因，除清廷治臺政策的偏差外，應與當時胥吏與差役的貪墨、移墾社會的不穩定結構，以及會黨勢力大等因素，息息相關。胥吏與差役是傳統中國政治敗壞的兩大毒瘤，並非僅見於臺灣。惟因清初臺灣正處於拓墾階段，一切制度均未上軌道；再加上地方行政機構員額不足，行政措施及相關配套都不敷實際需要，政治控制力量相當薄弱，因而給予胥吏與差役需索、中飽私囊的機會，為害最為嚴重。藍鼎元指出：「臺中胥役比內地更熾。一名皂快，數十幫丁。一票之差，索錢六、七十貫，或百餘貫不等。吏胥權勢，甚於鄉紳；皂快烜赫，甚於風憲，由來久矣。」[12]胥吏與差役的貪墨，每造成極大的民怨，官逼民反的抗官事件因而層出不窮。

　　另就移墾社會的不穩定結構而言，清領前期臺灣由於清廷厲行渡臺禁令，限制內地人民攜眷入臺，因此偷渡入臺者多為青壯男子，婦女絕少，男女性別比例極為懸殊，人口組合呈畸形之現象，移墾社會的特徵十分顯著，社會結構極不穩定。青壯男子既無法享室家之樂，以消弭其輕棄走險

---

[12] 藍鼎元，〈與吳觀察論治臺灣事宜書〉，收入氏著《平臺紀略》（臺北市：臺灣銀行經濟研究室，臺灣文獻叢刊第十四種，1958年4月），頁50。

之思，社會因而時生動亂。

　　再就會黨勢力很大而言，清代臺灣民風強悍，拜盟風氣很盛，會黨勢力成爲盟主或豪傑結合抗官力量的大本營，而移墾社會也提供會黨更多的發展條件。此種連結範圍廣，會員多爲祕密結社，以致一旦義首揭竿抗官，隨即南北響應，歸附者眾多，因而爆發大小規模的抗官事件。

（二）三大事件

　　清領前期，共爆發數十次的抗清事件，各事件或高舉反清復明旗幟；或假託神意，號召信徒；或爲官府逼迫，鋌而走險，其抗官訴求未盡相同。其中，規模較大的三次是：朱一貴事件、林爽文事件與戴潮春事件，其起事地點皆在中南部。茲分述如下：

1.朱一貴事件

　　朱一貴，臺灣府鳳山縣人。朱氏以養鴨爲業，人稱「鴨母王」。

　　一七二一年，朱一貴因臺灣知府王珍（攝理鳳山縣）委政其子，苛政擾民，眾莫可訴，乃率同黃殿、杜君英等人在羅漢內門（今高雄市）起事。朱氏起事不及一周，臺灣南北響應，分巡臺廈兵備道梁文煊、臺灣知府王珍、海防同知王禮、臺灣知縣吳觀域、諸羅知縣朱夔等文武官員紛紛走避澎湖，朱氏隨即攻入臺灣府城，總兵歐陽凱等戰死。朱氏自稱中興王，建年號爲「永和」，發表反清復明的文告，恢復明服髮式，並大封其黨眾。

　　閩浙總督覺羅滿保聞變，急赴廈門督師，並派福建水師提督施世驃、南澳總兵藍廷珍率兵一萬二千餘人、船隻六百餘艘入臺，始告平定。

2.林爽文事件

　　林爽文，臺灣府彰化縣人。林氏年少時跟隨其父移居彰化縣大里杙莊（今臺中市），從事土地開墾，家產頗饒。其後，林氏成爲天地會領袖，

其會眾遍及臺灣西部。

一七八六年，彰化縣代理知縣董啓埏查辦林氏之天地會黨徒，各地林氏黨徒紛紛走避大里杙，並促請林氏率眾抗拒政府之緝捕。林氏乃豎旗起事。

林爽文起事後，旋即攻下彰化縣城，殺死臺灣知府孫景燧、北路理蕃同知長庚等文武官員。林氏部眾王作亦率眾攻下竹塹（今新竹市），推林氏為盟主，建年號順天，大封黨眾。其後，臺灣南部天地會領袖莊大田亦率眾響應，到處攻城掠地，至是臺灣西部陷入全面戰爭狀態。

林氏起事，聲勢極為浩大。清廷不斷從中國大陸調兵增援臺灣，並令閩浙總督常青親至臺灣督師，惟皆無法平定。其後，清廷改派陝甘總督、協辦大學士福康安率大軍至臺，始告平定。林爽文事件歷時一年二個月，為清領時期規模最大、影響最大的抗官事件。

3.戴潮春事件

戴潮春，臺灣府彰化縣人。戴氏出身富家，樂善好施，能文墨，加入八卦會後成為該會領袖，擁眾數萬，惟其成分相當複雜。

一八六二年，分巡臺灣兵備道孔昭慈恐戴氏勢力坐大，親至彰化縣坐鎮，準備指揮整頓戴氏會眾，乃令淡水同知秋日覲率鄉勇前往整頓。戴氏獲此訊息，乃決意起事，興兵攻下彰化縣城，縣城內所有文武官員除分巡臺灣兵備道孔昭慈自殺外，其餘皆為戴氏黨眾所殺。戴氏自稱大元帥，旋改稱為東王，並分封林日成、陳弄、洪欉為南王、西王、北王；戴氏又設置中央政府各機關，派任部眾出任各官職，儼然一組織完備的王國。

戴潮春起事後，署理分巡臺灣兵備道洪毓琛立即向英商德記洋行借款，成立籌防局以為應付。惟戴氏勢力發展很快，南北各地皆有響應，直至第二年福建水師提督吳鴻源率軍登陸安平後，清軍才漸取得優勢，陸續收復各地，但仍未敢進攻彰化縣城。其後，清廷再派分巡臺灣兵備道丁曰

健率軍自淡水登陸，與新竹林占梅所率鄉勇會師南下，並調霧峰林家的福建陸路提督林文察，協同視師臺灣。此後清軍取得較大優勢，戴氏勢力日衰，終爲清軍平定。

戴潮春事件歷時三年，爲清領時期歷時最久的抗官事件，亦爲臺勇參與平定抗官事件的首次。

二、分類械鬥

（一）械鬥的原因與類型

分類械鬥是群體與群體之間的武裝衝突，反映清領前期臺灣社會的矛盾與對立，以及公權力不張的一面。

分類械鬥的原因，相當複雜。就政治因素而言，當係官方控制力量薄弱，政府未能善盡保護人民之責，故人民遇有關係鄉邑或個人利益之事，每自行率眾合族，私相逞鬥。就經濟因素而言，此係移民群體與群體之間的利益衝突，如爭奪墾地、灌溉用水，或同行間的利害衝突等。就社會因素而言，則清代臺灣民情好鬥樂訟、游民（俗稱「羅漢腳」）充斥、民間拜盟風盛等，均容易因彼此的睚眥之怨，演變成爲事態嚴重的分類械鬥。

分類械鬥的類型，開始係以地域分類的閩粵異省之鬥，進而有漳、泉異府之鬥，其後一府之中又有以縣籍爲分類的械鬥。而當臺灣漸次開發，強宗大族逐漸形成之後，又有異姓械鬥。此外，同行在營業上發生尖銳的衝突之後，有時亦訴諸械鬥，而有所謂「職業團體械鬥」出現。

（二）械鬥的流弊與影響

分類械鬥的發生，規模大的遍及數縣，爲時長達數年之久，殺傷焚掠，禍延無辜，不可勝數，以致田園荒蕪，荊棘叢生。規模小的，亦每

造成械鬥雙方傾家蕩產，或傷或亡。因此，分類械鬥始終是清代臺灣社會的一個根本問題，是臺灣各地不安的癥結，阻礙臺灣的開發，使臺灣一直停滯在豪強是尚的移墾社會階段，無法成為一片新的「樂土」。其流弊與影響約可分為政治、經濟、社會、文化等四方面。就政治方面而言，分類械鬥是造成清代臺灣抗官事件迭起的原因之一。道光年間，北路理蕃同知陳盛韶說：「臺灣滋事，有起於分類而變為叛逆者；有始於叛逆而變為分類者。官畏其叛逆，謂禍在官，謂禍在民。百餘年來，官民之不安以此。」[13]可見分類械鬥與抗官事件實互為因果關係。此外，分類械鬥亦促使清廷在行政上作若干特殊考慮，例如知縣的迴避，以及噶瑪蘭廳不用漳、泉兵等措施，以避免因分類械鬥之嫌隙，而影響行政的正常運作。

在經濟方面，參與械鬥的雙方，為了打敗對方，每不惜花費大量金錢，以招兵買馬，增加己方實力。而械鬥之際，殺傷焚掠，誓不兩立，尤盡破壞之能事。雙方激烈火拼的結果，敗方固然下場悲慘，勝方亦往往傾家蕩產，家破人亡。再則，每當分類械鬥之後，各類居民常自畫地界，平時不准異類之人進入，而居民亦不敢進入異籍地界。各類居民自劃地界，其影響道路交通，阻礙經濟發展之情形，相當嚴重。

在社會方面，分類械鬥的最大流弊與影響，為政府威信的喪失，法令面臨挑戰。此因分類械鬥的發生，政府多未能作妥善的處置，無能無為，無法取得人民的信任。人民為求自保，因而依賴武力，漠視法令，馴至豪強為雄。其次，械鬥雙方的搶莊、燒屋，彼此互相摧毀，導致人民流離失所，造成嚴重的社會問題。再則，分類械鬥的敗方，亦往往被迫遷徙他處，每造成人口的大規模移動。此外，由於分類械鬥造成狹隘的地域觀念，清代臺灣聚落地名迭亦受了影響，而產生福興、福隆、福安、廣興、

---

[13] 陳盛韶，〈問俗錄〉，收入陳淑均《噶瑪蘭廳志・卷五風俗（第二冊）》（臺北市：臺灣銀行經濟研究室，臺灣文獻叢刊第一百六十種，1963年3月），頁194。

廣福等象徵族群興旺的地名。這些聚落地名，不少沿用至今日。

　　在文化方面，分類械鬥顯而易見的流弊與影響，即是促使文化發展遲緩，甚至衰退。清代臺灣因分類械鬥而帶來殺傷焚掠，滿目瘡痍；自劃地界，交通阻隔；變亂不安，抗官事件迭起；人民流離失所，無家可歸；以及豪強稱雄，法治、文治觀念的缺乏等，不但使得文化的創造與發展失去憑依，有時甚且因破壞太甚，無力復元，而造成嚴重的衰退現象。此外，分類械鬥對文化的另一影響，即古廟和古老住宅的興築防禦工事。特別是臺北盆地及其周圍之古廟及古老住宅，每當分類械鬥發生時，往往首遭攻擊，故大多具有銃眼等防禦設施，其建築猶如城堡或碉堡。此種情形，在當年極為普遍。[14]

貳、宗教信仰與宗族組織

一、宗教信仰

（一）全臺共同神明

　　清代漢族移民信奉的神明，其屬於全臺共同信仰者，主要有媽祖等神明：

1.媽祖

　　媽祖本為海上航行者的守護神。早期移民來臺，須橫渡臺灣海峽，風

---

[14] 黃秀政，〈清代臺灣的分類械鬥事件〉，收入氏著《臺灣史研究》（臺北市：臺灣學生書局，1995年8月再版），頁65至70。

濤不測，故往往攜帶媽祖神像隨行，以祈求平安。因此，移民平安抵達臺灣之後，感激媽祖之庇佑，遂共同建廟加以供奉。隨著移民之墾殖，媽祖之神格也逐漸增加其農業神明的成分。這種共同經驗的神明，成為臺灣社會相當普遍的信仰。

2.土地公

土地公因係眾神之中層級最低，神力較大，為角頭性質的神，隨處可見，分布最為普遍，因此有「田頭田尾土地公」的描述。另一方面，土地公因屬生殖神，與農業社會土地生財的觀念關係密切，於是再由生殖神轉變為財神，其神格也漸漸男性化。由於土地開墾，大都先要祭祀土地神，因此早期建立的土地公廟，多與各地的開墾有關，甚至可能是該地開墾的起點。

3.百姓公

百姓公又稱「有應公」，以其「有求必應」之故。百姓公的祭祀對象，是無人供奉的孤魂野鬼。漢人入臺開墾之初，因水土不服而病死者，或因各種災變而死者很多。其中，不少因係隻身在臺，死後乏人收屍埋葬，鄉里居民因不忍見其曝屍荒郊野外，又恐懼其變為厲鬼，為害鄉里，因而鳩資建廟，集體供奉在各地的百姓公廟。百姓公的信仰，一方面可看出早期移民生存艱辛的一面，另一方面也反映出早期移民守望相助及其對厲鬼的恐懼。[15]

（二）特定祖籍神明

早期臺灣漢族移民信奉的神明，其屬於特定祖籍共同信仰者，主要有

---

[15] 張勝彥、吳文星、溫振華、戴寶村，《臺灣開發史》（臺灣省新北市：國立空中大學，1996年9月初版二刷），頁141至142。

開漳聖王等神明：

1.開漳聖王

　　開漳聖王是漳州人的守護神。唐代，陳元光將軍開拓漳州有功，漳州人為感念其開發的功勞，乃建廟奉祀陳氏，尊稱他為開漳聖王。清代臺灣的漳州移民分布區，亦均建有開漳聖王廟，加以奉祀。

2.保生大帝

　　保生大帝又稱大道公，是泉州人的守護神。相傳宋代福建同安人吳本，醫術高明，救人無數，同安人為感念其濟世救人的功德，乃建廟奉祀之，尊稱他為保生大帝。清代臺灣的泉州移民分布區，大多建有保生大帝廟，加以奉祀。同安籍移民信奉尤其虔誠。

3.三山國王

　　三山國王是客家人的守護神。客家人原居於中原，遷居粵東嶺南一帶時，將中原的自然崇拜風俗帶至該地，並以該地之獨山、明山和巾山三座名山作為崇拜的對象，尊稱之為三山國王，並建廟奉祀之。清代，客家人移民臺灣後，亦將三山國王的信仰帶至臺灣，因此凡是客家人的分布區都建有三山國王廟，加以奉祀。

二、宗族組織

（一）宗族組織的建立與基礎

　　清代移民至臺，少有舉族遷徙。移民在新天地墾荒建立新家園，因官府力量有限，為保障生存，除透過神明祭祀為媒介，形成以居住地域為範圍的地緣組織外，也透過血緣關係，形成不同類型的宗族組織，彼此團結

合作。

　　宗族組織的有形基礎是祭田或祖產，即一般所稱的祭祀公業。祭祀公業淵源於中國古代的祭田制度，以永久祭祀祖先為目的，其祭田或祖產係永遠不得處分的獨立財產。[16]

（二）唐山祖型宗族組織

　　「唐山祖」型宗族組織，又稱合約式宗族組織。清領初期，同姓移民為聯誼團結，彼此商量，以唐山原鄉較顯赫的同姓祖先為祭祀對象，其成員是居住地附近的同姓之人，以入股方式自願加入，同姓間彼此不一定有清楚的系譜關係。

　　此一宗族組織的運作，係以入股之股本為基金，或放貸生息，或購地出租，以作為每年祭祀之用。此組織具有法人性質，權利承繼僅限於最初加入者之後代，其他同姓無法加入。此外，此一組織雖以祭祀唐山共同祖先為目的，其實也具有共同投資開墾的意味。

（三）開臺祖型宗族組織

　　「開臺祖」型宗族組織，又稱鬮分式宗族組織。隨著移民入臺日久，乃有以開臺祖後代裔孫所組成的宗族組織，以開臺祖為祭祀對象，其成員均為開臺祖的後代，彼此有清楚的系譜關係。

　　此一宗族組織的運作，係由祖產中控留部分作為祭祀公業。每年之祭祀費用，均由公業支出。有些家族為鼓勵子弟參加科考，常撥出部分經費，作為獎勵之用。此一組織經長時間的演變，亦可能發展成類似原鄉之地方大族。

---

[16] 齒松平（日）原著、程大學等譯，《日據時期祭祀公業及在臺灣特殊法律之研究（改訂版）》（臺灣省臺中市：臺灣省文獻委員會，日本東都書籍株式會社藏版，1983年6月），頁1至2。

參、教育行政與學校教育

一、教育行政

（一）提督學政

　　清代，提督學政爲地方教育之最高長官，職掌一省之教育行政與學校教育，以及科考有關事宜。

　　清領前期，臺灣原爲福建省之一府，學政事務本應由福建提督學政負責督導，但因臺灣孤懸海外，提督學政未便遠涉重洋，乃援陝西延安、廣東瓊州之先例，以在臺之高級官員兼任之。或由分巡臺廈兵備道（後改爲分巡臺廈道）兼管，或由漢籍巡臺御史兼管，或由分巡臺灣道兼管，視情況而定。

（二）府、縣廳儒學

　　清領前期，臺灣府設府儒學，置教授一人，掌理全府之教育行政事務。各縣分設縣儒學，置教諭一人，掌理一縣之教育行政事務。府、縣儒學均另設訓導一人，以爲教授及教諭之副。廳儒學則設置較遲，有設有不設。其不設者，均由原縣、廳兼管，如澎湖廳不設儒學，其學務由臺灣縣兼管；另外，噶瑪蘭廳亦不設儒學，其學務亦由淡水廳兼管。廳儒學之制，比照縣儒學。

　　府儒學隸於知府，而受提督學政之監督；縣儒學隸於知縣、廳儒學隸於同知，亦均受提督學政之監督。

二、學校教育

（一）府、縣廳儒學

清代臺灣教育制度，府儒學、縣廳儒學除具有教育行政機關之功能外，並兼具學校教育之功能。

儒學的設置，乃在育賢儲才。故各儒學之設立，均奉祀至聖先師，以崇道範；興建黌舍，以聚生徒；時刻肄習，以廣術業；勤訓迪，以儲人才。凡指導及監督生員學業，舉行士子月課等，均為各儒學之主要任務。府儒學由教授及訓導擔任教誨之責；縣廳儒學的教誨之責，則由教諭及訓導擔任之。

（二）書院

書院之制，介於官學與私學之間，以補府、縣廳儒學之不逮。書院之主講者，稱山長或院長，負有教授生徒之責。

清領前期，臺灣書院的設立，或由地方官倡建，或由紳民籌建，遍及臺灣府與南北各縣廳，為數達三十餘所。早期臺灣社會因具有濃厚的移墾色彩，故書院除補學校之不足的傳統功能外，在教化先民、改良社會風俗、樹立社會清議，以及作為主持地方文運中心的社會教育功能方面，亦扮演重要之地位。另外，書院的膏火制度使生童生活有所憑藉，可以安心讀書，在教育機會的提供上，亦具有貢獻。

唯就書院生童的學習而言，由於當時社會常以書院應舉及第之多寡，以評價書院的教學成果，因此書院大多積極鼓勵生童應舉，對於參加歲試、鄉試及會試之生童，均有獎勵之措施，藉以提高生童應舉及第率。在此種情形之下，書院每成為科舉考試的先修班，其教學內容多與科考有關，傳統的書院講學之制度與精神，遂不易維繫。

（三）社學、義學及民學

　　清初，鄉堡坊里多設官塾，以便僻遠生童就學，名為社學。一六八四年，臺灣府首任知府蔣毓英就任之初，即於府治之東安坊建社學二所，並於鳳山縣土墼埕（今臺南市區）建社學一所，是為臺灣社學創設之始。其後，福建巡撫張伯行令臺灣府各縣增設社學，社學遂遍及中南部各地。社學有漢人社學與原住民社學之分，漢人社學自一七二一年朱一貴抗清事件之後，因各地多受波及，社學之制漸告廢弛，義學乃代之而興。而社學一變為文人雅士聚會結社之所，已非社塾教讀之舊制，如乾隆年間嘉義縣之文彥社、道光年間彰化縣之振文社等，雖稱社學，然僅事課文，定期集會，不再具有學校之功能。

　　至於原住民社學，亦盛行於清初，遍設於南北路平埔族分布區。嘉慶以後，原住民社學亦漸廢弛。至道光年間，因平埔族急速漢化，或已大規模遷徙，乃不再施以特殊之教育，平埔族生童多就近進入義塾就讀，原住民社學之制遂告中止。

　　義學亦稱義塾，其創設旨在延請名師，聚集清寒生童，勵志讀書。或由地方官創建，或為官民義捐而成，或屬個人私設，情形不一。惟就學者不必具束脩學資之儀，均可就讀，其制則同，故稱義學。清代臺灣之有義學，較社學為晚，一七○六年始置臺灣府及臺灣、諸羅二縣義學，一七一○年復置鳳山縣義學。惟一七一一年以後，除臺灣府義學改為崇文書院外，其餘三所義學俱不見舊志記載，此係因朱一貴事件時亦受波及，而遭受破壞。

　　一七二三年，朱一貴事件平定之初，藍鼎元參與籌辦臺灣善後事宜，曾指出臺灣之患，不在富而在教。藍氏因而倡議普設義學，他在論及臺灣善後經理事宜時建議，臺灣應廣興學校，尊崇師儒，自府縣以至鄉村，應多設義學，延聘品德高尚者為師，朔望宣講聖諭，多方開導土民，並教以孝、悌、忠、信、禮、義、廉、恥，以轉移士習民風。自此以後，

臺灣除澎湖、噶瑪蘭二地外,多設有義學。而義學亦多與書院並稱,如彰化縣之白沙書院,即爲彰化縣義學;淡水廳之明志義學,後亦改爲明志書院;而嘉慶年間馳名一方之羅漢門里觀音莊義學,亦即萃文書院。類似情形,不一而足,故乾、嘉之際,一時文教頗盛。道光年間,分巡臺灣兵備道徐宗幹對義學之創設,尤爲致力,他曾於一八四八年在府城西門外新建南廠義塾一所,並撰「設義塾約」一則,以爲提倡。

民間私設義塾,以道光年間淡水廳芝蘭一堡之芝山文昌祠義塾最爲著名。該義塾造就人才頗衆,論者以爲係臺北文教發祥之地。

民學或稱書房、書塾、學堂等,名稱雖異,而其實則一。此項私學之設立,有讀書人自設者,有鄰堡鄉里共捐貲而設者,有殷戶宗族獨立經營者。其設學之目的,不外爲培植學童識字讀書之能力,並爲將來科舉之準備。學童入學年齡,多在七歲左右。惟此項私學之設置,多不見舊志記載,其分布情形不易詳考。而其師資亦無限制,故多參差不齊;修業年限,亦無限制,大多在十年左右;所學課程,均限定爲經學及藝文,以配合科舉應試。

肆、平埔族社會的變遷

一、經濟生活的改變

(一)地權的喪失

清領前期,內地人民或循合法管道,或透過偷渡方式,陸續移入臺灣。這些移民多爲農民,從事農業是他們主要的謀生之道,因此如何取得土地,以便農耕,乃成爲移民迫切的問題。

在漢人移入臺灣之前，臺灣西部平原和宜蘭平原分布著不同族群的平埔族人，他們分別擁有居住地的土地所有權。由於漢人不斷移入，對土地的需求日益迫切，漢人乃透過承租、請墾，或利用向平埔族居民買賣、交換、入贅為婿，甚至用欺騙的手段，取得土地的開墾權。早期漢人移民在平地的開墾，其土地多以和平方式取得，在目前尚存的早期土地文書中，均有相關的記載。

漢人移民在取得土地的過程中，部分也採取武力強占。最顯著的例子是嘉慶、道光年間宜蘭平原與埔里社盆地的拓墾，前者如吳沙率漳、泉、粵三籍民人入墾蛤仔難（今宜蘭縣），後者如黃林旺、郭百年率眾入墾埔里社，二者均築有土圍，步步進逼，以侵奪平埔族的土地。平埔族的土地所有權，在漢人的豪取巧奪之下，乃逐漸喪失。

（二）農耕技術的改良

在漢人入臺以前，臺灣西部的平埔族由於地廣人稀，其農業經營係採游耕或輪耕的粗放農作，生產工具極為原始，耕地一年一易。其狩獵則以獵鹿與山豬為主，獵鹿尤為平埔族人集體的活動。廣大的鹿場是鹿隻生息之必要條件，為平埔族人生存的重要依據。

漢人入墾之後，平埔族原有的粗放農作與傳統的狩獵日漸衰微，平埔族人乃開始學習漢人的犁耕稻作技術，亦學會使用各種漢人傳統農具，從事農業生產。另外，部分平埔族人亦學習漢人墾首之請墾土地，並與漢人合作興築水圳。其後，更有平埔族人自行集資興築水圳，較著名的有淡水一帶的圭柔社舊水圳、石岡一帶的樸仔籬小米餉田舊圳，以及恆春四重溪一帶的方和莊圳等處。

二、社會變遷與族社遷徙

（一）社會變遷

　　清領前期，由於漢人的大量移入臺灣，人多勢眾；再加上漢人主導臺灣的政治與經濟活動，是當時臺灣的強勢族群，平埔族相對弱勢。平埔族人為求生存，乃急速漢化，紛紛改學漢人語言與文化，導致其原有的語言與文化逐漸衰微。就語言而言，目前僅有宜蘭的噶瑪蘭族與埔里盆地的部分平埔族保有部分傳統語言，其餘均已消失殆盡。

　　另外，平埔族由於與漢人接觸頻繁，深受漢人風俗習慣的影響，故其宗教信仰中也雜有漢人的神明，其中以土地公（財神）最具特色。惟部分平埔族，如南部西拉雅族則仍保存傳統的祀壺信仰，也成為辨識該族遷徙的重要指標。

（二）族社遷徙

　　平埔族面對漢人入墾的衝擊，部分被漢人同化，部分則往內山及東部集體遷徙。在平埔族的遷徙過程中，除平埔族群間的互動外，亦造成部分高山族群的集體遷徙。

　　南部的西拉雅族，由於分布於臺南附近，自荷據、鄭氏時代開始，即經常被迫遷徙。清領前期，西拉雅族先南遷高雄，中葉以後再往花蓮、臺東等地遷徙。

　　中部的平埔族，包括巴則海族的岸裡社、洪雅族的阿里史社與北投社、巴布薩族的東螺社與阿束社、道卡斯族的大甲社與吞霄社等，共約千餘人，在嘉慶年間由原居地越過中央山脈，抵達宜蘭的五圍。另外，道光年間中部平埔族部分族人集資遷徙埔里盆地，進行有計畫的開墾，埔里因此成為臺灣中部平埔族的最後據點。

　　宜蘭平原的噶瑪蘭族，以加禮宛社為主，於道光年間亦南徙花蓮之奇萊、美崙一帶。其後，又屢有遷徙。

第六章　清領時代後期

第一節　開港與國際貿易

壹、通商港口之開放與進出口貿易

一、通商港口之開放

（一）臺灣的海洋性格

　　臺灣位於中國大陸東南海上，西隔臺灣海峽與福建遙遙相對，東臨太平洋，北接日本，南隔巴士海峽與菲律賓相對，是東亞航線必經之地。由於位置適中，臺灣可與西面的中國沿海各省、北面的日本，以及南面的菲律賓、南洋各國三方面交通。就地理環境而言，臺灣作為海島，其具備海洋性格可說是天然條件促成的。

　　在歷史上，臺灣也多方面展現其海洋性格。十二世紀前半葉，已有漢人移居澎湖，並且到臺灣從事貿易和短期居住。十四世紀後半葉以後，澎湖和臺灣本島逐漸成為漢人和日本人走私貿易和海盜活動的據點。至十六世紀末葉，日本人除了商人和海盜來臺灣活動以外，尚有受官方委派的人士來臺活動，試圖招諭「高山國」向日本輸誠納貢。

　　十七世紀初葉，臺灣因海上交通便利，國際地位變得更為重要。其間，澎湖曾短暫被荷蘭人占領。日本幕府將軍豐臣秀吉亦有臺灣島招諭計畫，曾派部將有馬晴信視察臺灣島；長崎代官村山等安亦曾派遣艦隊「遠征」臺灣島。至十七世紀二○年代，臺灣南、北部曾先後為荷蘭人和西班牙人所占領，成為兩國對中國及亞洲貿易的重要據點與傳教區。由於荷蘭、西班牙二國均為十七世紀世界海權強國，其分占臺灣亦意味臺灣海洋地位的重要。

　　一六六一年，鄭成功率領艦隊由中國大陸出發，進取臺灣。鄭氏自其

父鄭芝龍開始，即建有海上武裝船隊，亦盜亦商，稱雄閩粵海上。鄭氏繼承其父遺蔭，掌握強大船隊，因於次年將荷蘭人逐出臺灣。鄭氏政權建國臺灣，充分利用臺灣海洋地利之便，積極與英國、日本，以及南洋各國進行貿易，並與中國大陸重開走私貿易，以克服其經濟與軍事的困境。

一六八三年，清廷平臺之後，臺灣作爲國際貿易據點的角色面臨調整，但臺灣的海洋性格適時展現其功能，臺灣與中國大陸的對口貿易，取代原有的國際貿易。在清廷長期統治期間，臺灣與中國大陸的對口貿易，一方供應農產品，一方供應日用手工業產品的「區域分工」，透過一批批船隊，橫過臺灣海峽，往來於臺灣與中國沿海港口，國內貿易仍極爲繁盛。開港之後，臺灣憑藉其海洋性格，再度進入國際貿易市場。

（二）天津條約與港埠開放

在開港通商之前，英美兩國介入臺灣事務最深，糾紛時起。一八五八年，列強強迫清廷簽訂《天津條約》，在俄、美、英三國的條約中規定開放臺灣（安平）爲通商口岸，而中法兩國所簽訂的《天津條約》，除了臺灣（安平）口岸之外，另增加淡水一口。根據列強「一體均霑」的原則，淡水口岸也對其他條約國家開放。其人民亦可在各口岸攜眷居住，建造房屋，且可建教堂、學校、醫院等。

北部的雞籠（今基隆市）和南部的打狗（今高雄市）二港，早在開港之前即有外商前往貿易，臺灣（安平）和淡水開港之後，非開放之港口即禁止外人從事貿易，一八六三年福州海關稅務司美理登（Baron de Meritens）乃以多收洋稅稅款爲由，向總理衙門請求添設雞籠與打狗爲外口。清廷同意所請，同年雞籠與打狗二港開放爲通商口岸。[1]

開港通商後，一八六一年十二月英國駐臺灣副領事館隨即正式設

[1]　葉振輝，《清季臺灣開埠之研究》（臺北市：標準書局，1985年5月初版），頁81至90。

立於淡水；一八六五年，南部的臺灣（安平）與打狗同時設置領事館；一八六九年，雞籠的副領事館亦告成立。至於綜理船舶出入、徵稅業務的海關，則於各港口開放之後隨即陸續成立。

海關與領事館設置後，外商陸續在四港口設置洋行，作爲貿易之所。在此四個通商港口中，南部的外商活動地區限於安平、打狗二地；北部淡水的外商延伸至臺北盆地的大稻埕，帶動了大稻埕一帶商業的發達，逐漸取代艋舺，成爲臺北盆地的商業中心。至於北部的雞籠，因商務較爲不振，洋行僅一家而已，變化幅度不大。安平、打狗、淡水三地因開港通商，領事館、海關、洋行等先後設立，再加上商業繁榮，商賈往來甚爲頻繁，市街風貌亦隨之改觀。

（三）開港初期的涉外糾紛

安平、淡水等四個港口開放之後，外商得以進入開放港埠進行貿易，華洋雜處。其間，臺灣海峽發生美國船難事件，而部分外商且乘機進入內山開墾或收購樟腦，涉外糾紛時起。

首先是一八六七年美國羅發號（Rover）船難事件。臺灣海峽一向船難頻傳，一八六七年三月有一艘美國船「羅發」號由廣東汕頭航向山東牛莊，道經臺灣海峽。遇大風漂至臺灣南部海面，於七星岩（今屏東縣）觸礁。船長亨德（Hunt）及其妻子、水手共十四人，駕舢板逃生，至瑯瑀龜仔角鼻山（今屏東縣）登岸，悉爲原住民殺害。唯一倖存的水手潛赴打狗告官，英領事乃派駐安平的柯爾摩號（Cormorant）前往營救，但遭原住民擊退。

當時美國駐廈門領事李仙得（Le Gendre）兼理淡水、雞籠、安平、打狗領事事務，爲處理羅發號事件，自廈門來臺，要求會見原住民部落酋長，商談航行安全之策，並請求臺灣的道、鎮提供協助。惟臺灣兵備道吳大廷、臺灣鎮總兵劉明燈推諉敷衍，李仙得遂自行前往原住民部落，但爲

原住民所拒，只得返回廈門。

其後，美國政府一度派軍進攻龜仔角原住民部落，但爲原住民所敗。而清廷唯恐事件擴大，李仙得亦施加外交壓力，總兵劉明燈才率兵勇五百人前往瑯瑠，協助美方。李仙得認爲戰未必得勝，乃由通事陪同，直接與原住民談判，達成協議：嗣後如有中、外遭風失事船隻，由該社原住民妥爲救護。劉明燈隨後亦撤兵，此事件獲得解決。

接著是一八六八年的大南澳侵墾事件。大南澳又名南澳，位於蘇澳之南。一八六八年四月，德國商人美利士（James Milisch）與英人荷恩（Horn）勾結，美利士給予荷恩執照，並供給資金，命其往大南澳開山伐木，墾荒經營。荷恩乃率領人員六名，至大南澳原住民地界查勘。噶瑪蘭通判丁承禧勸阻，荷恩不得不接受，更以鹽布、羽毛交結原住民，並與原住民頭目之女結婚。隨後率領原住民由蘇澳經海道至大南澳，建堡樹柵，擬招募工匠，著手開墾。事經通判丁承禧報請總理衙門，照會英、德公使，將荷恩等撤回嚴辦。惟因英、德公使有意拖延，雖允嚴辦，然並無實效。

翌年，事態更爲擴大，荷恩積極開墾，擬於墾地種茶。美利士則親往大南澳視察，於蘇澳港口建造房屋，以爲往來寄居之用；並不時以食物、火藥販運蘇澳，售予原住民。總理衙門聞知消息，遂再向英、德抗議，聲言必要時將自行查拏，英使始允將荷恩撤回，而德使則意存袒護，專意推諉拖延。美利士乃益無忌憚，在伐木、侵墾及販運軍火之外，並包攬事端，擅拿華人，私刑拷打，私典煤山，竊取樟腦等，無所不用其極；而荷恩雖經英使命其撤回，然得美利士之助，仍墾殖如故，進而添僱壯丁，欲勒抽勇費，儼然以殖民地統治者自居。其後，經總理衙門再度交涉，英、德始飭荷恩與美利士離去。嗣以荷恩在海上溺斃，其事始告平息。

其次是一八六六年的樟腦糾紛事件。樟腦爲開港通商之後的重要出口商品，由清廷設局官辦。一八六六年，英人要求自由買賣，臺灣道梁

元桂答以樟腦係屬官營，無論何人，如無官府特許，皆不得私自購運。一八六八年，設在打狗的英國商行「怡記洋行」（Elles & Co.）之代理人必麒麟（W. A. Pickering）於梧棲港私開洋棧，購儲樟腦，準備私運出口，案經鹿港同知洪熙恬帶領兵勇截留。必麒麟親自到梧棲調查，憑仗武力與天津條約為護符，與洪熙恬相持不下。後來，必麒麟獲知廈門的英國砲艦無法前來支援，而且洪熙恬可能採取強硬手段對付，始由梧棲前往淡水，再轉赴廈門向英國領事報告事件經過。

此外，同一期間尚發生數起涉外糾紛：1.鳳山的長老教會教堂被毀，教民被殺。2.打狗英商夏禮（Hardie）與哨丁口角，互毆受傷。3.艋舺英商因租設行棧，遭民毆傷等事件。

針對上述一連串的涉外糾紛，閩浙總督英桂乃派員與英國方面展開談判。雙方經多次折衝，達成開放樟腦自由貿易及雙方撤換事件關係人等多項協議，事件始告結束。

二、進出口貿易

（一）進口商品

開港通商後，臺灣的進口商品以鴉片為大宗，紡織品次之。此外，尚有金屬類和雜貨等商品。

由於四國《天津條約》的簽訂，鴉片正式上稅，成為合法的貿易商品。根據海關統計，從一八六八年到一八九五年，鴉片進口總值平均占臺灣每年進口總值的百分之五十七。進口的鴉片，有產自印度、土耳其、波斯和中國等數種。一八八四年以前，以印度產者進口最多，其後土耳其產鴉片逐漸取代印度產鴉片。

吸食鴉片的惡習，可能與醫療作用、嗜好成癮、交際應酬，以及排

憂解勞等因素有關。開港通商以後，由於臺灣本地人口增加，駐臺兵員擴充，以及通商貿易獲利，使得全臺灣鴉片消耗量急遽增加，終成為全臺最大宗之進口商品，對人民身心健康為害甚大，而部分外商直接以鴉片作為購買茶、糖、樟腦的支付代金，亦有礙本地發展經濟所需的資本累積。唯另一方面，鴉片進口稅和鴉片釐金增加臺灣的財政收入，後來充作臺灣海防軍事建設之需。

紡織之進口，主要來自英國，此乃因英國在產業革命以後，其紡織業最為發達，紡織品物美價廉，以致先前臺灣自中國大陸進口的棉布料，幾乎完全被英國製造的棉布料所取代。同一時期，英國的絲織品和毛織品也進口到臺灣。

此外，尚有金屬類和雜貨類商品。前者以鉛的進口量最多，主要是用於焊接茶箱；後者包括華洋百貨，諸如食品、衣飾、日常用品、建材等。[2]這類商品在開港之後，進口數量逐年增加，反映臺灣本地生活水準的提高，逐漸脫離基本需求的層次。

（二）出口商品

臺灣開港通商後，由於島內人口的自然增加、大陸人口的不斷移入，以及經濟作物從業人口的激增，使得島內糧食需求擴大，米不再是臺灣出口之大宗。茶、糖、樟腦則因新闢市場的需要，而占此一時期出口之首位。根據現存一八六八年至一八九五年海關資料統計，茶、糖、樟腦分別占此時期臺灣出口總值之百分之五十四、百分之三十六、百分之四，合計共占百分之九十四，而占此時期出口第四位之煤僅有百分之一‧五八。

從一八六〇年至一八九五年，茶、糖、樟腦之出口量均接近其產

---

[2]　黃秀政總訂正，張勝彥、吳文星編著，《國民中學認識臺灣（歷史篇）教師手冊》（臺北市：國立編譯館，1998年8月），頁66至67。

量，其成長率以茶為最大。一八六五年以前，臺灣雖有少量粗製茶出口，但本島用茶亦有賴進口。一八六六年，海關始有全年之茶出口數字。若以一八六六年為基期，一八七一年烏龍茶出口量為一八六六年之十倍，一八七五年增為三十倍，一八七七年增為五十倍，至一八九二年竟達一八六六年之一百倍。除一八七三年以外，其成長率在一八七六年以前，均在百分之三十一至百分之九十五之間。一八七七年以後稍減，且波動較大，其成長率大致在百分之八至百分之二十四之間。影響歷年茶出口成長率之因素，主要包括資金、新品種、銷售網、製茶法、華商參與，以及茶釐（稅）之課徵等因素。

　　出口茶的品種，一八八一年以前均為烏龍茶。一八八一年以後，另有包種茶出口，其出口量亦逐年增加，至一八九四年已為一八八一年之五十六倍。但包種茶出口量最多時，亦僅為烏龍茶出口量之百分之十。茶之出產地，主要為臺北盆地之周邊山坡及桃園、新竹台地丘陵地區，因此大多集中在大稻埕加工後，再由淡水出口。烏龍茶銷往美國，包種茶銷到南洋各地。

　　就糖的出口而言，一八六六年始有打狗及安平二口之糖出口數字。若以一八六六年為基期，一八七〇年為一八六六年之二・五倍，一八八〇年增為四・五倍，是糖出口的最高峰；一八八一年至一八九五年間，則為一八六六年之一・六至三・三倍之間。影響歷年糖出口成長率之因素，主要包括銷售網、價格、各國收成情形、島內米糧轉作，以及糖釐之課徵等因素。

　　出口糖的種類，係以赤糖為主，白糖所占比例不高，從一八六五年至一八九五年間，白糖的出口總量僅為赤糖之百分之五・五二。白糖在開港後出口量增加不多，若以一八六六年為基期，在一八六五年至一八九五年間之出口量，大致為一八六六年之〇・五倍至二・五倍之間，起伏不定。糖的出產地主要在臺灣南部，因此都由打狗及安平出口，而且由打狗出口

量逐漸增加。糖除出口到中國大陸外，尚銷往日本、澳洲、英國、美國等地。

就樟腦的出口言，一八六一年始有出口數字。若以一八六一年爲基期，一八六三年至一八八一年間之樟腦出口量大致爲一八六一年之一至二‧五倍；但一八八二年至一八八九年間，由於原住民的抵制與日本樟腦競爭的影響，出口量均少於一八六一年，一八八五年的出口量且近於零。一八九〇年以後，因塞璐珞（Celluloid）工業的建立，樟腦市場擴大，出口量遽增，一八九三年至一八九四年增爲一八六一年之五至六倍。影響歷年樟腦出口成長率之因素，主要包括價格、市場需求、煉製技術、運費、開採問題，以及樟腦專賣等因素。

樟腦的出產地，主要以臺灣中、北部爲主，因此都經由淡水出口，銷往香港等地。[3]

至於煤的出口，由於煤務經營不善，煤產極不穩定，出口量亦起伏不定。在一八七四年以前，煤務仍沿用傳統方式經營，所產之煤多經雞籠、淡水二口運至福州、廈門等地，每年出口多則三、四十萬擔，少亦十餘萬擔。一八七四年以後，設官經營，改用新式機器開採，臺煤經營步入近代化。但仍因經營不善，產量極不穩定，每年出口量因而大受影響，如一八九一年出口煤達七萬七千噸，一八九二年劇減爲四千噸，一八九三年又增爲二萬噸，可見其起伏之大。煤的出產地，以北部爲多，尤以雞籠一帶爲主。

---

[3] 林滿紅，〈臺灣茶、糖、樟腦的出口及生產分析〉，收入氏著《茶、糖、樟腦業與晚清臺灣》（臺北市：臺灣銀行經濟研究室，臺灣研究叢刊第一百一十五種，1978年5月），頁1至27。

貳、國際貿易成長與社會經濟變遷

一、國際貿易成長

（一）開港後的洋行與買辦

　　臺灣開港後，隨著海關稅務司與外國領事館的設立，外國商業資本紛紛湧入，在各通商口岸設立洋行，取代各通商口岸原有行郊的商業機能，行郊乃逐漸沒落。至一八九五年臺灣割讓前，各國在臺灣開設的洋行共有數十家，較著名的有怡和洋行（Jardine Matheson & Co.）、甸德洋行（Dent & Co.）、老鈴洋行（Lessler & Co.）、東興洋行（Juliue Mannich & Co.）、德記洋行（Tait & Co.）、和記洋行（Boyd & Co.）、美利士洋行（Milisch & Co.）、寶順行（Bodd & Co.）、費爾哈士迪斯洋行（Field Hastis & Co.）等，其中以英國商人的勢力最大。外商洋行除了擁有雄厚的資金，先進的交通、通訊工具和管理嚴密的商業組織外，更重要的是擁有自清政府手中奪取的種種特權。憑藉著這些優勢，外商洋行輕而易舉地操控了進出口貿易。

　　在出口方面，外商洋行利用具有仲介機能的買辦，對生產者進行貸款、預購，控制貨源，進而控制整個出口貿易。以臺糖貿易為例，洋行透過買辦，貸款給糖行和糖商，糖行和糖商再轉貸給糖廍，糖廍又轉手貸給蔗農，在層層的借貸關係中，均依次訂立購糖契約，違約即須受罰。此一嚴密的借貸關係，使洋行的貨源獲得確保，從而控制了臺糖的貿易。茶、樟腦的貿易，其受洋行的操控，亦如出一轍。

　　至於進口貿易，由於占洋貨進口總值六成左右的鴉片貿易，主要掌握在外商手中，因此基本上也是被外商所控制。外商所以能夠控制鴉片貿易，除了鴉片買賣金額大，風險高，華商難以抗衡外，主要是關稅稅率與

厘金之間的差別。根據關稅條約規定，外商輸入鴉片每百斤只須繳納三十兩銀的關稅，而華商輸入鴉片所須繳納厘金，每百斤爲四十至八十兩銀不等，最多時高達八十至九十六兩銀。由於厘金的課徵，遠比關稅來得重，華商因而處於不利地位，不易與外商競爭。

唯在外商勢力籠罩之下，部分豪紳或買辦仍憑藉其私人武力或靈活的商業手腕，獨立經營，因而累積龐大的財富。豪紳如北部板橋林家經營茶業、中部霧峰林家經營樟腦業等，買辦如大稻埕李春生經營茶業、南部陳福謙經營糖業等，均成爲社會的新貴，望重一方。

（二）開港後貿易大幅成長

臺灣開港以前，貿易的對象係以中國大陸爲主，日本、南洋各國爲輔；開港以後，貿易的對象擴大至全世界，各國商人陸續來臺貿易，而臺灣與中國大陸的貿易仍然興盛，因此臺灣的進出口貿易量激增，臺灣的對外貿易呈現出口量大、成長快、巨額出超的現象。

根據英國海關的統計，臺灣在一八六八年至一八九四年間的貿易總值之年平均成長率爲百分之八，同時期中國大陸之對外貿易總值之年平均成長率爲百分之三·四。臺灣對外貿易發展快速的原因，主要是出口貿易。如同以一八七三年出口總值的指數爲一百，則一八九四年臺灣爲四百九十一，增加將近四倍；而中國大陸的出口總值指數爲一百八十四·五，僅增加百分之八十四·五。再則，一八六八年臺灣貿易占全中國貿易總值的百分之一·五九，至一八八〇年則提高至百分之五·二五。由此可見，臺灣國際貿易成長快速，以及與世界經濟市場關係密切。

此外，就進出口值的比較來看，臺灣在一八七〇年、一八七二年、一八七六年已出現出超，而一八七八年以後則一直呈現出超的現象，直至一八九五年割讓日本，均保持出超。

二、經濟發展

（一）緩和臺灣的人口壓力

開港以前，臺灣的出口物品主要是米、糖，而適合種植水稻、甘蔗的田園，已開發殆盡，可再拓墾的土地已不多。但臺灣本身的人口還不斷自然增殖，加上大陸的移民陸續湧入，因而福建當局已有「臺灣夙號殷富，近因物力有限，戶口頻增，以致地方日形凋弊」之嘆，臺灣確已面臨相當嚴重的人口壓力。

開港之後，臺灣對外開放市場，茶、糖、樟腦的出口極為旺盛，促使臺灣山區和南部的進一步開發。而茶、糖、樟腦的生產，從種植、採收、加工，以致於出口，在在均需大批的從業人口，因而提供了許多就業機會。而其相關行業，諸如茶、糖、樟腦由產地運至港口的挑夫、船夫或牛車夫與製船的人；為保障樟腦業與茶業的隘勇；包種茶製造所需用之花的種植者等；特別是因出口旺盛，所帶來的進口貿易大批從業人口，不但扶養了臺灣本身自然增殖的人口，也扶養了陸續湧入的大陸移民，對臺灣人口壓力的緩和貢獻很大。

（二）市鎮的興起與山區的開發

臺灣開港後，隨著北部茶、樟腦業的發展，在茶和樟腦生產或集散的地區，興起了許多新市鎮。其中，大稻埕因係茶葉加工、集散的中心，乃由開港之初的一個小村發展成為全臺第二大城，最為顯著。有些開發較早的北部城鎮，如松山（今臺北市）、水返腳、新埔（以上今新北市）、宜蘭、中港（今新竹縣）、新竹等地，亦因茶和樟腦的轉運而更為繁榮。至於南部與蔗糖業有關的城鎮，因蔗糖業歷史悠久，其興起雖在開港以前，但開港後的蔗糖貿易亦使其更為繁榮。

此外，開港以前臺灣土地的利用以平原為主，山地多種植無經濟價值

的作物。開港以後，茶、樟腦業等出口大宗主要產於山區，又不與水稻、甘蔗的種植爭地，是臺灣邊際土地的一大利用。又因採粗放方式經營，更加速了山區的開發，因而由北部到中部，有一連串的山區聚落因茶、樟腦業而興起，如石碇、深坑（以上今新北市）、大溪、三峽（以上今桃園縣）、關西、竹東（以上今新竹縣）、南庄、苗栗、大湖、三義（以上今苗栗縣）、東勢角（今臺中市）、南投、林圯埔、集集（以上今南投縣）等。這些山區城鎮，其因茶、樟腦業而興起，象徵著晚清臺灣商業經濟的範圍，隨著茶、樟腦業拓展到漢人足跡所至的山區。

（三）政經重心的北移

臺灣開港之初，北部仍是人口少、資金少、商業經濟不甚發達的地方。北部地形多山區，其豐富的資源因無市場需要，多未開發。同時，開港以前，出口大宗的米、糖，北部除臺北至新竹間狹長的海岸平原及臺北平原、宜蘭平原等地出產外，主要仍以平原較多的中南部為生產的重心。此乃開港以前，臺灣政經重心在南部的關鍵。

開港以後，由於市場對茶、樟腦的大量需求，使北部山區得以大舉開發，經濟發展極為快速。根據一八六八年至一八九五年海關資料統計，一八八〇年以前南部的貿易額多於北部，一八七一年以前南部且為北部的兩倍。但由於北部貿易額成長率遠高於南部，故至一八八一年北部的貿易額已超過南部，一八八五年至一八九五年間，北部的貿易額已為南部的兩倍。臺灣是一個高度市場取向的地區，由南北貿易地位的逆轉，可以看出南北經濟地位的改變。

其後，隨著經濟重心由南部轉至北部，晚清臺灣近代化建設乃多集中於北部，建省後巡撫衙門亦設於臺北，臺灣的政治中心亦隨之北移。

三、社會變遷

（一）豪紳與買辦的崛起

開港以前，臺灣經濟以出口米、糖及對中國大陸貿易爲主體，社會上最有地位的人是地主和從事對大陸貿易的行郊。開港以後，貿易對象由中國大陸擴大至全世界，出口商品由米、糖轉爲茶、糖、樟腦。由於茶、樟腦生產於山區，使防禦原住民的需要更爲迫切，擁有武力的豪族乃應運而生；同時，由於與外商交易，亦塑造了買辦這種人物。豪族因擁有武力，取得茶園、樟腦產地較爲有利；又因安撫原住民以保障茶、樟腦的生產，亦爲政府所重視，其武力逐進而爲政府所援引，而可獲得官職，如板橋林維源、霧峰林朝棟等均屬之。買辦因與外商接觸，洞悉市場行情，常可由受僱於外商轉而自己經營致富，如李春生、陳福謙等均屬之。

開港前的地主與行郊，在開港後雖多仍可掌握臺灣與中國大陸的貿易，但對和外國之間的貿易則較難問津，故其貿易範圍不若與外商敷衍或合作的豪紳（如板橋林家）和買辦（如李春生）來得大。豪紳、買辦通常也是地主，惟其致富較一般地主多元化，財富累積的雪球效果也較大。

（二）粵籍移民社會地位的提高

開港以前，臺灣經濟既以米、糖生產和貿易爲主，山區的經濟價值較小，故「粵莊多近山而貧」，粵籍移民的社會地位較分布於近海平原的閩籍爲低。

開港以後，茶、樟腦生產於山區，粵籍移民主要分布區的桃、竹、苗等山區因而大舉開發，爲粵籍移民帶來許多財富。例如樟腦產製因須取之於原住民，而粵籍近山而居，與原住民的往來較爲密切，常可優先取得製腦權。閩籍要取得製腦權，亦多須經由粵籍仲介；而防禦茶、樟腦生產的山區隘勇，亦多以居住山區的粵籍爲主。此外，開港以後，山區聚落因

茶、樟腦的生產而興起的城鎮，其中不少係粵籍分布區。粵籍移民由於在茶、樟腦的生產中，扮演重要的角色，累積許多財富，拉近了與閩籍的貧富差距，其社會地位因而相對提高。

（三）「漢蕃衝突」與原住民的遷徙

臺灣開港以前，由於封山政策的執行，漢人私入山地拓墾的案例不多。開港以後，由於國際市場對臺茶的需求相當迫切，部分豪族或買辦乃相繼率眾入山，開闢山區為茶園；亦有部分漢人入山採集樟腦，侵入原住民的居住地，漢人與原住民的衝突經常發生。

漢人在取得「蕃地」的過程中，每有訴諸武力之舉。例如北部茶園的拓展，常先由擁有武力的豪族趕走原住民，並以相當的佣金為代價，保障茶園免於原住民的破壞。政府為了由茶、樟腦的生產取得財源，亦有「剿蕃」之舉。惟因武力的衝突，漢人未必能取得絕對優勢，漢人乃改採迂迴方式，以借貸或給予銀兩、實物的交易，換取原住民的土地，終於迫使原住民節節敗退，舉族往深山或東部遷徙。

南部的甘蔗耕作，雖以平原、低丘為主，但也迫使平埔族集體東移。[4]

---

[4] 林滿紅，〈茶、糖、樟腦對晚清臺灣經濟社會之影響〉，收入前揭《茶、糖、樟腦業與晚清臺灣》，頁71至92。

參、西洋文化的傳入

一、天主教與基督教的傳入

（一）天主教的傳入

　　天主教的傳入係以道明會為主。一八五八年，天津條約簽訂後，外國傳教士到中國各地傳教獲得保障。是年，羅馬教廷傳信部乃命令道明會總會派遣馬尼拉的道明會會士郭德剛神父（Fernando Sainz）前來臺灣傳教。

　　一八五九年，郭德剛神父與洪保律神父（Angel Bofurull）、三位中國籍傳教士、三位教友在打狗正式展開傳教工作。起初，因居民的猜疑與不安，加上鳳山縣地方當局的干涉，傳教工作的進展相當不順利，郭德剛神父與洪保律神父二人且曾遭到衙門的審訊。同年，郭德剛神父在打狗港附近（今高雄市前鎮區）購地，開始興建前金教堂，傳教工作略有進展。接著，教會再派雍真崇（Andres Chin-Chon）和黎格茂（Miguel Limarquez）兩位年輕神父來臺工作。郭德剛神父乃將傳教工作南向屏東原住民部落，旋往當時臺灣首府的臺南展開傳教工作；並續往臺灣中部傳教，在羅厝（今彰化縣埔心鄉）建立臺灣中部的傳教中心。

　　隨著教區的擴大及教友的增加，乃再往臺灣北部傳教，在北部各地興建教堂，擴大傳教工作。

（二）基督教的傳入

　　基督教的傳入以英國長老教會和加拿大長老教會為主，他們分別於一八六五年、一八七一年到臺灣南部、北部傳教。一八六五年，由英國長老教會派遣的傳教士馬雅各（James L. Max-well）抵達臺灣安平，正式

展開傳教。其後，陸續有甘爲霖（William Campbell）、巴克禮（Thomas Barclay）、宋忠堅（Duncan Ferguson）等來臺主持教務。

馬雅各等人的傳教，初期並不順利，民眾對他們頗多猜疑，謠言因之而起，甚至發生民眾包圍教堂、投石威脅等情事。其後，在傳教士行醫傳教之下，傳教工作始漸順利展開。當時，教會以府城和打狗作爲傳教的中心，傳教範圍以臺南、高雄等地爲主，漢人皈依入教者漸多。此外，教會對原住民部落的傳教亦不遺餘力，靠山地區的平埔族皈依入教者甚多。教會爲擴大傳教成果，一八七〇年、一八七三年並分別在南部山地的內門莊（今高雄市）、中部埔里的烏牛欄興建教堂。同時，教會爲了訓練本地人擔任傳教工作，一八八〇年並在臺南設立神學校，此爲今臺南神學院的創始。

一八七一年，加拿大長老教會傳教士馬偕（George Leslie Mackay）到達打狗，隨即於次年前往淡水。馬偕在考察北部的竹塹、中壢等地以後，決定以淡水作爲傳教的根據地，教區則與英國長老教會達成協議，以大甲溪爲分界線，畫分爲南北教區。馬偕在北部傳教之初，亦曾遭遇多次群眾的辱罵和投石，他在各地興建教堂中，也遭遇過民眾的反對和抵制。他在臺灣前後達三十年，重視傳教事業的本土化，積極訓練本地信徒作爲助手；並勤學本地語言，娶本地女子爲妻，死後也葬在淡水。他於一八七三年在五股坑（今新北市）興建北部臺灣第一所教堂，並陸續於各地創設教堂，前後多達六十餘所。

馬偕對原住民的傳教亦極爲重視，曾遠赴宜蘭平原傳教。該地平埔族的噶瑪蘭族人感情豐富，並且容易接近，在傳教展開後乃形成熱烈的集體皈依運動，其中不少噶瑪蘭人並以「偕」作爲他們的漢字姓氏，可見其信仰之堅定。

二、近代教育與醫療

（一）近代教育

　　臺灣開港後的近代教育，係由南部與北部的長老教會分別創辦。同一時期，在臺灣南北各地傳佈天主教的道明會，雖曾在臺南創辦孤兒院，以收容孤兒，並傳授教義，唯並未創設新式學校。

　　南部的長老教會除於一八八○年在臺南設立神學校外，亦相當重視一般教育。一八八五年，長老教會在臺南創設中學，教學內容除基督教教義外，並包括算術、漢文、中國歷史、地理及自然科學等；一八八七年成立女學校，二者為今長榮中學的前身。為解決文盲對傳教工作之阻礙，教會亦著手白話字的推行工作，用羅馬拼音譯寫聖經、聖歌及書刊，並用白話字創刊《臺灣府城教會報》（今臺灣教會公報），對傳教的進展與教徒的靈修均有積極的貢獻。此外，教會亦相當關心盲人教育，使用廈門音羅馬字浮凸印刷書刊，並於一八九一年創設盲（啟明）學校，是為臺灣特殊教育的濫觴。

　　北部的長老教會亦於一八八二年在淡水創建「理學堂大書院」（Oxford College），作為教學場所，所授課程除神學與聖經外，包括地理、地質、動植物、礦物、生理衛生、物理、化學、算術、幾何、解剖、音樂和體育等，內容相當充實。該校後來遷往臺北，改為臺灣神學校，淡水原址另設淡水中學校，即今淡水中學之前身。另外，長老教會並在一八八四年另設淡水女學堂，首開女子教育之風氣。

（二）醫療

　　基督教的傳入，醫療傳教為其重要特色，也是化解阻力的重要因素，南部與北部的長老教會均極重視。一八六五年，最早到南部傳教的馬雅各本身就是醫師，他在安平開始傳教，就同時設立醫館，從事醫療服

務;之後,馬雅各到打狗傳教,也在教堂對面設立醫館。同時期的傳教士亦多醫師出身,如德馬太(Matthew Dickson)等,均以醫療傳教並進的方式,在中南部各教會服務,為早期長老教會在南部的發展奠定基礎。

北部長老教會的馬偕曾學習基本的醫療技術,他在淡水創設「偕醫館」,藉醫療服務以傳教。馬偕在各地旅行傳教時,都攜帶許多常用的西藥,隨時施予病人。當時臺灣最普遍的疾病為瘧疾,他就以奎寧來助人治病,效果甚好。而其擅長為人拔除病牙的故事,更廣為流傳。北部另一長老教會傳教士華雅各醫師(J. B. Fraser)也在加拿大母會的支助下,在淡水設立診所,以為藥局診病之用,使教會的醫療工作逐漸上軌道。

此外,天主教的道明會會士亦在南北各傳教區設立醫館,透過施藥治病的醫療服勝,以擴大傳教成果。[5]

---

[5] 瞿海源編纂、劉寧顏總纂,《重修臺灣省通志‧卷三住民志宗教篇(第一冊)》(臺灣省南投縣:臺灣省文獻委員會,1992年4月),頁344至365、567至579、589至600。

第二節　日軍侵臺與清廷治臺政策的改變

壹、日軍侵臺與撤兵協議

一、日軍侵臺

（一）日本藉口出兵

　　日本自一八五四年開國訂約、一八六八年明治維新之後，國力漸強，欲步帝國主義之後塵，而躋身列強之列。她見中國地大物博，國勢不振，乃生覬覦之心。臺灣適當其南進政策之衝，爰有藉口牡丹社事件，而出兵侵臺之舉。

　　一八七一年十一月，有琉球人六十六名，因颶風漂至臺灣南端之八瑤灣（今屏東縣滿州鄉），其中五十四人爲牡丹社「生蕃」殺害。其餘十二人得居民楊友旺之助，幸得逃生。後經鳳山縣護送府城，轉往福州，由福建當局優予撫卹，送回琉球；同時「飭臺灣鎮道認眞查辦，以儆強暴，而示懷柔」，清廷亦有同樣的表示。此事中國既非不聞不問，琉球又爲中國屬邦，本與他國無關，而日本別有用心，竟藉端生事。一八七二年九月，其鹿兒島縣參事大山綱良乃首請興師，問罪臺灣。外務卿副島種臣及參議西鄉隆盛、坂垣退助等力爲贊同。同年九月，日本乃冊封琉球五尚泰爲藩主，以確定日本與琉球之宗藩關係；同時，照會各國公使，申明琉球已歸日本，以爲進犯臺灣之藉口。當時前美國駐廈門領事李仙得（Le Gendre）曾因羅發（Rover）號船難事件到臺灣南部「蕃地」，復從中鼓勵，強調臺灣「蕃地」非中國政令所及，日本如欲征討，此後各國航行得有保障，列強必將支持。同年十一月，日本派外務卿副島種臣到中國，試探中國之態度，國際間已盛傳日本將出兵臺灣。

　　一八七三年六月，日本外務卿副島種臣以牡丹社事件，命其副使柳原前光向清廷總理衙門大臣毛昶熙等提出該案，毛氏答以琉球、臺灣俱屬中國，不煩日本過問；並云「生蕃」原屬化外，未便窮治等語。柳原則謂「將遣人赴生蕃處說話」，毛昶熙等再為剖辯，柳原未經深論，毛氏等亦未詰其意欲何為。之後，副島種臣既未向中國面商，亦未行文照會。於是日本乃積極作侵臺之準備，派遣大批日諜入臺，刺探軍情，足跡遍全島，並以豬、酒、鹽、布等物，利誘東部「生蕃」，俾為所用，以作侵臺之張本。

　　一八七四年四月，日本政府任命陸軍中將西鄉從道為臺灣蕃地事務都督，詳為指示。同年五月，西鄉從道率領日軍三千六百餘人，在臺灣南端琅𤩝社寮登陸，初與牡丹社、高士滑社戰於四重溪、石門等地，互有死傷。不久，日軍三路進攻，盡焚牡丹社、高士滑社等地。接著，日軍紮營於統領埔（今屏東縣車城鄉），建都督府，設病院，修橋梁，為屯田久駐之計；並謀征討後山諸「生蕃」。

（二）沈葆楨入臺籌防

　　一八七四年五月，清廷聞知日本出兵臺灣消息，總理衙門乃照會日本外務省，詰問日本為何未經商議及知會，而出兵攻打臺灣，並且聲明臺灣為中國領土，「生蕃」乃居住在中國版圖之內；隨即派沈葆楨帶領輪船兵弁，以巡閱為名，前往臺灣「生蕃」一帶，相機籌辦。

　　不久，清廷獲悉日軍已登陸臺灣，並與「生蕃」激戰，以事態嚴重，改授沈葆楨為欽差辦理臺灣等處海防兼理各國事務大臣，以重事權。「所有福建鎮、道等官均歸節制，江蘇、廣東沿海各口輪船准其調遣，俾得與日本及各國按約辯論；而於徵調兵弁、船隻事宜，亦臻便捷。」[6]沈

---

[6] 臺灣銀行經濟研究室編印，《清穆宗實錄選輯》（臺北市：臺灣銀行經濟研究室，臺灣文獻叢刊第

氏受命之後，乃與福州將軍文煜、閩浙總督兼署福建巡撫李鶴年等聯合上
奏，提出四事：一為聯外交，以國際輿論來制裁日本；二為儲利器，購置
鐵甲輪船及水雷槍彈，充實軍備；三為儲人才，調用提督羅大春、前臺灣
道黎兆棠等會籌；四為通消息，安設福州、廈門的陸路電線及臺灣、廈門
間的海底電線。朝廷均一一嘉許，命迅速辦理。

　　同年六月，沈葆楨與福建布政使潘霨一同來臺。潘霨旋與臺灣道夏
獻綸同赴日軍營地統領埔，與西鄉從道談判，潘霨以原住民各社歲輸「蕃
餉」，來證實琅璚屬中國版圖，各社亦有官方的切結書，日方辭窮乃支吾
其詞。

　　沈葆楨以軍備不容或緩，府城為根本之地，乃於安平興建砲臺，置西
洋巨砲以為防禦；同時派兵分駐枋寮及東港等地，以為犄角。沈氏又舉辦
鄉團，通道路，聯合東、南各「蕃社」，以張聲勢；並請調淮軍最精銳的
武毅銘軍（劉銘傳部）唐定奎所部六千餘人，以及總兵張其光、吳光亮等
洋槍隊及粵勇，合計約八千餘人先後抵臺，積極備戰。

二、撤兵協議

（一）日本撤兵談判的接觸

　　日軍占據臺灣南端，清廷派沈葆楨入臺籌防，雙方對峙，形勢緊
張。惟清廷雖部署重兵，但因本身力量過於脆弱，海防空虛，雲南及陝、
甘變亂甫告平定，新疆則尚待解決，西征諸軍正待整備；而越南問題亦趨
緊張，法國保護越南條約已正式訂立，基本上並不希望再起對日戰爭。

　　另一方面，由於臺灣情勢的緊張，英、美兩國深恐中日爆發戰爭，危

及其在臺商業利益，更擔心中國一旦戰敗，則利益將為日本所獨得，乃對日本頗多責難。俄國、義大利、西班牙等國亦相繼詰問。而時值酷暑，日軍在南臺灣正深受瘴疾之苦，日本亦尚未具備大規模的對外征戰能力，財政亦不充裕，因此改採以戰逼和的策略，以撤兵換取賠償，對內既能有所交代，又可避免列強之干涉。在此種考慮之下，一八七四年九月日本特派其內務卿大久保利通為全權代表，到中國展開談判。

（二）撤兵協議的簽訂

日本全權代表大久保利通到中國，先轉至天津，請美國領事試探李鴻章之態度，不得要領；旋赴北京，與總理衙門大臣展開談判。

在雙方談判過程中，大久保利通堅持「生蕃」不服教化，「蕃地」非中國所屬。總理衙門大臣反覆詰駁，毫無交集，雙方態度均甚堅持。中日代表經歷七次談判，日本曾一度加強戰備，增派正規軍赴臺，最後經英國駐華公使威妥瑪（T. F. Wade）的調停，中日雙方於一八七四年十月簽訂日本撤兵協議三條云：

1. 日本國此次所辦，原為保民義舉起見，中國不指為不是。
2. 前次所有遇害難民之家，中國定給撫卹銀兩；日本所有在該處修道建房等件，中國願留自用。先行議定籌補銀兩，別有議辦之據。
3. 所有此事，兩國一切來往公文彼此撤回註銷，永為罷論。至於該處生蕃，中國自宜設法，妥為約束，以期永保航客，不能再受兇害。

撤兵協議既簽訂，又於憑單中載明，中國賠償日本撫卹難民費十萬兩；又賠償其臺灣修道、建房費四十萬兩，合計共五十萬兩。同年十二

月，日軍撤離臺灣。[7]

貳、沈葆楨的籌劃與建樹

一、行政區劃的調整

（一）淡水廳改制的建議

臺灣開港後，臺北地區經濟日益繁榮，人口遽增，而淡水廳轄區遼闊，政務難周，有識的地方官乃有淡水廳改制之議。

一八六九年，淡水廳同知陳培桂目睹此一地區地大物博，洋人覬覦生事，所在多有，遂藉廳民請求增加學額，以便士子應試為由，建議升淡水廳為直隸州。署臺灣道黎兆棠曾辦理過洋務，對臺灣的地廣而饒，水深岸闊，舳艫銜尾可進，覬覦者眾，極為注意，因而主張籌臺防務當以淡水為樞要，對陳培桂的建議極為贊同。惟不久，黎氏去職。

夏獻綸繼任臺灣道之後，對陳培桂的建議亦深以為然。夏氏乃連同噶瑪蘭廳一併考量，主張改噶瑪蘭廳為縣，另於竹塹設一新縣，將淡水廳升格為直隸州，稟請於福建巡撫及閩浙總督李鶴年。惟因李鶴年蒞任不久，其人思想保守，對淡水廳升格之事不敢決定，而未有結果。

（二）從一府到二府

一八七四年，臺灣南部發生牡丹社事件，福州船政大臣沈葆楨奉派入

---

[7] 郭廷以，《臺灣史事概說》（臺北市：正中書局，重排本初版，1996年12月），頁200至211。

臺籌防。沈氏曾任江西巡撫，對地方行政組織素極重視。他入臺後，除積極從事海防建設，加強防務外，對臺灣地方行政組織的疏陋，無法與社會經濟的發展相配合，亦有所認識。

沈葆楨首先決定在日軍登陸之琅瑪地區設立恆春縣，同時也擴大臺灣道夏獻綸的構想，奏請設立臺北府，將淡水廳及噶瑪蘭廳分別改爲縣，此即淡水縣、宜蘭縣；另將淡水廳轄區之頭前溪以南地區單獨成立一縣，即新竹縣。雞籠地區則獨立成廳，並改名爲基隆；原噶瑪蘭廳通判改爲臺北府分防通判，移駐基隆。於是大甲溪以北的北部地區新設臺北府，下轄新竹、淡水、宜蘭三縣及基隆廳，以淡水縣爲附郭縣，使北部在行政組織上的比重大爲加強，能與其社會經濟的發展相配合。

另一方面，沈葆楨爲徹底解決臺灣行政組織跟不上移墾的開發問題，亦曾對中南部的行政組織重作調整。當時由於嘉義縣南部之曾文溪以南地區距離縣治過遠，而臺灣府附郭縣之臺灣縣轄境亦應有所加強，故將此一地區劃歸臺灣縣，使臺灣縣境向北擴大二十里。又析彰化縣埔里社「蕃地」地區爲廳，奏改「北路撫民理蕃同知」爲「中路撫民理蕃同知」，移駐於此，使道光初年以來地方官所主張的埔里社設治問題，獲得解決。另在後山地區設立卑南廳，移「南路撫民理蕃同知」駐守。於是大甲溪以南的中南部地區以迄後山仍設臺灣府，下轄彰化、嘉義、臺灣、鳳山、恆春五縣及澎湖、埔里社、卑南三廳，仍以臺灣縣爲附郭縣。

沈氏的調整，使臺灣道的下轄單位由原來的臺灣府一府，進而爲臺灣、臺北二府。此爲清領臺灣一百九十多年的創舉，其規劃雖仍欠周詳，但比起過去已屬突破性的進展。[8]

---

[8] 李國祁撰，李國祁總纂、呂實強副總纂，《臺灣近代史（政治篇）》（臺灣省南投縣：臺灣省文獻委員會，1995年6月），頁132至133。

二、開山「撫蕃」

（一）開山

一八七四年、一八七五年，沈葆楨因牡丹社事件，兩度入臺，前後在臺時間約一年又一個月。他在臺停留時間雖不長，但對臺灣問題的認識，卻極爲深入。他除奏請在北部增設臺北府，以平衡南北地位的失調外，對臺灣前山（西部）、後山（東部）的地形阻隔，交通困難，亦亟思有所改善。

沈葆楨認爲開山與「撫蕃」，實一體之兩面，必須同時進行。「務開山而不先撫蕃，則開山無從下手；欲撫蕃而不先開山，則撫蕃仍屬空談。」[9]他指出當時已有不少洋人及傳教士前往後山遊歷、傳教，繪製山川地圖。洋人引類呼群，日積月盈，其輪船足以迅速接濟，其砲火足以制「生蕃」，其機器足以盡地利，清廷當局雖視後山爲「甌脫」，惟他日成爲都會，則已爲洋人所據。爲今之計，經營後山係爲防患，非爲興利；爲興利儘可緩圖，爲防患必難中止。因此，他急於打通前山、後山的通道，分南、中、北三路同時進行：

1.南路

南路分爲兩條，一條由海防同知袁聞柝率領，計用兵三路。袁氏染病後，由鮑復康繼續率領，自鳳山之赤山莊（今屏東縣萬巒鄉）至卑南，計一百七十五里。另一條由總兵張其光率領，由射寮而會於卑南，計二百十四里。

---

[9] 沈葆楨，〈請移駐巡撫摺〉，收入氏著《福建臺灣奏摺》（臺北市：臺灣銀行經濟研究室，臺灣文獻叢刊第二十九種，1959年2月），頁2。

2.中路

由總兵吳光亮率領，用兵三營，自彰化縣之林圯埔（今南投縣竹山鎮）開築至璞石閣（今花蓮縣玉里鎮），計二百六十五里。

3.北路

由提督羅大春率領，用兵十三營，自噶瑪蘭廳之蘇澳至奇萊（今花蓮縣），計二百零五里。

沈葆楨所謂的「開山」，除打通上述南、中、北三條通道，以加強前山、後山的聯絡外，基本上乃是鼓勵漢人入墾山地，促進臺灣的全面開發。他所擬訂的開山計畫，其內容包括屯兵衛、刊林木、焚草萊、通水道、定壤則、招墾戶、給牛種、立村堡、設隘碉、致工商、置官吏、建城郭、開郵驛、立廨署等，其規模極為宏遠。

（二）撫蕃

沈葆楨奏請在北部增設臺北府，大幅度的調整臺灣的行政組織，除了受夏獻綸的影響外，基本上仍有他的看法。他在奏請移閩撫駐臺摺中曾指出，臺灣地袤千里，是東南七省門戶，向稱富沃，久為他族所垂涎，而設官治理的不過濱海平原的三分之一，餘皆為「蕃地」，因此認定治臺的要務首在開山「撫蕃」。

沈氏所謂的「撫蕃」，乃是有計畫的促使「蕃」民漢化，其所擬定的計畫是：選土目、查「蕃戶」、定「蕃業」、通語言、禁仇殺、教耕稼、修道路、給茶鹽、易冠服、設「蕃學」、變風俗等，其內容是全面的、整體的。他在開山深入山地時，道路所經之處，隨時隨地招撫當地「蕃社」，使之承諾願意接受教化，不再狙殺漢人；其有不服招撫或仍以武力抵抗者，則以兵力展開討伐，以期其停止抵抗。例如北路開山到達花蓮之前，曾沿途招撫木瓜、大吧籠、瑪噠唵等二十九「蕃社」，男女丁口一

萬七千七百十九人。南路之「撫蕃」工作，則因「獅頭社蕃」大舉反抗之故，「變撫為剿」，由記名提督唐定奎率其武毅銘軍淮勇深入山區攻剿，歷時四個月才告戡定；另招撫龜紋、射不力等「蕃社」，惟招撫人數不詳。至於中路的招撫，由於其開工時間較遲，距離沈葆楨調職離臺之時間已相去不遠，不但開路工程遲遲未能完成，其招撫成效亦不易得知。

此外，沈葆楨認為「撫蕃」工作要落實，則必須將過去限制漢人攜眷入臺、禁止漢人偷渡、禁止漢人進入山地、禁止漢人娶原住民為妻等禁令解除。否則，路雖開通而不先招撫，則路仍將阻塞；雖招墾而不先解禁，則人民將裹足不前，招墾將成空言。因此，沈氏乃於一八七五年二月奏准解除對臺灣的一切禁令，此舉不但對開山「撫蕃」有所幫助，對晚清臺灣社會經濟的發展，亦有重大的影響。

三、表彰忠節振勵民氣

（一）表彰忠節

沈葆楨入臺之時，上距一六八三年清平臺灣，已逾一百九十年。當時清廷對鄭成功抗清運動，因時移境遷，已漸由貶斥轉向包容。事實上，早在一七○一年鄭克塽請求迎其父祖鄭經、鄭成功靈柩歸葬故里，康熙皇帝已有「朱成功係明室遺臣，非朕之亂臣賊子」之語，除褒其忠節，並敕遣官護送成功及子經兩柩，歸葬福建省南安縣，如田橫故事，置守冢，建祠祀之。而臺灣民間建祠以祀，不敢張揚其事，額曰「開山廟」，以掩清吏耳目。

沈葆楨既入臺，臺灣府進士楊士芳等稟稱，可否奏請追諡鄭成功，並准予建祠，列之祀典。臺灣道夏獻綸、臺灣府知府周懋琦等表示贊同，沈葆楨亦認為確有「賜諡建祠，以順輿情，以明大義」之必要，乃據以上

奏，經清廷下部議，准於臺灣府城建專祠，並追諡「忠節」。其後，建祠臺灣府城（今臺南市），以南明諸臣一百十四人，配享東西兩廡，後殿中祀翁太妃，左爲寧靖王祠，右爲監國世子祠，春秋二季，有司祭焉。祠成，沈氏手撰楹聯云：

開萬古得未曾有之奇，洪荒留此山川，作遺民世界；
極一生無可如何之遇，缺憾還諸天地，是創格完人。

沈葆楨的表彰「忠節」，奏請爲鄭成功追諡建祠，乃在激勵臺民知「忠義之大可爲，雖勝國亦華衮之所必及。」對收攬民心，提倡忠義，鼓勵士氣，當有幫助。

（二）振勵民氣

沈葆楨在臺期間，對臺灣民風士氣的提振，亦極重視。他在懲辦重犯私梟、整頓軍紀、鼓勵士氣，以及順應輿情、端正風俗等，均多所致力，貢獻良多。

在懲辦重犯私梟方面，他全力緝捕彰化縣集集街犯案累累，荼毒鄉民的重犯陳心婦仔，並令就地正法，以快人心；對嘉義縣境三條崙、布袋嘴之私梟蔡顯老、蔡波、蔡歹等人，搶劫鄉民，作惡多端，聚眾擁槍拒捕等情事，亦全力偵辦，爲首者就地正法，附從者各依犯行定罪，以靖地方，以正國法。在整頓軍紀方面，他對千總李長興、遊擊李玉貴違背軍紀，潛逃離營等事實，亦迅予懲辦，視其情節輕重，分別予以處置，千總李長興按軍法示眾；遊擊李玉貴請旨革職，不准投效軍營，以維護軍紀。在鼓舞士氣方面，他優予撫卹淮軍病故員弁、撫卹勇營陣亡或病故員弁、撫卹義民，並獎勵牡丹社事件之有功人員，對民心士氣的鼓舞，當有幫助。

此外，沈氏並順應輿情，奏請加封嘉義城隍、請封蘇澳海神及安平海

神等，對風俗的端正，亦有所貢獻。

參、丁日昌的興革措施

一、丁日昌入臺巡視

（一）丁日昌入臺

　　在清領後期臺灣的建設中，丁日昌是沈葆楨與劉銘傳之間承先啓後的人物。

　　丁日昌對臺灣的重要性，素有認識。一八六八年，時任江蘇巡撫的丁氏向曾國藩建議「海洋水師章程」時，即擬以臺灣爲建置南洋海防中心。一八七四年，丁日昌條議海防，不僅倡議在臺灣駐泊鐵甲船，以爲東南海防之樞紐；且擬計畫經營臺灣，希望能使臺地利寶日開，生聚日盛，以便將來建立行省。在清廷當局心目中，丁氏允爲經營臺灣最適當之人選，故一八七五年九月奉命出任福州船政大臣，旋又接任福建巡撫。

　　當時，清廷新頒諭旨，規定閩撫冬春駐臺，夏秋駐省。一八七六年十二月，丁日昌離閩渡臺；至翌年五月，因健康欠佳，返回福州。

（二）丁日昌勘查臺灣南北

　　丁日昌在臺期間，前後將近半年。他曾巡視臺灣北路，由基隆抵達後山之蘇澳，然後折返艋舺，再行南下，歷竹塹、彰化、嘉義等處，至臺灣府城。隨即繼續勘查南路，達於恆春；並跨海巡視澎湖。所歷路程，多爲以往大吏所未到，故所過之處，男婦老幼夾道聚觀，「熟蕃」頭目亦皆遠來迎接。在恆春，他曾題詩述懷；在府城，他主持考試，拔丘逢甲爲秀

才，並贈與「東寧才子」印一方。

　　由於親歷目睹，丁氏對臺灣山川要塞、風土民情、吏治民生，以及防務營務等，了解很深，其興革措施多為針對當時臺灣各種弊端，而謀為解決。**10**

二、吏治整頓與賦稅徵收

（一）吏治整頓

　　丁日昌就任福建巡撫之前，曾兩度出任知縣，並曾任蘇松太道、兩淮鹽運使、江蘇布政使、江蘇巡撫等職，對地方行政的各種弊端，知之甚詳。他就任閩撫後，向朝廷奏報曾稱「臺灣吏治暗無天日」，故極力加以整頓。

　　丁日昌整頓臺灣吏治，分從嚴厲懲治貪官汙吏與廢除稅契陋規入手。丁氏甫經接任閩撫，即查獲署彰化縣知縣朱幹隆藉案濫行科罰，索取財物，並縱容兵勇殃害百姓，又復縱放要犯，乃奏請將知縣革職查辦。接著，陸續有噶瑪蘭廳通判洪熙濤、署嘉義縣知縣楊寶吾、署嘉義縣知縣何鑾、臺灣縣衙役林陞、臺灣縣知縣白鸞卿等人，或造報清冊，朦混羈延；或查案株連無辜，並縱容幕友為非作歹；或收受書吏契稅，中飽私囊；或遇事訛詐，欺壓鄉里；或縱容差役妄為，有虧職守等，均嚴予查辦，絕不寬貸。

　　此外，丁日昌有鑑於稅契陋規，導致稅差四出，隳突叫囂，雞犬不寧，因而飭令臺灣道府將各廳縣稅契陋規全行廢除，並由撫署出示勒石，

10 呂實強，《丁日昌與自強運動》（臺北市：中央研究院近代史研究所，中央研究院近代史研究所專刊第三十種，1972年12月），頁282至317。

永遠禁絕。

（二）賦稅徵收

在賦稅徵收方面，丁日昌曾作兩項重要改革：一為對查抄叛逆田產租穀徵收之核實，一為免除若干繁瑣稅目之徵收。就前者言，臺灣府屬原抄沒翁雲寬、林爽文等各案田產，多分屬各廳縣，或近於海，或近於山，各地耕稼條件不同，且時隔多年，地籍十分混亂，田產租穀徵收不公，弊端百出。丁氏乃奏請由各廳縣據實查明，凡承租者之田，確為流失荒廢者，准予免除其名籍，毋須再繳穀銀。如有原地新墾成熟者，則予陞科納租。另因戴萬生等案抄沒，業主有憑據可資查證者，一律准原屬之人領回。清理之後，租額或減或增，即照實徵收，不再計及原額。

至於後者，臺灣雜稅名目繁多，繁析秋毫，納之不勝其煩，不納則違背法令。吏役藉此勒索，窮民益增苦累。丁氏因而奏請，除塩餉、蔗車、糖廍，其弊尚易釐清外，其餘各種，一律豁免，以減輕小民之負擔。至於因此而短少之雜餉稅收，則以近年出產的茶葉、樟腦等項，所新徵的釐金、關稅，以為挹注。

三、「蕃務」墾務與礦務

（一）蕃務

所謂「蕃務」，係指官府所有有關處理原住民的事務。丁日昌對「蕃務」極為重視，其處理「蕃務」大致可分教育、撫綏及征剿三項。在教育方面，丁氏為鼓勵原住民漢化，特在臺灣府歲試中錄取淡水廳原住民生童陳寶華一名，首開原住民獲取功名，登進仕途之路。隨後並為奏請額外酌定名額，以資鼓勵。在撫綏方面，丁氏的基本政策係避免原住民流離

失所,並培養其自力更生的能力。其具體措施是:設立漢人與原住民界址,嚴禁漢人侵占原住民田地。對於嘉義、彰化兩縣之水埔六社原住民,因其附近無獵物可捕,又不善耕作,丁氏乃一面為原住民清理田租,賑濟米糧;一面派人教其耕作,開濬水源,並僱其開路開礦,採以工代賑的方式解決其生計問題。此外,丁氏並訂定「撫蕃」善後章程二十一條,通令各有關單位遵辦,以確保原住民的權益。

至於不受招撫,兇悍滋事之原住民,丁日昌亦主張征剿。例如南路之牽芒、獅頭、大龜文等社,最為兇悍,拒受招撫,丁氏乃派遣道員方勳率兵三營,會同總兵張其光所部,深入進剿,攻克其巢穴。又如後山之阿棉、烏漏兩社,屢次戕害通事,攻擊官軍營壘,納納社復與之相結,互為犄角。丁氏亦命總兵吳光亮等進剿,幾經激戰,終於平服各社。

(二) 墾務

對於墾務,丁日昌所關切者,除農墾以外,尚包括經濟作物的栽培。在農墾方面,丁氏主張自中國大陸招募大批移民入臺。他在頒布「撫蕃善後章程」之同時,即命臺灣道夏獻綸飭令有關廳縣調查中路埔里各社、南路加鹿塘至八磘灣各社、八磘灣至璞石閣與成廣澳間各社等,查明各社丁口數目、界址,以及已耕地及無主荒地的分布,詳註圖說,俾便安插移民。同時,丁氏一面奏請派員往香港、汕頭、廈門等地,設立招墾局,招集客民,准其攜帶眷屬來臺,由官派輪船前往接運。抵臺之後,並妥為安置,使其安心墾植耕種。如此大規模移民入臺,不僅有助於臺灣的開發,亦可緩和閩粵兩省的人口壓力。

在經濟作物栽培方面,丁氏指出臺茶之推廣產銷,雖為時較遲,但因洋商販賣出洋,價格驟升,農民遂競相種植,特別是在北部一帶。他認為種茶獲利甚豐,臺灣北部千巖萬壑,到處荒土曠壤,如能招民佃種,或僱工墾種,由官設廠焙造,獲利當更為豐厚,值得大力推廣。

（三）礦務

丁日昌對臺灣礦產之開發，十分重視。他認爲礦務興則有財，有財則軍餉足；礦務興則有煤鐵，有煤鐵則軍器精，故兵事與礦事實相爲表裏。

早在巡臺之前，丁氏獲悉沈葆楨前爲基隆煤礦所訂購之機器，所僱用之外國技術人員，均已到達。他認爲此項創舉，必須有專才認眞經理，方能日起有功，乃奏請調派船政局總監工程之葉文瀾，來臺負責經營。他又奏請開放硫磺礦之提煉，或由官設廠，或向民間收買。礦油（煤油）則希望有熟悉其事者，購小型機器，僱外國技術人員開採，此兩種礦產亦均責成葉文瀾勘查。

其後，丁氏抵達臺灣，第一件事即爲視察基隆煤礦。同時，飭令葉文瀾分勘硫磺、煤油等礦，以及各山是否有鐵礦。在了解大致情況之後，隨即上奏，說明臺灣礦產及產銷情形，並強調開採之利，除可挹注籌辦海防之需，並可杜絕外國之覬覦。

此外，丁氏並勸導臺北豪紳林維讓、林維源兄弟捐五十萬洋元，以爲舉辦鐵路、礦務等項經費。在丁氏之鼓勵與督促下，官員與礦工均極奮勉，二個月後在官營煤場開出品質極佳之煤層，且有石油湧出，對當時拮据之財源，幫助不小。

四、交通建設與防務

（一）交通建設

丁日昌接任福建巡撫期間，他所推動的臺灣交通建設，計有鐵路與電線二項。就鐵路言，丁氏於一八七四年條議海防時，曾指出鐵路「爲將來之所不能不設」。一八七六年，丁氏接任閩撫之後，更有在臺灣興築鐵路之計畫，並於是年十二月入臺之際，向朝廷提出。迨抵達臺灣，巡視全臺

形勢之後，丁氏又再上一摺，強調在臺灣興築鐵路之必要。但因興築鐵路經費龐大，籌措不易，以致丁氏在臺興築鐵路之計畫，終未能獲得實現。

至於電線，丁日昌在赴臺之前，已經擬有計畫，擬架設由福州至臺灣之海線，以及由臺灣北部到南部之陸線。丁氏抵臺之後，在上朝廷奏摺中，又再強調電線的重要。但亦因經費困難，最後僅架設由臺灣府城至旗後（今高雄市），以及府城至安平二條電線，合計長約九十五里，均由電報學堂學生自力完成。

丁日昌所致力的鐵路與電線之建設，前者一無所成，後者亦僅完成一小部分，未如預期成果。其交通建設之藍圖，仍有待十年後由臺灣巡撫劉銘傳加以實現。

（二）防務

丁日昌對臺灣防務的加強，其具有績效者為整頓軍紀。丁氏初任閩撫，即會同閩浙總督文煜，酌裁臺灣不得力之營兵，徹查各營空額，力行整頓軍紀。他先後查明臺灣北路管帶福靖右營參將黃得桂、管帶鎮海左營總兵朱名登、署臺灣北路協副將郝富有、嘉義營參將洪金升、補用道凌定國等，或短缺勇丁，指揮不力；或縱容部屬貪枉剋扣，無力整頓；或聽任部屬貪贓，擾害良民；或營務廢弛，軍紀渙散；或營私舞弊，中飽私囊等，均視其情節輕重，分別予以革職或降調。臺地營伍積弊頹風，經丁氏大刀闊斧之整頓，一時頗為改觀。

至於丁日昌為加強臺灣防務，兩度奏請購置的鐵甲艦、練水雷軍、建新式砲臺、練洋槍隊等事，格於清廷財政短絀，未獲具體支持。其後，丁氏變更原定計畫，再度奏請購置鐵甲艦，仍無結果。其事亦有待十年後由臺灣巡撫劉銘傳局部實現。

第三節 建省後的建設

壹、建省與首任巡撫劉銘傳

一、臺灣建省

（一）閩撫冬春駐臺

　　臺灣是一個面積不小的海島，而且距中國沿海地區較遠，故應作為一單獨行政區的看法，常有人談及。一六八四年，臺灣納入清朝版圖，最初係與廈門府合一，成立臺廈道。但臺灣、廈門兩地隔著臺灣海峽，交通困難，合為一道，治理不便，故一七二三年朱一貴事件之後，清廷乃將臺灣單獨設立為道。從此以後，臺灣雖隸屬福建省，但常被視為一相當獨立的地區，臺灣道亦擁有較大的權力。

　　由此一情況，自然容易衍生出建省之說。故一七三七年，時當乾隆初年，內閣學士兼禮部侍郎吳金乃奏請臺灣府另設一省，專設巡撫一員，准帶兵部侍郎銜，以便彈壓，調和文武。惟清廷以臺灣所屬不過一府四縣，而竟要求建省，「於體不可，於事無益」，未予採納。

　　近代臺灣應建為一省的看法，則始之於沈葆楨。沈氏於一八七四年因牡丹社事件，奉派以欽差大臣名義入臺籌防。沈氏入臺後，對臺灣地方行政組織的疏陋與吏治的缺失，認識極為深刻，乃上疏奏請移閩撫駐臺。他認為臺灣前山後山幅員廣大，計可建三府十數縣，非一府所能管轄。但欲別建一省，又苦器局未成。同時，閩省向需臺米接濟，臺餉例由省城福州轉輸，因此閩臺是「彼此相依，不能離而為二」。再加上臺灣情勢又必須有方面大員長期駐守督導，方能收到經營之效。故沈氏乃建議仿江蘇巡撫分駐蘇州之例，移閩撫駐臺，以便整頓吏治和軍紀，以利各項建設，並鞏

固海防。沈氏的建議，雖經部議改爲福建巡撫多、春二季駐臺，夏、秋二季駐閩，惟臺灣建省之事已見端倪。

（二）建省分治

一八七六年，閩撫多春駐臺規定甫經公布，由於負責經營臺灣的閩撫與閩浙總督之間常發生本位之爭，中央遂興起臺灣建省之說。是年七月，江南道御史林拱樞上奏言及，臺灣之善後，實爲創始之事，主張由總督駐臺督理。同年十二月，福建巡撫丁日昌赴臺巡視之前，亦在上奏中指出，臺灣事事創始，並非督撫前往留駐半年所能辦理；必須派遣重臣長駐督辦，俟有成效，方可徐議督撫分駐之局。一八七七年一月，刑部侍郎袁保恒上奏，主張仿直隸、四川、甘肅諸省之例，改福建巡撫爲臺灣巡撫，常川駐守，負責全臺事務；至於福建全省事宜，專歸總督辦理。袁氏是第二位明白主張臺灣建省的中央大員，其奏請閩臺分離的動機，背後雖隱然藏有政治上的傾軋與黨爭，但朝中亦不乏支持者。

要而言之，臺灣因孤懸海上，地理上單獨成區，又爲海防重鎮，再加上列強覬覦等因素，建爲行省確是光緒初年不少官員所贊成的。但問題在臺灣稅收不多，財政難以自立，一切需閩省協濟。故沈葆楨、丁日昌不主張閩臺分離，並不是反對建省，而是考慮財政上無此可能。此一情形，正亦可說明日後劉銘傳反對建省的原因。

丁日昌去職後，臺灣建省之說一時暫告平息。一八八一年，中日因琉球問題關係緊張，閩撫岑毓英來臺巡視。岑氏決心爲建省之議先做些準備，乃接受臺灣道劉璈的建議，擬移臺灣道於中部，調整此一地區行政組織，商議建城於彰化縣東北方的橋孜圖（今臺中市南區），預定作爲將來省會。但因中法戰爭事起，岑氏調任雲貴總督，致未能實行。

中法戰爭期間，由於法軍的攻臺，清廷再度了解臺灣地位的重要，建省之議因之再起。此次提出建省之議的官員，前後有十數人之多，其中

以左宗棠、李元度的看法最為重要。左氏在中法戰爭期間，正好擔任欽差大臣，督辦福建軍務，他於一八八五年臨終前遺奏中支持當年袁保恒的建議，主張臺灣應建為行省，閩撫改為臺撫，所有臺澎各事概歸臺撫經理。李元度曾任貴州按察使，其看法雖與左宗棠相似，但立論及所提辦法不同，他建議閩撫專駐臺灣，兼理學政；軍中所需軍火器械，均須在臺設局製造儲存，不得仰給福建。

左宗棠的建議是真正的建省，而李元度之奏後只是沈葆楨之舊議而已，仍難稱之為完全的建省。左、李二人之關心臺灣建省問題，其原因主要是外力侵略與海防需要，其次才是臺灣內部問題。一八八五年十月，清廷積極籌議臺灣改建行省事宜，醇親王奕譞乃領銜會同直隸總督兼北洋大臣李鴻章等奏請，改福建巡撫為臺灣巡撫，專責臺灣經營；原閩撫職務則由閩浙總督兼理。經清廷諭旨允准，臺灣建省的命令與設立總理海軍事務衙門的上諭同時發布。由此可知，清廷將臺灣建省與積極編練新式海軍，一併視同海防要政。

清廷雖頒布臺灣建省的命令，但當時負責經營臺灣方面的大員劉銘傳並不贊成。劉氏所持的理由有二：1.臺灣財政困難，一旦閩臺分治，根本無法自立；2.「撫蕃」工作仍未見成效。他於臺灣建省上諭頒布不久，立即上奏建請暫緩建省。按照他的構想，仍希望能仿照江寧江蘇的規制，添設藩司一員，巡撫以臺灣為行臺，一切規模無須更動，全臺軍事、行政由巡撫主持，福建則由總督兼管。如此「分而不分，不合而合」，最為理想。建省延後五年，俟財政與撫「蕃」問題解決後，再從容籌辦。

劉銘傳的奏請，案經清廷駁回。惟清廷一面拒絕劉氏暫緩建省的要求，一面則允添藩司，並表示臺灣建省後仍須仿照甘肅、新疆之例，與福建聯為一氣。清廷並飭劉氏與閩浙總督楊昌濬詳細會商辦法並覆奏。一八八六年三月，楊昌濬親自來臺與劉銘傳會商，並面允予劉氏財政支援。同年五月，劉銘傳到福州與總督楊昌濬商定分省事宜，並按清廷指

示，仿甘肅、新疆之例，於七月聯銜奏請將臺灣巡撫改名為福建臺灣巡撫，並兼學政。翌年，清廷允准，臺灣建省一事遂告定案。一八八八年三月，福建臺灣巡撫關防正式啓用，臺灣改設行省，閩臺從此分治。[11]

二、首任巡撫劉銘傳

（一）法軍侵臺與劉銘傳入臺籌防

一八八四年六月，因法國軍隊強行占領越南諒山，中法衝突再起（觀音橋事件），法軍失利。法人藉口清廷違約，要求賠償，並撤退在越南的軍隊。中法經過北京談判、上海會議，均未能獲致協議，於是中法絕交再戰，戰場遂從中越邊境的陸上（紅河流域）擴大，閩海成為主戰場，臺灣更受到直接的攻擊。

在越南問題緊張之際，淮軍名將、前直隸提督劉銘傳奉召入京。劉氏入京後，曾奏陳整頓海防，以濟當時之急；講求武備，以立自保之基；興辦鐵路，以謀富強、圖久安。當時觀音橋事件已經發生，清廷乃命劉氏以巡撫銜督辦臺灣軍務。同年七月，劉銘傳在北京請訓之後，隨即趕赴天津，與北洋大臣李鴻章商籌，旋即南下臺灣。

劉銘傳入臺前，臺灣的防務雖已經歷十年的整頓，但因經費的限制與人事的變動，距離理想及需要尚遠；而且以往的設防偏於南路，北路僅基隆築有砲臺。臺灣道劉璈以臺灣府城為重，四十營的防軍，南部占去三十一營。劉銘傳的大本營設在臺北府城，基隆、淡水為軍事要地，兵力既屬有限，餉需尤為孔急，但劉璈並未能予以充分接濟，二劉之間時生齟齬。當時劉銘傳所面臨的，是既乏兵員、軍餉補給，又無足夠兵艦輪船、

---

[11] 許雪姬，《滿大人最後的二十年：洋務運動與建省》（臺北市：自立晚報社，1993年3月，頁44至47。

器械彈藥、砲臺可資防禦；再加上疫病大作，傷病死亡累累，環境極爲艱難。

在這種困苦險惡的情況之下，劉銘傳的應付措置是：1.他善用地方的力量，號召臺人輸力輸財，通力合作，衛國保家。官紳中「有可用者，無不廣致禮羅」，於是臺人相繼捐資募勇，彰化林朝棟自備糧餉，獨成一軍；臺北林維源捐銀二十萬；其他如林汝梅、王廷理、周玉謙、陳霞林等，亦各有其貢獻。2.他善於將將，以大公至誠對待他的部屬，絕無派系觀念及私人恩怨。駐守基隆、淡水的主力部隊爲湘軍孫開華、曹志忠，湘、淮軍向有不合，而孫開華所屬的霆軍與劉銘傳的銘軍又宿嫌甚深，節制指揮，確實不易。而劉銘傳能感之以誠，動之以情；論及戰功，必首推孫、曹，其次始及銘軍將領。因此，孫、曹諸將皆奮勇殺敵。3.他能得士卒之心，眞正和他們共甘苦，同生活。當時正值盛暑，疫癘流行，劉銘傳短衣草履，親自拊循士卒，弔死問疾，與士兵共同飲食。於是將士感奮，人人皆樂爲所用。至於臨陣督戰，躬冒矢石，自更有裨於戰鬥精神。[12]

一八八四年八月，法海軍副提督李士卑斯（Lespe's）率艦至基隆，限令清軍交出砲臺，揭開臺灣保衛戰的序幕。是役，在法軍砲轟之下，基隆砲臺全毀，法軍四百餘人上岸，劉銘傳親率曹志忠、章高元等千餘人反攻，法軍退回艦上。同年九月，法軍提督孤拔（Courbet）率艦聚泊淡水河口外；十月，法軍八百人在砲艦掩護下，登陸進犯，提督孫開華、章高元，總兵劉朝祐分路迎戰。雙方短兵相接，張李成率士勇截擊法軍後路，法軍終被拒退。此爲臺灣保衛戰的第二幕。

淡水之戰結束後，法軍提督孤拔感到攻奪臺灣不如其想像的容易，隨即宣布封鎖臺灣海口。此舉確使臺灣蒙受嚴重影響，互市停息，百物騰

---

[12] 郭廷以，前揭《臺灣史事概說》，頁220至221。

貴，文報不通，接濟阻斷。而清廷及各省當局對臺灣的安危雖極爲關切，但臺灣情勢依然甚爲緊張。一八八四年十二月起，基隆法軍不時攻擊暖暖等地，曹志忠、林朝棟等部應戰，互有傷亡。一八八五年三月，基隆法軍大舉南犯，全軍三千人，在法軍名將杜奇斯尼（Duchesne）指揮下，與臺灣守軍激戰數日，月眉山、深澳坑、暖暖等地不守，守軍退至五堵、七堵，戰火逼進臺北，情勢相當危急。另路法軍則由孤拔率領，於一八八五年三月占領澎湖，隨即修建軍港，擬作久據之計。惟同年四月，中法和議成立，雙方停戰，臺灣封鎖解除，基隆、澎湖法軍同時撤退，戰事全部結束。

（二）劉銘傳首任巡撫

經中法戰爭的教訓，清廷朝野開始感到臺灣的危險，並認識到臺灣的重要。劉銘傳負責臺灣軍事，不知不覺之間已實現了丁日昌簡派重臣督辦之議。劉氏不久又補授福建巡撫，益加重他對臺灣的權責。但劉銘傳入臺一年，訪求利病，深見臺事實有可爲，深感以往因循之誤。而各國垂涎臺灣已久，一有釁端，動輒欲占據爲己有。中法戰後的局勢雖屬粗定，但前車可鑑，一切設防、練兵、撫「蕃」、清賦諸大端，均須次第籌辦。因此，他審度時勢，決心上疏辭去福建巡撫，全力經營臺灣，以免顧此失彼，一曝十寒。

一八八五年八月，清廷上諭雖未允其開缺，而福建巡撫派由總督楊昌濬兼署，命劉銘傳專辦臺灣善後事宜，事實上已接受他的意見。同年十月，清廷下令臺灣建省，福建巡撫改爲臺灣巡撫，福建巡撫事務由閩浙總督兼管。當時劉銘傳雖曾奏請臺灣建省從緩，先事籌辦，但一八八六年一月上諭仍維持原議，惟准增設布政使司，於是劉銘傳成了臺灣省的首任巡撫。

貳、政治措施

一、行政區劃的調整

（一）從二府到三府一直隸州

　　一八七五年，沈葆楨入臺期間所作的行政區劃調整，使北部在臺灣行政組織上的比重大幅增加，但就整個臺灣行政組織而言，其分配仍覺不均。臺灣行政組織的進一步調整，仍有待劉銘傳的整體規劃。

　　劉銘傳於一八八四年七月奉派以巡撫銜入臺督辦軍務。抵臺之初，劉氏因忙於對法作戰，無暇顧及內政。但因長期在臺，親眼目睹，深知臺灣與整個國家關係的重大，以及臺灣情勢的險惡，故中法戰後毅然請辭福建巡撫，以經營臺灣為己任。他「恨不能倍日經營，保固海疆門戶」，進而他希望「舉一隅之設施，為全國之範」，「以一島基國之富強」。他對臺灣問題的認識，與沈葆楨、丁日昌相同，均以開山「撫番」為急務，而行政組織的適度調整，則應與開山「撫番」相輔相成，配合進行。劉氏認為，治臺的要務在防務，故廳縣行政區域不宜太廣、太寬，太廣耳目難周，太寬則聲氣多阻。而臺灣已設之廳縣，前山如彰化、嘉義、鳳山、新竹、淡水等，多縱橫二、三百里，均嫌太廣、太寬；後山之中、北兩路，延袤三、四百里，並無專駐之官員，更不易遙制。因此，他乃作通盤之規劃，其應添應減應裁，均重新考量。由於當時清廷已下令臺灣建省，故劉氏贊同以往岑毓英的意見，預定於彰化縣東北方的橋孜圖地方建立省城，並分彰化縣東北境設首府臺灣府，其附郭縣為臺灣縣；將原有的臺灣府縣分別改為臺南府、安平縣。分嘉義之東、彰化以南之地，添設雲林縣；分新竹西南之地，添設苗栗縣，合原有之彰化縣及埔里社廳，使新設之臺灣府下轄彰化、臺灣、雲林、苗栗四縣及埔里社一廳。北部則分淡水東北，

劃歸基隆廳，改通判為「撫民理蕃同知」；淡水、新竹、宜蘭三縣及基隆一廳，同屬臺北府。臺南府則轄安平、嘉義、鳳山、恆春四縣及澎湖一廳。後山地區則添設臺東直隸州，治水尾（今花蓮縣瑞穗鄉）；另於卑南設直隸州同知，花蓮港添置直隸州判。總計臺灣全省計分三府一直隸州，三府下轄十一縣三廳。

（二）行政區劃調整的意義

劉銘傳主持臺政，其行政區劃調整的構想，係臺灣府縣的設置，前山後山的分配應力求均衡。故前山由北到南共設三府，下轄十一縣三廳；後山則設有直隸州，使整個臺灣府縣的架構因而確立，故時至今日臺灣行政區域的架構，始終以此次之調整為基礎。

另一方面，由其府縣的分布與設置，亦可看出劉氏預留若干將來發展的空間。例如後山僅設一直隸州，其用意仍希望直隸州下設縣，甚至直隸州可改為府。中部及北部的山區，尤其是臺北府，因祇設有三縣一廳，亦預留將來增添廳縣的可能。[13]故一八九一年，劉銘傳去職，邵友濂繼任臺灣巡撫，進行開山「撫蕃」，而「大嵙崁蕃」特別強悍，拒絕接受招撫。為有效統治，一八九四年乃添設南雅廳，隸臺北府，治大嵙崁（今桃園縣大溪鎮），轄海山全堡。

二、撫墾與「撫蕃」

（一）撫墾

劉銘傳於中法戰爭期間入臺籌防，善用地方力量，對本地豪紳大族極

---

[13] 李國祁撰，李國祁總纂、呂實強副總纂，前揭《臺灣近代史（政治篇）》，頁137。

爲禮遇，因此臺人輸力輸財，相繼捐資募勇，樂爲所用。在撫墾方面，劉氏亦借重豪紳的力量，以利推動。一八八六年五月，劉氏設立全臺撫墾局於大嵙崁，置臺灣撫墾大臣，由巡撫兼任；另以北部豪紳、在籍太僕寺正卿林維源爲幫辦，實際主持全省撫墾事務。總局下設大嵙崁、南勢角（今新北市中和區）、埔里社、叭哩沙（今宜蘭縣羅東鎮）、林圯埔（今南投縣竹山鎮）、蕃薯寮（今高雄市旗山區）、恆春、臺東八局。各局之下，再設若干分局。

　　撫墾局各分局遍設於臺灣南北及東部山地或偏遠地區，係爲拓展墾務與協助「撫蕃」而設的機構，並不兼具刑名、錢穀之責。其主要職責是配合防「蕃」而設的隘勇，以及「剿蕃」的營汛兵勇，擔任綏撫「生蕃」的善後工作。當時的隘勇、營汛兵勇或「撫蕃」，全隸於臺灣巡撫劉銘傳之下，由劉氏統籌指揮。

　　對於撫墾局所拓展的墾務，劉銘傳鑑於過去官墾制度的失敗，並爲給予支持他的豪紳大族相當利益起見，他完全交由幫辦林維源及總攬中部樟腦業務的林朝棟等辦理。各地撫墾局亦容納公正士紳參預局務；並爲軍務與撫墾相配合起見，亦以駐軍營官充任撫墾局委員。故劉氏的撫墾不僅官紳合治，也是軍務與墾務合而爲一，使其開山「撫蕃」事務與沈葆楨、丁日昌相同，均具有武裝殖民性質。

　　就撫墾局的招墾而言，由於幫辦林維源所擬訂的招墾辦法，仍是由福建招募貧民，給其船資，集體來臺開墾，以致入墾者每成爲豪紳大族的佃農，而林維源、林朝棟等人也因此成爲擁田千頃的大地主。此外，由於當時茶葉對外貿易興盛，種茶有助於經濟發展，故臺北沿山新墾「蕃地」，多植茶樹。劉氏曾譽稱「臺北沿山蕃地種茶開田，已無曠土。」可見撫墾確已獲致相當的成果。

　　惟另一方面，由於劉銘傳撫墾政策的推動，導致多數原住民被迫讓出原有的鹿場或田地，集體往內山遷徙；少部分未遷徙者則接受漢化。在別

無其他選擇的情況之下，原住民的處境確實左右為難。而為配合撫墾政策往內山、後山開墾的移民，雖有隘勇或營汛兵勇的駐屯保護，但仍須時冒「蕃害」之險，亦難以安居。這是討論劉氏撫墾政策所不宜忽略的。

（二）撫蕃

安定秩序與整頓財政、充實國防是劉銘傳治臺三大政策。安定秩序係為政的起碼條件，而「撫蕃」則為其第一任務。

劉銘傳的「撫蕃」策略為恩威並用，剿撫兼施。恩撫不從，始行威剿；威剿之後，仍歸恩撫。官吏凌虐原住民，以及漢人侵奪原住民土地等情事，均嚴加懲處禁止，絕不偏袒。原住民劫殺居民，不聽曉諭，則威之以兵。劉氏認為臺灣原住民人數雖不少，但各自為政，不相統屬。原住民所據土地，山地宜茶，平地宜穀，一旦教之稼穡，皆可成為富庶之區。而過去「撫蕃」成效所以不彰，乃因主事者不克久任其事，未能持續進行之故。他採恩威並用，認真招撫，期在五年之內使全臺「生蕃」盡行歸化。

在「撫蕃」區域方面，劉銘傳與沈葆楨的偏重南路不同，劉氏的重點在北路與中路，特別是北路。他設撫墾總局於大嵙崁，改基隆通判為「北路撫民理蕃同知」，其本人則坐鎮臺北指揮。就「撫蕃」重點而言，劉氏一如沈葆楨，以開路征剿為急務。北路方面，一八八五年十一月，首先招撫淡水東南「馬來蕃」，以所屬各社頭目為「蕃丁」，月給勇餉；總目月給口糧銀六兩，唯須按時親至淡水縣署領取。劉氏又開馬來至宜蘭道路百餘里，即今北宜公路故道，使宜蘭與臺北間的聯絡不再取道險阻的三貂嶺。一八八六年三月，劉氏並親至大嵙崁招撫該地，並勘定貓裏翁、三角湧、鹹菜甕各「蕃社」。中路方面，委由駐兵罩蘭（今苗栗縣卓蘭鎮）的林朝棟，會同總兵柳泰和辦理，先後招降埔里附近沙里興等社，以及罩蘭、大湖（今苗栗縣大湖鄉）一帶的「蕃社」，使新竹、彰化兩縣前山「蕃社」一律歸化。南路方面，提督章高元亦招降埔里至花蓮六十餘社，

並由嘉義開道招撫，以通後山卑南。總計半年間，共招撫「蕃社」四百餘，薙髮歸化「生蕃」達七萬餘人。

一八八六年八月，中路蘇魯社叛變，劉銘傳親至罩蘭督師，增調總兵吳宏洛等會剿，歷時二個月始定。事平之後，獲知該社之反叛係因漢民欺虐，官員偏袒不予處理，劉氏當即撤換罩蘭撫墾委員，清結民「蕃」積欠，並劃定地界。其後，劉氏復返大嵙崁，再定北路白阿歪等社。一八八七年春，劉氏接受署臺灣道陳鳴志、副將張兆連的建議，命提督章高元自彰化集集街鑿山而東，張兆連自水尾鑿山而西，會於丹社嶺，全長共一百八十餘里，成為中部由前山通往後山的重要孔道。副將張兆連在後山續撫大魯閣、大馬鞍、大吧壠等二百十八社，眾五萬餘人；章高元等在前山續撫二百六十餘社，眾二萬八千人；並增闢後山之水尾、蓮港，前山之東勢角、雲林一帶土地，共墾田園數十萬畝。

一八八八年，後山北路卑南呂家望社叛變，廳治被圍，蔓及花蓮，一時震動。劉氏曾請調北洋水師總兵丁汝昌以軍艦助戰，歷時二個月，始加以肅清。次年，後山北路亦發生「蕃變」，副將劉朝帶於蘇澳附近開路，與所部二百餘人均中伏死。劉氏乃派總兵吳宏洛進剿，一八九〇年二月劉氏復親往督師，絕其糧道，「生蕃」乃降。至是，全臺「蕃務」因劉氏的實力征剿而大定，歷時五年。

劉銘傳對歸順原住民的文教措施，為設立「蕃學堂」。根據文獻的記載，劉氏曾於雲林縣的楠仔腳莊、埔里社廳的巒大社、宜蘭縣的頂破布烏莊等地，設立「蕃學堂」，各招收原住民子弟二、三十名入學，教以識字、讀書和臺語。惟此類「蕃學堂」或因教學方法不當，或因校舍被洪水沖毀，均僅開辦一、二年即告停辦。

此外，劉氏並於一八九〇年在臺北特設「蕃學堂」，招收勢力較強大的原住民頭目子弟入學。開辦第一年招收二十名，次年再收十名，開設識字、讀書、官話和臺語等課程，教以三字經、四書五經。

在招徠原住民方面，劉銘傳對「熟蕃」與「生蕃」分別有不同的策略。對於「熟蕃」，劉氏亦按岑毓英定例，給予一般居民同等待遇，仿照街庄總理制度，改土目爲頭目，掌理社務；改通事爲董事，負責收取「蕃租」；並允自由售賣土地，以示與一般居民同等權利；對於「生蕃」，劉氏則誘之以利，凡「生蕃」出山到撫墾局，則饗以酒食。「蕃童」就塾，每名月給三元服裝、伙食、紙筆費，各社頭目發給口糧銀。「生蕃」薙髮結辮者，每名每年給剃頭錢二兩。此外，每月朔望則令耆紳於教化堂宣講聖諭廣訓及說善書等；亦用「生蕃」分班擔任築路開圳等工作，給以飯食及工資，每十日一換班。此類勞工由「蕃丁」率領，配以通事，隨時教以衣、食、語言、禮俗、耕稼諸事。

參、交通建設與財政整頓

一、交通建設

（一）興築鐵路

臺灣鐵路的興築，早在一八七七年丁日昌入臺期間，曾奏准將兩江拆除的上海吳淞鐵路器材移運來臺，以供修建鐵路之用，並聘英籍工程師瑪理遜（G. J. Morrison）前來相助。但因所需經費龐大，籌措不易，丁氏離職後即告中止。

劉銘傳向來主張興建鐵路，爲晚清支持鐵路國防政策的主要分子。他來臺之後，臺灣興建鐵路乙事遂有突破性的發展。一八八七年四月，劉氏奏請在臺興築鐵路，他指出興築鐵路有三大利益：一爲調兵極便，何處有警，瞬息長驅，裨於海防。二爲橋孜圖建爲省城，民居稀落。若修鐵路，

貨物立見殷繁，建造可多節省，裨於建設省城。三爲臺灣南北溪流極多，橫亘阻礙交通，修鐵路可便利交通，節省橋工，裨於工程。由劉氏奏請興築鐵路的理由，可知劉氏的想法與丁日昌相同，均視鐵路爲臺防的重要工具，仍注重其國防的意義；惟劉氏亦同時注重鐵路有繁榮地方的功能，故認爲有益於建設省城。

　　劉銘傳所擬興建的鐵路，起自基隆，下迄臺南府城，全長六百餘里。路軌、火車向英、德兩國訂購；枕木則就地取材，特設伐木局，以資辦理。劉氏所擬興辦的方法，原爲官督商辦，旋因商股觀望不前，乃收歸官辦，挪用原擬備作建造省城之經費，在臺北設立臺灣鐵路總局，由記名提督劉朝幹擔任總辦，並聘洋人擔任顧問和工程師，提供技術協助。

　　一八八七年七月，劉氏先修臺北至基隆段鐵路，由臺北北門外的大稻埕開始，以余得昌所帶昌字四營官兵爲工役。開工之初，劉氏爲樹立修路的楷模，曾親率兵勇修建四里路基。一八八八年，臺北至新竹段亦開工。修路期間所發生的最大糾紛，是修路官兵與洋工程師間不能合作，以致短短數十里工程，興築極爲緩慢。一八八八年，才建至錫口（今臺北市松山區）；一八八九年，建至水返腳（今新北市汐止區）；一八九一年，臺北至基隆段始行竣工。惟臺北至新竹段的修建頗速，一八九一年已築過桃仔園而及龜崙頂，一八九二年至中壢，一八九三年全段竣工。但當時劉氏已去職，繼任的巡撫邵友濂因興築鐵路需款太多，穫利有限，奏准停工。臺灣鐵路縱貫線的全線通車，係在日治時期。[14]

（二）架設電報線

　　臺灣電報線的架設，始於丁日昌，但路線未及百里。劉銘傳入臺後，對架設水、陸電報線頗爲重視。一八八六年，劉氏奏設電報總局於臺

---

[14] 李國祁，《中國現代化的區域研究：閩浙臺地區，1860～1916》（臺北市：中央研究院近代史研究所，中研院近史所專刊十四，1982年5月），頁326至329。

北，同年架設由基隆、淡水至臺北，以及臺北至安平之陸線，全長七百餘里，沿線並設有電報局五處，由德商泰來洋行承攬。

另外，劉氏並架設淡水至福州線，以及安平至澎湖之水線，於一八八七年八月開工，翌年全線完工，由英商怡和洋行承包。水、陸兩線合計一千四百餘里。

（三）創辦新式郵政

臺灣公文之傳遞，一如大陸各省，行鋪遞制，由駐臺兵房辦理。及一八七〇年代，臺北大稻埕媽祖宮前街周炳紀行店自設信局，辦理通往島內各地及大陸、香港郵件，是為民間自設郵局之始。

一八八八年，劉銘傳改革鋪遞辦法，於臺北設郵政總局，直轄於巡撫，派候補道張維卿為幫辦。當時全臺共設郵政正站十七處、腰站十三處、旁站二處。其後，又增設正站二處。劉氏並發行郵政商票，黏貼寄信，官商通行，傳遞稱便。

（四）創辦新式航運

劉銘傳主政期間的另一交通建設，為新式航運的創辦。一八八一年，福建巡撫岑毓英來臺巡視，有鑑於臺灣孤懸海外，交通不便，乃建議清廷派汽船定期航行於臺灣與中國大陸間，以及臺灣各港口之間，藉以加速公文之遞送與一般客貨的搭載，此為臺灣官營汽船之始。

一八八四年，因中法戰爭，法軍封鎖臺灣，臺灣對外航運一時中斷。中法戰爭結束後，臺灣建省，劉銘傳出任臺灣巡撫，乃恢復臺灣航運之營運，以新式的「飛捷」、「威利」、「萬年青」三船航行於海峽兩岸之間。其後，又有「駕時」、「斯美」兩艘新船加入航運，航行於臺灣、上海、香港、新加坡、西貢和呂宋等地之間。臺灣的海上運輸在劉氏的積極倡導下，一時呈現活躍之景象。

二、財政整頓

（一）清賦

　　劉銘傳入臺以前，臺灣財政並不充裕，每年例需省城（福州）協濟八十萬兩，但往往不能按期如數解到。到劉氏開山「撫蕃」、推動交通與國防建設，以及建造城衙等，在在需款，於是不得不就地籌劃，期能在短時間內，以臺灣自有之財，供臺地經常之用。臺灣雖為富庶之區，但田賦稅收逃漏極為普遍，其中尤以田賦最為嚴重，因此清丈田賦乃為整頓財政的首要任務。

　　臺灣的田園自康熙以來，從未清丈。雍正、乾隆之世，且屢有臺賦不准議加之詔，以致田園日闢，而田賦不增，但民間的負擔並未減輕，墾殖之租亦重，其原因是隱田太多，豪強拓墾土地多未照章陞科完納正供；賦稅不一，南北輕重有別，失卻公平的原則；加以大小租的存在，造成一田多主的情形，土地所有權甚為紊亂，田賦徵收未上軌道。因此，劉氏乃進行清丈田畝，重訂稅則，釐清土地所有權等改革措施。為了清丈田畝，劉氏首先於一八八六年五月上奏，請准在臺灣舉辦清丈；同年七月，通告全臺，指出清丈的意義，並擬訂清丈的章程。隨即在南北兩府各設清賦總局，派員分赴各廳縣，會同地方士紳，先查保甲，就戶問糧，由人著手。戶畝查明，再行逐田清丈，分別繪成區圖、散圖與莊圖，就田問賦，由地著手。丈竣之後，一律由布政使司給單，私租悉予充公。至一八八八年十一月，全部清丈給單，總計溢出原額田數倍，約四百萬畝。

　　田園完成清丈之後，接著進行賦則之重訂。臺灣之田賦負擔，約為中國大陸的兩倍；而臺灣之田賦輕重，南北亦甚懸殊。嘉義、臺灣（後改為安平）、鳳山等早期開發之縣，約沿鄭氏舊例，失之過重；彰化、淡水等為雍正以後新設廳縣，則比照福建省同安縣之例，賦額較輕。劉氏於是將新丈田園，悉依同安縣之例，田、園分別依其等則徵收賦額；並化甲為

畝，仿一條鞭法，刪繁就簡，以便執行，使胥吏無從剝削，而豪紳地主亦不能再事隱匿，人民的負擔因而減輕，蒙受實惠。正供之外，所有苛捐雜稅，亦明定章程，不得任意加派。

新賦則既已訂定，則土地所有權亦必須加以釐清。臺灣的田園向有一田多主的現象，一塊田園往往同時有大租戶、小租戶，土地所有權混亂不清。劉銘傳乃亟思加以改革，他原擬消除臺灣一田多主的現象，但因阻力很大，不得已改採大租減四留六之法，即將大租分為十分，仍承認大租權的存在，大租戶得保留其中六分，其餘四分交由小租戶；並確定小租戶為業主，丈單由小租戶保存，正供由小租戶繳納。小租戶並可向佃農收取大、小租額。由於丈單、正供均由小租戶經手，為顧及年久湮遠，大租戶無可為憑，准其到廳縣立案，由官府發給印單為憑，以保障大租戶之權益。

臺灣的田園經劉氏清丈之後，地籍與戶籍均較前清楚，賦稅乃較合理，土地所有權亦較為清楚，政府每年的賦銀由十八萬兩增為六十七萬兩，財政因而獲得改善。

（二）整頓稅收並發行銀幣

臺灣的稅收，其鴉片、煤斤、茶葉、樟腦、船貨等釐金，向來多吞匿侵蝕；連同鹽課、關稅，總計僅九十萬兩。經劉銘傳加以整頓，樟腦、硫磺由官府收購專賣，餘利四萬餘兩；百貨、茶葉、鴉片等釐金，以及鹽課、關稅等收入大增，與田賦等合計約三百萬兩，最後增至四百四十餘萬兩。

另設官銀局，購辦機器，鑄造銀幣，每年數十萬枚，此為中國自造銀元的開始。

肆、國防建設與新式教育

一、國防建設

（一）建砲臺購兵船

　　中法戰爭期間，法軍在淡水及基隆兩地登陸。劉銘傳雖厚集兵力，擊敗法軍於淡水，但基隆則遭法軍占領，直至戰爭結束。在此刺激下，戰事結束後劉氏乃大力整頓臺省海防，清廷亦予以支持。劉氏首先重建基隆、淡水、安平、打狗（今高雄）及澎湖要塞砲臺十座，並購置克虜伯砲數尊及阿姆斯壯（armstrong）後門巨砲三十一尊。

　　至於添購兵船，法軍尚未侵臺前，閩浙船隻曾有「永保」與「琛航」二艘專門航行臺、閩之間。兩船分別為福州船政局於一八七三年與一八七四年建造，自一八八一年起，即航行於安平、廈門、基隆之間。兩船雖為戰艦，但當時均改裝作為運輸船隻，並載運客貨，與商船無異。其後，又增加「萬年青」與「伏波」兩船。中法戰爭期間，永保與琛航航行於臺灣北部，萬年青與伏波航行於南部。後因萬年青、伏波與永保三艘均為法軍擊毀，而琛航則調離臺灣，故劉氏曾奏請清廷再調撥國造戰艦四艘來臺，但南洋大臣曾國荃拒予支持。旋因海防情勢困難，劉氏再請撥戰艦三艘、運輸船二艘來臺使用。北洋大臣李鴻章因朝鮮事急，不允撥北洋船隻來臺，僅借「海鏡」兵船一艘。此船亦為福州船政局所建，劉氏乃以該船供澎湖運輸之用。

（二）建機器局與軍械所

　　中法戰爭期間，臺灣受到法軍封鎖，劉銘傳深受補給不繼之苦。戰事結束後，劉氏乃奏請在臺建機器局與軍械所，以生產和儲存武器。

一八八五年，劉氏委請兩廣總督張之洞代購製造槍彈之機器一副；同時在臺北府城北門外覓地建機器局，小機器廠製槍彈，大機器廠造砲彈，以劉朝幹爲總辦，工程師爲德人彼德蘭（Bitgran）。

另建軍械所大庫房七十三間，爲儲存武器之處。

二、新式教育

（一）創辦西學堂

劉銘傳在臺灣全力推行新政，由於築鐵路、設招商局，以及建機器局等新式事業的需要，他決心從根本上培育洋務人才，乃創辦西學堂於臺北大稻埕六館街。劉氏任命曾留學外國的張爾城爲總監，聘英人轄治臣（Hating）、丹麥人布茂林（Pumollin）爲教習，招收學生二十人開學授課。課程計有外語（英語爲主）、地理、歷史、測繪、算學、理化及漢文等。每日上午九時至下午五時教授西學，早晚則督課國文，星期日課試編策。每季委員會同洋教習考校一次。學生在校費用仿書院廩膳生之例，由官府發給。學堂全年經費約銀一萬兩。及邵友濂繼任巡撫，學堂於一八九一年裁撤，彼時仍有學生六十四人。

（二）創辦電報學堂

除了西學堂外，劉銘傳並於一八九〇年創辦電報學堂。電報學堂設於臺北大稻埕電報總局內，招收西學堂及福州船政電信學生入堂肄業。課程以電信技術爲主，以培養電報技術人才。開辦時有學生十八名，一年後亦爲邵友濂裁撤。

第七章　日治時代的政治與經濟

第一節　武裝抗日運動

日治時代，臺灣住民義不臣倭，誓不爲日本臣民，先以武裝力量抗拒日本的占領，給予日本統治當局嚴重的挑戰。武裝抗日運動失敗後，繼之以政治、社會運動方式抗日，從未稍懈，此即所謂近代臺灣民族運動。

武裝抗日概集中於日治前期二十年間，略可分爲三階段，分別是一八九五年「臺灣民主國」之抗日、一八九五年十二月以迄一九○二年各地義民游擊武力之抗日、一九○七年以迄一九一五年具民族革命性質之抗日。此外，一九三○年的霧社事件亦屬之。茲分述之。

壹、「臺灣民主國」之抗日

一八九五年四月十七日，中日簽訂《馬關條約》，確定割讓臺灣、澎湖列島給日本。消息傳來，臺灣紳民尤感切膚之痛，雖經一連串爭取朝廷挽回，以及英、俄、德、法等列強援助，但均告失敗，乃被迫走上獨立自救之途，決定成立「臺灣民主國」，作爲應變之手段。

五月二十五日，紳民共推巡撫唐景崧爲總統，呈上印信及藍地黃虎國旗，建號永清，聲明事平之後，仍歸中國；同時，設議院，舉臺灣首富二品太僕寺卿林維源爲議長，丘逢甲爲義勇統領；另設籌防局和團練局，由有力士紳主持，積極部署全臺軍務，準備應戰。

二十九日，日軍登陸三貂角附近的澳底，守軍不戰而潰。日軍旋進陷瑞芳、基隆。六月六日，唐景崧棄職內渡廈門，民主國已名存實亡，臺北城陷入無政府狀態，潰兵四出劫掠，亂民趁火打劫，以致街衢混亂，積屍

遍地，目睹此一亂局，紳商代表乃議決請日軍入城，以驅逐暴徒保全居民的生命財產。

七日，日軍兵不血刃進入臺北城。十七日，臺灣總督府舉行「始政典禮」，惟其實際控制地區僅基隆、滬尾、臺北三地罷了。

臺北的民主國瓦解後，抗日中心逐移至臺南。六月二十八日，臺南紳民公推幫辦軍務南澳鎮總兵劉永福繼任「臺灣民主國」總統，並呈上印信。劉氏拒收印信，惟同意繼續領導抗日，使得中、南部的抗日運動有了新的領導中心。劉氏重新部署中、南部之行政和防務，並設置糧臺，發行官銀票和股份票，用以籌措糧餉和軍需。惟終因財政困難，以致未能積極支援新竹、彰化等地抗日軍事。

中、南部的抗日大致可分為三階段，先是六月下旬至八月中旬桃竹苗地區義軍之抗戰，以該地區民間自衛組織為基礎組成的義軍，在桃園、中壢、楊梅、新竹、大嵙崁（今大溪）、三角湧（今三峽）、苗栗等地，與日軍「近衛師團」發生數十次激烈戰鬥，終因不敵而退保彰化。桃竹苗地區社會領導階層頑抗日軍之主因有四：1.該地區以客家居民為主，向具尚武風氣；2.該區多地主，鄉土意識強烈；3.日軍濫殺無辜，臺人因恐怖和亟思報復，而認為非抵抗不可；4.該地區離歐美商僑聚集的臺北較遠，故社會領導階層較不受外人左右，產生自力抗日念頭後，即全心抗日。

接著，為彰化地區之抗戰，乃是以新楚軍為主力，義軍、黑旗軍協同抗戰，戰鬥自八月下旬爆發，持續約十日，以八卦山之役最為激烈，日軍兵力三倍於守軍，義軍英勇抗敵，義軍領袖吳湯興、黑旗軍統領吳彭年及營官多人力戰而死。

彰化失陷後，日軍再南進。劉永福以黑旗軍為主，雲、嘉、南等地義軍為輔，約二萬餘兵力，部署嘉義、臺南、枋寮等之防務。十月初，日軍近衛師團自彰化城南下，永靖、北斗、西螺、土庫、斗六、大莆林（今大林）、嘉義等地相繼淪陷。十月中旬，日軍另在枋寮登陸，旋進陷茄冬

腳、東港、鳳山、打狗等地；同時，另一支登陸布袋嘴，進占蕭壠（今佳里）、麻豆，由是對臺南的抗日政府形成三面包圍之勢。二十日凌晨，據守臺南的劉永福帶親信搭英輪內渡廈門，臺南城內一片混亂。臺南紳民遂仿臺北模式，請日軍入城。二十一日，日軍進入臺南城，「臺灣民主國」之抗日瓦解。十一月十七日，總督府公布「臺灣刑罰令」與「臺灣住民治罪令」。翌日，宣告：「全島悉予平定」。

貳、各地義民游擊武力之抗日

　　雖然總督府宣稱平定全島，並於翌（一八九六）年三月廢軍政，改行民政。然而，由於日治初期的失政而招致民怨、總督府的新經濟管理措施剝奪臺人的既得利益和工作機會，以及不少臺人仍存復歸中國的念頭等原因，一八九五年十二月以迄一九○二年五月之間，各地仍不斷有武力抗日事件發生。

　　此一時期，總督府設於各地的辨務署（案：同「辦」字，機關名，襲用原文）、兵營及派出所等遭受抗日軍隊圍攻者計有五十五處，達九十四件。就主要的抗日領導人觀之，士紳甚少，僅宜蘭武生許紹文、生員林李成、林維新三人；而是以豪強型的地主、事業主及綠林人物等占絕大多數。概言之，北部以茶、樟腦及礦業主等糾集茶工、腦丁、礦工起而反抗日人爲主；中、南部則以地主、豪農率農民進行游擊戰鬥爲多。領導人與部眾之關係或自由結合，或脅迫加入。惟各區率皆獨力作戰，彼此之間殊少跨區合作或相互支援。要之，此一時期抗日運動之性質除了保衛自己利益和鄉土外，具有勞工、農民反抗之色彩。

　　最初，總督府對抗日勢力採無差別的報復性討伐，不分良匪，肆行濫
殺，例如一八九六年三月北部的抗日軍被鎮壓，遭殺戮者數千人；同年，
六月十六日至二十二日討伐雲林簡義、柯鐵等抗日勢力，殺戮達六千人，
史稱「雲林大屠殺」，由是更加激起臺人的仇恨抵抗。一八九七年，爲了
有效壓制臺人的武裝抗日，總督乃木希典實施「三段警備制」，依治安狀
況，將全島畫分爲危險、不穩、平靜三區，分別由軍隊、憲兵、警察負責
警備，惟效果不彰。一八九八年，兒玉源太郎繼任總督後，對武裝抗日不
再一味鎮壓，而改採鎮撫兼施策略，一方面改組警察體制，擴充警力，頒
布「匪徒刑罰令」，利用壯丁團協助，對抗日分子進行「大討伐」和屠
殺，例如一八九八年底對阿公店、潮洲地區的大掃蕩即是；一方面制定所
謂「土匪招降策」，誘降安撫抗日分子，於是一八九八年七月臺北有陳秋
菊等一千三百餘人投降，宜蘭有林火旺率三百餘人歸順，十月，士林有簡
大獅等六百餘人歸順，翌年，臺南縣投降人數達二千一百餘人，此外，
十八重溪的阮振、鳳山的林少貓等亦率眾投降。迨至一九○二年，各地游
擊武裝抗日勢力悉數瓦解，臺人私有武器盡數被沒收。一八九六年至一九
○二年間，臺人參加抗日而戰死或被捕殺者幾達一萬餘人，若加上參加
一八九五年「臺灣民主國」抗日戰爭而犧牲者約一萬四千餘人，八年間因
抗日而犧牲者多達三萬餘人，顯示臺人的武裝抗日十分慘烈。

參、具民族革命性質之抗日

　　游擊性武裝抗日勢力盡遭滅絕之同時，總督府漸次完成臺灣經濟資本
主義化之基礎工作，從而開啓日本資本家企業入侵之道，臺人生業遭到強

制榨取和收奪，加以殖民當局的壓迫，因此，臺人的反日意識繼長增高；尤其是受到中國辛亥革命成功的鼓舞，影響所及在一九○七年至一九一五年的九年間，以臺灣中、南部為中心，先後發生十餘件具民族革命性質的抗日事件。

就事件的時間觀之，除北埔事件發生於一九○七年之外，其餘林杞埔、土庫及南投事件（以上一九一二年）、苗栗、大甲、大湖、關帝廟及東勢角事件（以上一九一三年）、六甲事件（一九一四年）、頭汴坑、新庄及西來庵事件（以上一九一五年）等均是辛亥革命成功後發生的。諸事件均密謀起事，欲一舉消滅和驅逐在臺日人。

由於總督府的社會控制已十分嚴密，因此，除了北埔、林杞埔、東勢角、六甲、西來庵事件外，其餘的均在密謀起事階段即被總督府偵知拏辦。同時，除了苗栗事件、西來庵事件稍具規模外，其餘的參與人數不多，約十餘人到百餘人。

北埔事件被日軍追擊殺死者八十一人，自殺者七人，投降及被捕者十人均被判處死刑。涉嫌苗栗事件被逮捕偵辦者多達九百二十一人，其中，拒捕被殺者四人，無罪開釋者三十四人，獲不起訴處分者五百七十八人，被起訴者三百零五人；在被起訴者中，判處死刑者二十人、有期徒刑者二百八十五人，據載均以革命家無畏無懼的態度面對公判，在刑場上則表現出從容赴死之氣魄，而使現場日本官員為之動容。六甲事件首領羅臭頭等三人自殺，戰死者九人，被捕者百餘人，審判結果，死刑八人、無期徒刑四人、徒刑十人。西來庵事件參加者更是多達二千五百餘人，總督府動員軍隊、警察強力鎮壓，費時十個月始完全平息。涉案被捕偵辦者多達一千八百八十七人，其中，一千四百一十三人被起訴；被起訴者中，判處死刑者八百六十六人，雖然適逢大正天皇即位而獲大赦減刑，但除了已處死者羅俊、余清芳等九十五人之外，仍有江定等三十七人未獲減刑而處

死，犧牲之慘重無出其右者。

肆、霧社事件

　　由於總督府對原住民採恩威並施的「理蕃」政策，以警察為主統治原住民部落，尤其是一九〇六年至一九一五年佐久間左馬太擔任總督時期，不時對原住民進行討伐和鎮壓，其本身甚至親赴前線指揮作戰，不少原住民被殺害或處刑，加以日本官吏每以橫暴的態度、壓制的手段對待原住民，以及義務勞動負擔過重等，原住民長期積壓的怨恨和不滿遂不時爆發激烈的反抗。一八九六年至一九二〇年間原住民先後發動一百五十餘次的武裝抗日事件，一九三〇年十月更掀起大規模的「霧社事件」。

　　一九三〇年十月二十七日上午，霧社地區十二個原住民部落中，馬赫坡、勃阿倫、荷戈、羅得福、太羅萬、束庫等六社青年三百人，在馬赫坡社酋長莫那魯道率領下，突襲參加霧社公學校運動會的日人，進襲派出所、官衙、郵局及宿舍，奪取武器彈藥，然後退入山中。日人遇害者一百三十二人、受傷者二百一十五人、臺人被誤殺者二人，是為霧社事件之爆發。

　　事發後，總督府調集軍隊一千六百餘人，武裝警察六百餘人、壯丁團及親日原住民，並使用山砲、飛機、毒氣等，展開強力鎮壓。原住民經五十餘日頑抗失敗，莫那魯道自殺，六社原有人口約一千四百人，僅剩五百人。

　　事平後，總督府以主謀罪名將六社頭目十餘人處死，其餘族人則被強制遷住羅得福、西巴島二社。翌年四月二十五日，日警唆使親日原住民加

以突襲，造成二百餘人被殺，是爲第二次霧社事件，殘餘的二百餘人，總督府強迫其移住川中島。

　　此一事件對自詡「理蕃」政策成功的總督府可說是一大衝擊，迫使總督府不得不再檢討其原住民政策，總督石塚英藏、總務長官人見次郎、警務局長石井保、臺中州知事水越幸一均引咎辭職。

第二節 殖民統治政策與體制

壹、殖民統治政策之演變

　　一八九五年五月，根據《馬關條約》，清廷將臺灣、澎湖割讓予日本，從此，就法律上言，臺灣已成為日本版圖之一部分。惟日人藉口臺灣之歷史文化、語言、風俗習慣及社會狀態迥異於日本，乃仿照列強統治殖民地之方法，在臺灣實施民族差別的殖民政治。此一性質，終日治五十一年未嘗改變。

　　就統治政策觀之，日人係以逐步強化的同化政策為其統治方針，因此，歷任總督的施政方針由標榜「無方針主義」進而明揭「同化主義」，由揭櫫「內地延長主義」進而強調「皇民化政策」。要言之，同化政策逐步強化之目的，不僅在於謀求改變臺人成為「順良的日本人」，尤有甚者，企圖使臺人變成「利害與共的日本國民」。茲略述其演變之經緯如下：

一、無方針主義及漸進政策之確立

　　一八九五年臺灣割讓伊始，臺人即掀起悲壯的拒日保臺運動，先有「臺灣民主國」之成立，繼有各地游擊武力之蜂起。針對此一武裝抵抗之威脅，臺灣總督府乃實施軍政，肆行武力彈壓。翌年三月，結束軍政，改行民政，以臺灣治安不靖、距日本遙遠且往來不便、風土人情迥異於日本等為由，發布「法律第六十三號」（簡稱「六三法」），採委任立法制度，授權臺灣總督得頒布具有法律效力之命令，使臺灣被屏於日本憲法保

障之外。

　　由於日本欠缺經營殖民地之經驗，因此關於治臺方針，朝野意見不一，約言之，概有放逐主義、同化主義、放任主義三種主張。臺灣總督府參考西洋各國的殖民地統治經驗，並衡量臺灣之實情後，認為若採「放逐主義」將臺人盡逐出島外，或採「同化主義」將日本憲法強施於臺灣，非但均將徒然釀成各地的紛擾，且恐難以獲致成效。於是儘管以同化為臺灣統治的最終標的，仍決定暫採「放任主義」政策，一面進行特別立法，一面尊重臺人固有的風俗習慣。正因為如此，總督府雖將吸食鴉片、辮髮、纏足等視之為臺灣社會三大陋習，但並未遽行禁革，而採漸禁政策，於一八九七年一月頒布「臺灣阿片令」，禁止一般人民吸食鴉片，僅限經醫師證明而領有牌照之菸癮者，可購吸官製菸膏；對於辮髮、纏足，則採不干涉態度，僅宣導鼓勵放足斷髮。

　　一八九八年，兒玉源太郎出任第四任臺灣總督後，以習醫出身的後藤新平擔任民政長官，強調統治基礎必須建立在「生物學原理」上，亦即對臺灣的風俗習慣、社會制度進行科學的調查，再制定適當的政策；從而標榜統治方針係採順應現實需要而隨機應變的「無方針主義」政策。質言之，乃是本乎漸進主義原則，對臺人不施以極端的同化主義或破壞主義，而是適度地尊重臺人的風俗習慣和社會組織，甚或巧妙地加以利用，以籠絡人心，消弭反抗。

　　在此一務實的政策下，兒玉、後藤展開刷新臺政，宣稱本諸懷柔政策，盡可能不破壞臺灣社會自然的組織，故恢復保甲制度，作為警察的輔助機關，成立「壯丁團」，作為協助總督府鎮壓武裝抗日的重要工具；基層行政機關除首長外，盡可能任用有才識資望的臺人，以疏通上下之情，並節省經費，臺人社會精英紛紛被延攬擔任參事、區街庄長、官衙職員、保甲局長、保正、甲長、壯丁團長、教師等基層行政或治安組織之職位。

　　另一方面，為貫徹生物學的殖民地經營理念，總督府乃推動各種調

查事業。首先，於一八九八年九月設臨時臺灣土地調查局，以最新的三角測量法對全臺耕地進行丈量、製圖，確定耕地所有權狀況，清查出大量的隱田，進而整理大租權。接著，於一九○一年設臨時臺灣舊慣調查會，聘請學者專家主持，二十年間完成資料豐富的「臺灣私法」、「清國行政法」、「臺灣蕃族慣習研究」、「調查經濟資料報告」等調查報告。繼於一九○三年公布「戶籍調查令」，而於一九○五年十月一日實施臺灣史上第一次人口普查，確切地掌握臺灣的人口狀況。

　　雖然本乎「語言同化主義」思想，一八九八年以地方經費設立六年制公學校，特別重視日語教學以求貫徹同化教育目標。但是對於傳統書房，仍本著漸進原則，制定「關於書房義塾規程」，規定書房應漸次加設日語、算術，俾成為公學校教育的輔助機關。並於公學校設漢文科目，延聘地方上受尊敬的書房教師及宿儒擔任該科教師。

　　此外，總督府對臺灣固有的宗教亦採尊重和籠絡之態度，首任總督樺山資紀明白諭告宜尊崇、保護臺灣的寺廟，故日本官兵鮮有占用寺廟、破壞佛像之舉；一八九九年，進而頒布法規，用以調查、管理全臺寺廟、祭祀團體等，日本官員經常參加民間重要的宗教慶典和活動，以博得民眾的好感。

　　要之，無方針主義和漸進政策大致維持二十年，此一期間，總督府徹底壓制了武裝抗日運動，有效地籠絡和利用臺人社會精英，將之納入殖民基層行政和治安體制中，成為殖民施政的輔助工具；完成臺灣資本主義化的「基礎工事」，促進殖民資本主義產業經濟之發展；社會固有的風俗習慣未遭禁絕，辮髮纏足至一九一○年代中期始普遍解放，修建寺廟、建醮祭祀等宗教活動十分興盛，詩社林立，漢文書房漸次沒落和質變。總督府有效地統治臺灣。

二、內地延長主義政策

　　一九一六年之際，日本殖民學者一面歌頌日本挾武力餘威，完成社會秩序之整頓及產業經濟之發展等輝煌的殖民統治成果，一面鑑於其他殖民地之先例，認為民族自覺之產生乃是必然的趨勢，故而建議總督府宜確立統治異民族的根本政策，以排除因民族自覺所造成統治上之不安，使臺灣之領有更為鞏固。

　　第一次世界大戰後，民主自由思想與民族自決思潮瀰漫全球各地，影響所及，受帝國主義列強欺凌宰割的國家或殖民地，紛紛掀起民族復興或獨立運動。日本國內亦掀起蓬勃的勞工運動及社會主義、民主主義運動。臺人有識之士受到此一新情勢的激盪和鼓舞，產生民族自覺，從而組織團體，發行雜誌，展開向日本統治當局要求自由平等權利和尊重民族特性的民族運動。

　　受到上述諸因素的衝擊和威脅，迫使日本不得不改變臺灣的統治方針，以強化其對殖民地之控制。因此，一九一八年六月，明石元二郎就任臺灣總督後，逐明揭同化主義為施政方針，強調其施政之目標在於感化臺人，使漸具日本國民之資性。具體的作為乃是公布「臺灣教育令」，建立以同化為目標的教育制度。

　　一九一九年，在世界各殖民地民族運動狂飆下，朝鮮「三一運動」的震撼和衝擊，更迫使日本不得不改革殖民地的統治政策和體制。於是原敬內閣首先改革殖民地官制，取消以武官專任總督的規定，並解除總督的軍事權。接著，重提二十餘年前其所主張的「內地延長主義」，作為殖民統治的基調。適明石總督於十月去世，原內閣乃任命田健治郎為首任文官總督。田總督以「內地延長主義」政策的執行者自居，就任後旋即發表其施政方針，一面強調臺灣是日本領土之一部分，有異於殖民地，所以臺灣的統治必須使臺灣人成為日本人；一面則揭櫫重視教育及提高臺灣人政治地

位政策。顯然希望藉以安撫臺人，消除臺灣社會方興未艾的民族運動。

在此一政策下，總督府標榜日臺融合，一視同仁。一九二〇年十月，改革地方制度，實施「地方自治」，官選地方居民中具學識名望者擔任各級協議會員。繼又發布「臺灣總督府理事官特別任用令」，明訂具有適當的資格且熟悉臺情之臺人可出任地方理事官。惟實際上臺人無選舉權，而各級協議會無議決權，臺人出任地方理事官者寥寥無幾。一九二二年，公布新「臺灣教育令」，標榜取消臺、日人教育之差別待遇，除初等教育之外，其餘各級教育完全開放共學。

田總督以降，歷經八任文官總督，上述方針一直不變，一九三二年，中川健藏總督仍強調奉守一視同仁、內地延長主義、同化主義之一貫方針。

三、皇民化政策

一九三〇年代起，隨著日本帝國主義侵略擴張的野心日益熾盛，成為其南進基地的臺灣，無可避免地受到相當影響。總督府一面壓制帶有民族主義或共產主義色彩的政治、社會運動，強化臺灣的統治；一面積極推動普及日語、部落振興、民風作興等社會教化運動，謀求加速臺人之同化，使臺人轉變成為「利害與共」的日本國民。

一九三六年九月，臺灣再度由文官總督轉變為武官總督。翌年七月，中日全面戰爭爆發，日本為因應長期戰爭及確立國防經濟體制之需要，於一九三八年發布「國家總動員法」，以謀求更廣泛地統制運用人、物資源，達成軍事目的。臺灣亦在該法籠罩之下進入「戰時體制」。

一九三一年日本發動「九一八事變」後，為動員朝鮮人投入侵略中國的戰爭，乃積極在朝鮮推動「皇民化運動」。同樣的，一九三七年中日全

面戰爭爆發後，臺灣戰略地位益形重要，為使臺人亦具日本國民之愛國心和犧牲精神，臺灣亦有「皇民化運動」之提倡。換言之，總督府進而制定「皇民化政策」，圖使臺人徹底同化成為「皇國民」。

在此一政策下，教育致力於將臺人「鍊成皇國民」；廢除報紙漢文版，推動常用日語運動，獎勵「常用國語者」、「國語家庭」、「國語模範部落」等；鼓勵臺人養成日式生活習慣、改從日姓及供奉日本神祇、參拜神社等。一九四一年，策動全臺成立「皇民奉公會」，標榜「臺灣一家」，以促進昂揚鬥志，實踐決戰生活、強化勤勞態度及鞏固民防等為目標，推動各項支援戰爭的工作；其外圍組織有「產業奉公會」、「臺灣青年團」、「拓南皇民鍊成所」、「奉公壯年團」、「桔梗俱樂部」、「文學奉公隊」等。一九四二年，實施陸軍特別志願兵制度，招募臺人壯丁四千二百餘人從軍，另徵集原住民青壯一千八百餘人，組成「高砂義勇軍」；翌年，進而實施海軍特別志願兵制度，先後募集了一萬一千餘人入伍；一九四五年初，正式在臺實施徵兵；此外，大量招募隨軍夫役、翻譯員、船員等，其結果，臺籍日本兵總數多達二十萬餘人。連文學、戲劇、音樂等亦負有貫徹皇民化政策之使命，倡導所謂「皇民文學」、「皇民化戲劇」等。總之，一九四一年以後，「皇民化運動」漸推向高潮，其最終目的在於貫徹「國民皆兵」政策，以確保發動侵略戰爭所需的補給兵源。

貳、總督專權的統治體制

日治時期殖民行政的主要特色概有：1.臺灣總督總攬行政、立法、司法及軍事大權，形成總督專制之體制。2.地方行政機關深具官治主義和從

屬性色形,行政官員完全是承奉上級機關的指揮監督,以執行法律命令和管理行政事務,各級地方行政機關欠缺自主權和自治權。3.地方行政係以警察爲中心,幾乎任何事務均有警察介入,造成若不藉警察之力,則任何事均行不通之現象,被稱之爲「典型的警察政治」。

一、總督專制體制之建立

　　一八九五年臺灣總督府成立後,以臺灣總督爲軍、政首長。翌年,發布「六三法」,採委任立法制度,授權臺灣總督得頒布具有法律效力之命令。以「六三法」作爲臺灣立法制度之基礎,接著,制定有關行政、司法及軍事之法規,使得臺灣總督在行政上爲綜理各項政務的最高行政長官,擁有不受節制的人事任免權,「總督府令」發布權;臺灣各級法院之管轄權,司法官、檢察官之任命權;加以臺灣總督爲陸軍大將或中將出任的「親任官」,在軍事上有統率陸海軍之權。由是建立臺灣總督總攬行政、立法、司法及軍事大權的殖民統治體制。

　　「六三法」雖附加有效期限三年之規定,但期滿後迭作延長;一九〇六年另以「法律第三十一號」(簡稱「三一法」)加以取代,但仍維持委任立法原則,授予總督律令制定權和緊急命令權,只不過規定總督之命令或律令不得與日本本國的法律和敕令相牴觸。該法沿用至一九二〇年,結果使臺灣成爲日本明治憲法的政治異域,臺人的權利和義務掌握在臺灣總督手中。而武官總督制更強化臺灣的異域性。

　　迨至一九一九年,武官總督肆行軍事高壓的「武斷統治」告一段落,原敬內閣進行改革殖民地官制,取消以武官專任總督的規定,並解除總督的軍事權。一九二一年,制定「法三號」取代「三一法」,標榜日本本國之法律原則上亦適用於臺灣,總督的律令制定權僅限於因臺灣的特殊

情況而必要時。儘管如此,並不意味著總督專制的殖民統治之本質有所改變。蓋總督的任用資格並非改爲純文官總督,而是所謂「文、武總督並用制」,當總督爲陸軍武官時,得並兼任臺灣軍司令官。顯示並未完全排除武官出任總督的可能性。一九三六年九月,日本果然因應需要,再度以武官出任臺灣總督。要之,實質上,臺灣總督府始終是日本的政治異域,儼然是「帝國中的帝國」。

　　日治五十一年間,共歷經十九位總督,其中,武官總督十位、文官總督九位。

表7-1　臺灣歷任總督及任期

總　督	姓　名	任　期
樺山	資紀	1895年5月～1896年6月
桂	太郎	1896年6月～10月
乃木	希典	1896年10月～1898年2月
兒玉	源太郎	1898年2月～1906年4月
佐久間	左馬太	1906年4月～1915年5月
安東	貞美	1915年5月～1918年6月
明石	元二郎	1918年6月～1919年10月
田	健治郎	1919年10月～1923年9月
內田	嘉吉	1923年9月～1924年9月
伊澤	多喜男	1924年9月～1926年7月
上山	滿之首	1926年7月～1928年6月
川村	竹治	1928年6月～1929年7月
石塚	英藏	1929年7月～1931年1月
太田	政弘	1931年1月～1932年3月
南	弘	1932年3月～1932年5月
中川	健藏	1932年5月～1936年9月
小林	躋造	1936年9月～1940年11月
長谷川	清	1940年11月～1944年12月
安藤	利吉	1944年12月～1945年10月

二、臺灣總督府的組織及其變遷

　　臺灣總督府成立之初，施行軍政，設民政、陸軍、海軍三局，民政局下置內務、殖產、財務、學務四部。一八九六年改行民政後，設民政、軍務二局，民政局下分設總務、內務、殖產、財務、法務、學務、通信七部。一八九七年十月，修訂總督府官制，規定於總督官房之外，設陸軍、海軍幕僚及民政、財政二局。一八九八年六月，為節省開支，合併民政、財政二局為民政部，以民政長官為首長，下置人事、文書、外事、縣治、警保、法務、衛生、財務、殖產、稅務、通信、主計、會計、土木等十四課。一九〇一年，再修訂總督府官制。民政部分設警察本署及總務、財務、通信、殖產、土木五局，實現警察政治完整的體系。其後，配合施政需要，局署雖有增刪和易名，但組織架構不變。

　　一九一九年六月，修訂總督府官制，改民政長官為總務長官，廢民政部，改設內務、財務、遞信、殖產、土木、警務六局及法務部。其後，隨時配合施政需要，增廢部局。至日治末年，其組織為文教、財務、礦工、農務、警務五局及外事、法務二部。此外，先後設置各種產業研究試驗機關。

　　至於諮詢機關，據「六三法」，總督府設評議會，由總督及府內高級文武官員組成，議案之議決雖採多數決，惟總督對已發布之議案得加以修正或撤回，顯示該會不過是形式上的諮詢機關。一九〇六年制定「三一法」之後，另設律令審議會以取代評議會，專事律令之審議，成員仍一律是總督府高級官員。一九二一年六月，總督府制定臺灣總督府評議會官制和組織規程，恢復設置評議會，而廢除律令審議會。評議會以總督為會長，總務長官為副會長，會員數為除正、副會長外二十五人以內，由總督府高級官員及總督遴選的民間臺、日人代表組成，任期二年，但任期中總督得視需要予以解任。就權限觀之，該會不過是總督監督下的行政諮詢機

關，諮詢事項僅限於一般政務，並不包括律令、財政收入等與人民利害較有關之事務，而且，意見之採納與否完全任由總督決定，會員對之毫無約束力。因此，臺人輿論譏評其「空掛民意的招牌」。

參、地方行政制度之沿革

日治之初，總督府參酌清代舊制，設三縣一廳十二支廳。一八九七年五月，修訂地方機關組織規程，改全臺為六縣三廳，縣、廳之下設八十六個辨務署，其下設街、庄、社等，作為基層行政機關，街、庄、社長由臺人擔任，係由辨務署長遴選轄區內具才德資望之士，呈報縣知事、廳長核可後任命之。同時，縣（廳）、辨務署各置名譽職的參事五人以內，分別由總督、縣知事就轄區內具才德資望之臺人任命之，為知事、署長處理地方行政事務之顧問或承其命辦事。從此，總督府正式建立以辨務署、街庄社作為縣廳之行政輔助機關的地方制度。

一九〇一年十一月，廢縣、辨務署而置廳，全臺分為二十廳，廳下設支廳以為輔助；廳設名譽職的參事五人以內，由廳長就廳內具學識資望之臺人任命之，為廳長之顧問或承其命辦事。街庄社制一仍其舊。一九〇九年十月，改二十廳為十二廳，各廳參事增為十人以內，廢街庄社長制，在原街庄社或合數街庄社設區，設區長一人及書記若干人。由上顯示，各級地方行政機關始終欠缺自主權和自治權，而深具官治主義和從屬性色彩。行政官員完全是在上級機關指揮監督下執行法律命令和處理行政事務，街庄社長和區長不具官吏資格，無固定俸給，僅支給事務費，以協助處理行政事務，全然異於日本國內的地方自治制度。

　　一九二○年十月，發布改革地方制度，制定州、市、街庄制度，使州、市、街庄不僅是行政區劃，同時，亦是地方公共團體。選派官吏出任州知事、市尹、街庄長，受官府監督，處理委任事務。並於州、市、街庄各設協議會，作為諮詢機關；各級協議會分別以州知事、市尹、街庄長為議長；州協議會員由總督選任之，市協議會員由州知事選任之，街庄協議會員由州知事或廳長選任之，均為名譽職，任期二年。於是將臺灣西部十廳廢除，改設臺北、新竹、臺中、臺南、高雄等五州，東部的臺東、花蓮港廳仍保留舊制；州、廳之下共設四十七郡、三市、五支廳、二百六十街庄、十八區等，開啟所謂「準地方自治制度」時期。其後，為因應需要，郡市以下不時有所調整，至一九四五年全臺計有五州、三廳、五十一郡、十一市、二支廳、六十七街、一百九十七庄。

　　然而，此一新地方制度並未明定州、市、街庄為法人，亦未對各級行政區域之居民和公民有任何規定。州知事、市尹、街庄長均係官派官吏，但日本國內市長、町村長則分別由市會、町村男性公民選舉出，因此臺灣的市尹、街庄長之行政職權實較日本國內市、町村長為大。尤其是各級協議會員完全官選，且只有諮詢權，不像日本國內的縣、市、町村會議員為民選，擁有諮詢、議決、行政監察、建議等權。要之，各級協議會不過是徒具形式的民意代表機關。州、市、街庄分別受上級機關強有力的監督，以致自主權和自治權均極為有限，仍深具中央集權的官治主義性格。職是之故，一九二○年代臺灣遂有地方自治改革運動之倡起，要求施行完全自治制度，將州知事、市尹、街庄長、協議會員等改為民選，協議會改為議決機關。經十餘年的努力，終於迫使總督府不得不稍作讓步，開放部分參政權和自治權給臺人。

　　一九三五年四月，總督府正式發布地方制度改革相關的新法令，其要點為明訂州、市、街庄為法人及其公共事務之範圍；擴大自治立法權範圍；廢除州、市預算的認可制度，惟街庄因無議決機關，故其預算仍

須經廳長或郡守認可；將街庄長和助役由名譽職改爲有給職；廢除州、市協議會，改設州、市會作爲議決機關，廳及街庄則仍設協議會作爲諮詢機關；確立選舉制度，規定市會議員、街庄協議會員中半數由州知事官選、半數民選，選舉方式採有限制選舉，凡年齡滿二十五歲以上男子、營獨立生計、居住該市街庄六個月以上、年納市街庄稅五圓以上者，即具有選舉和被選舉權，州會議員半數由臺灣總督任命、半數由市會議員及街庄協議會員間接選舉選出，任期四年；州、市仍各設參事會，由州知事、市尹主持，議決州、市會委任事項，或於州、市會未成立或休會時取代其職權以議事。此外，州知事、市尹、街庄長仍舊官派且兼任州市會、街庄協議會議長。一九三五年十一月及一九三九年十一月總督府先後舉行兩次市會、街庄協議會員選舉，一九三六年十一月及一九四〇年十一月舉行州會議員選舉，地方自治機關的組織和職權未再修訂。

肆、典型的警察政治

臺灣的警察制度異於日本國內，其除了執行警察事務外，並輔助執行其他一般行政事務，實爲臺灣殖民政策重心之所在。自由主義學者矢內原忠雄即指出臺灣的統治是典型的警察政治。

被當作基層行政輔助機構的保甲制度，乃是接受警察之監督和指揮，因此，警察力量深入基層相當有效地貫徹社會控制之目標，確保社會秩序和治安，爲殖民統治奠定堅實的基礎。茲詳述如下：

一八九五年總督府成立後，內務部內設有警保課，主管警察、保安事務。九月，從日本募得警部六十七人、巡查六百九十二人，分發至地方執

行警察勤務，是為臺灣設置警察之嚆矢。當時為軍政時期，為避免與軍憲業務重疊，乃協調決定警察主要事務為衛生和戶口調查。一八九七年，實施所謂「三段警備制」，警察負責警備地區為平靜之地帶，對治安的維持仍居軍憲之輔助地位。是年底，警察員額增為警部長六人、警視二十人、警部二百五十人、巡查三千零二十人，合計三千二百九十六人。不及三年員警增加二千五百三十七人，顯示警力擴充之迅速。

一八九八年，總督兒玉源太郎進行改革警察制度，在各地大量增設派出所，設置訓練機關，儲訓警察人才，增加警察人員，募集臺人巡查補作為輔助，將維持治安之任務完全委諸警察，採用保甲制度作為警察的輔助機關。同時，在總督府設警察本署，置警視總長掌握一切警察權，指揮全臺的警察機關。從此，警察成為主力而軍憲轉為協辦角色。至一九○一年底，警察員額增為警部一百七十六人、警部補二百九十六人、巡查三千四百六十九人、巡查補一千七百三十四人，合計五千六百七十五人，派出所九百三十個，創下日治初期的高峰。以如此雄厚的警力，遂於翌（一九○二）年完成鎮撫武裝抗日勢力。

一九○一年十一月，隨著廳制之實施，總督府再改革警察制度，在各廳設置警務課，以警部任課長，輔助廳長，掌理警察事務。廳下設支廳，以警部為支廳長，負責執行廳務。由是警察兼掌警察事務和地方一般行政事務，警部同時監督指揮派出所和街庄役場，亦即是警察成為地方行政和治安的中心。一九○六年，警察本署設蕃務課；一九一○年，廳警察課設蕃務係，警察成為「理蕃」政策的執行者，故警察員額再增加，是年，「蕃地」警察即多達三千人。其後，「蕃地」警察長期居高不下，至一九四○年底，為了十六萬原住民，仍設置四百八十六個派出所，巡查一千九百四十四人、警手三千一百六十七人，合計多達五千一百一十一人。

一九二○年，地方制度改革，廢廳置州，全臺改為五州二廳，州下置

郡、市。州設警務部，內分高等警察、警務、保安、衛生、理蕃等課，以警視、技師或警部充任課長。郡置郡守，兼掌警察權，其下設警察課，內分警務、保安、司法、衛生、高等警察、理蕃等係，配有警視、警部、警部補、巡查等，由郡守指揮監督，無管轄「蕃地」者不設理蕃係；另設有消防組。市設市尹，負責一般行政事務，另設警察署，負責警察事務，其下設警察分署，署下及街、庄置警察官吏派出所。花蓮港、臺東二廳則以其情況特殊，仍沿用舊制。至於總督府，則縮小警務局長的權限，規定必須依總督和總務長官之命令以執行警察事務，並指揮、監督廳長、州警務部長及警視以下的警察人員。此一改革乃是將一般行政事務與警察事務分開，並將警察機關的直接指揮權移到州知事、廳長手中。然而，由於可以指揮、監督街庄的郡守兼有警察權，加以警察權力的強大和保甲制度的嚴密，因此，警察仍強力且全面地干涉一般行政事務。

一九三七年中日戰爭爆發後，臺灣亦被納入戰時體制，各種有關經濟統制之法令陸續實施。翌年十月，進而實施經濟警察制度，總督府警務局、各州警務部設經濟警察課，市警察署、郡警察課設經濟警察係；全臺配置經濟警察二百四十七人，專事取締違反經濟統制法令之事件。一九三九年十月，日本「國家總動員法」全面實施，故翌年經濟警察增為三百八十人。不久，因戰時物質困難，糧食及其他重要物資實行配給，經濟警察有所不足，一般警察亦從事經濟統制工作，於是臺灣警察幾乎悉數經濟警察化，警察政治的色彩益見濃厚。

日治時期，警察權力可說無所不在，這非僅是因總督府建立遍布全臺嚴密的警網和充分的警力，同時，是因警察職權不斷擴大而至於無所不管。具體而言，警察職權如下：其一、法律的執行者和公共秩序的維護者：警察擁有審查出版、監視公共集會、管制槍砲彈藥、審理小刑案、取締非法勞工入境、消防業務、取締吸食鴉片、監督保甲、管理蕃地，以及管理當鋪、澡堂、旅館、餐廳、屠戶、妓女戶、公共衛生事務等職權。其

二、協助地方政府處理一般行政事務，舉凡宣傳政令、收稅、控制灌溉和用水、維修道路、促進工業和教育、土地調查、管理戶籍、普查戶口等，在在需要警察支援。其三、執行經濟統制措施。由上可知，警察乃是有效貫徹殖民政策之行政工具，長期強有力地控制臺灣社會，以令人畏懼的權威處理和干預臺人的日常生活。一九二〇至一九三〇年代前期，《臺灣民報》、《南音》、《臺灣文藝》、《三六九小報》等即經常刊載反映日本警察對臺人日常生活之控制和影響的文學作品。

伍、保甲制度與社會控制

保甲原是清代臺灣地方自衛組織，其任務在於協助政府防範盜匪及維護地方安寧。一八九八年八月，總督府公布「保甲條例」，全面成立保甲，實行連保連坐責任，使之成為警察行政的輔助機關。其制規定十戶為甲，十甲為保，保立保正，甲立甲長，由保甲中的戶長推選，經地方官認可後出任，任期二年，係無給的名譽職，未另設事務所而在自宅處理保甲事務。

保甲之任務為調查戶口，監視出入者，警戒風水火災，搜查「土匪」、戒除吸食鴉片、預防傳染病、修橋鋪路、義務勞動、預防蟲害獸疫等。為使保甲制度發揮作用，規約中訂有「刑罰連坐責任」及「保甲規約連坐責任」等規定。同時，為鎮壓「匪徒」及防範天災，由保甲中十七歲至四十七歲的男子組成「壯丁團」，推選團長、副團長出任領導，均係名譽職。保甲及壯丁團經費均由保甲內各戶負擔，保甲職員及壯丁團員均無報酬，若有必要給酬時，宜陳請知事批准。總督府因此節省巨額的行政經

費。

保甲成立之初，主要作爲政治和社會控制之工具，其爲警察行政的輔助機關，在警察指揮、監督下，維持地方秩序；其有舉發犯罪、協助搜捕犯人之責；「壯丁團」成立後，成爲協助總督府鎮壓武裝抗日的重要工具，對所謂「搜剿土匪」可說頗有功績。爲了助剿抗日勢力，其組織和人數不斷增加，至一九〇三年七月，全臺計有保四千八百一十五個、甲四萬一千六百六十個、壯丁團一千零五十八個、團員十三萬四千六百一十三人，顯示總督府動員之徹底。另一方面，因地制宜，制定保甲規約，規範約束保甲成員，使保甲成員日常生活、行動等完全在控制之中。

隨著社會新秩序的建立和治安的安定，總督府進而使保甲成爲基層行政的輔助機關，成立保甲聯合會、設置保甲書記，明文規定保甲役員必須輔助區長、街庄長執行各區、街、庄的行政事務。由是保甲不只輔助執行警察事務，舉凡民政、建設、交通、納稅及戶口調查等一般行政事務亦在其輔助執行之內。甚至利用保甲協助放足斷髮、推廣日語、改良風俗、破除迷信、民風振興等運動。以放足斷髮運動爲例，一九一五年總督府以纏足頗難改善爲由，通令各廳長將禁止纏足及解纏事項附加於保甲規約中，利用保甲強制婦女放足，一時雷厲風行，只有經醫師證明蹠趾已彎曲無法恢復者可免解纏。此外，總督府亦利用保甲推動臺灣的綠色革命。

一九三七年中日戰爭爆發後，總督府更進一步將保甲作爲戰時動員的機器。不久，各郡有保甲協會之成立，各州則成立保甲協會聯合會。至於壯丁團，則有州聯合保甲壯丁團之成立，而有大隊、支隊、中隊、小隊、分隊等編制。此一時期，保甲數和壯丁團數均呈激增現象，一九三七年，計有保五千六百一十個、甲五萬三千六百九十四個、壯丁團一千零三十五個、團員四萬二千四百七十五人；迨至一九四二年，增爲保六千一百六十七個、甲五萬八千九百一十六個、壯丁團一千一百一十七人、團員六萬二千六百零五人。

　　一九四五年六月，鑑於警察機關已相當充實，而保甲制度亦已長期發揮其作為警察輔助機關、行政末端組織及鄰保共同體之效果，總督府乃正式廢除該制度。保甲制度可說與日本殖民統治相始終。

第三節 殖民經濟的發展

壹、殖民資本主義經濟基礎之建立

　　日本將臺灣作為其國民經濟的出路，因此，據臺之初除了致力於鎮壓反抗以求鞏固治安外，並陸續展開改革土地制度、改革幣制和度量衡、交通建設及人口調查等工作，從而完成臺灣資本主義化之基礎，開啓日本資本家企業入侵之道。

一、改革土地制度

（一）土地調查

　　鑑於臺灣土地制度極為混亂，產權不清，隱田甚多，納稅義務人欠明確，對於徵稅和開發產業兩皆不便，總督府乃於一八九八年發布「臺灣地籍規則」和「臺灣土地調查規則」，設置臨時土地調查局，全面實施土地調查與整理工作，展開地籍調查、三角測量及地形測量，至一九○四年完成此一工作。在這六年間計動員一百六十七萬人次，花費五百二十二萬圓。

　　調查結果：其一、確切掌握臺灣耕地田園面積，清出大量隱田，調查前全臺田園約三十六萬甲，調查後增為六十二萬餘甲，約增二十六萬甲。其二、查明土地所有狀況，大租戶約四萬人、小租戶（含自耕農）約三十萬人、佃農約七十五萬人。其三、明瞭地理地形，獲得治安的方便。

　　接著，總督府整理隱田，以公債券作為補償而收回大租權，確立以小租戶為業主，釐清田園的土地所有權；並制定土地登記規則，規定除繼承

以外，須以登記作爲權利轉移的有效條件。同時，改革地稅，使得田賦徵收大增，由一九○三年的九十二萬圓增爲一九○五年的二百九十八萬圓，使總督府的財政因之得以獨立，不再需要日本國庫的補助。同時，使土地交易趨於安全，吸引日本資本家來臺從事土地投資。

（二）林野調查與整理

爲確定林野的官有與民有權，總督府於一九一○年至一九一四年實施爲期五年的林野調查，將原爲臺人利用但未領有所有權狀的林野悉數編入官有，建立「無主地國有」之原則。其結果，官有林野達約九十二萬甲，民有林野不足六萬甲。

接著，一九一五年至一九二五年展開官有林野整理，列爲「要保留林野」者約三十二萬甲，列爲「不保留林野」者約四十萬甲；後者放領或出售處分的約二十七萬甲，其中讓原占有者承購的約十九萬甲。

要之，林野調查和整理之結果，確定林野的所有權，明定境界。透過放領、承購，建立林野私有財產制，不僅誘使資本和資本家企業向林野發展，亦完成林野資本主義化。

二、改革貨幣和度量衡制度

（一）改革幣制

日治之初，臺灣流通的貨幣多達百餘種，加上大量日幣的流入，換算欠缺固定的標準，幣制極爲紊亂。一八七一年，日本廢兩改圓，一圓爲一百錢，一錢爲十厘，通行全國。一八九七年，日本政府公布貨幣法，日本國內改行金本位制，惟在臺灣仍不得不暫行銀圓法幣制度。一八九九年，創立臺灣銀行，一面進行臺灣幣制整理和改革，以安定財政金融；一

面在華南、南洋等設置分行，擴張對外貿易金融；並擁有貨幣發行權，發行銀圓兌換券。一九〇四年七月，另發行金幣兌換券，並規定除納稅外，禁止使用銀圓。翌年，禁止以銀圓納稅。一九〇六年四月起，停止發行銀圓兌換券。一九一一年起，貨幣法亦施行於臺灣，從此，臺灣幣制完全與日本國內幣制合一。

（二）改革度量衡制度

日治之初，臺灣的度量衡制度一如幣制，種類繁多，至為複雜混亂，弊端叢生。一九〇〇年，總督府發布「臺灣度量衡條例」；翌年，正式實施。首先，禁止鴉片菸膏及食鹽販賣、公設市場交易時使用舊式度量衡器，規定採用日式度量衡器。一九〇三年，藉警察之力，全面禁止使用舊式度量衡器。一九〇六年四月起，將新度量衡器的製造、修理及販賣一律收歸官營。

貨幣和度量衡制度改革之結果，不僅統一了臺灣的貨幣和度量衡制度，並且使之與日本國內的制度一致。同時，隨著貨幣和度量衡制度的統一，不但促進臺、日兩地貨物和資本的流通，並加速臺灣企業經營的資本主義化，有助於日本資本家資本之入侵。

三、交通建設

日治之初，臺灣內陸交通十分不便，村莊與市鎮雖有小路相通，但各市鎮間幾無道路聯絡；現代的交通設施僅基隆至新竹之鐵路九十公里及若干郵政電信設備。為了治安之維持、貨物之流通、訊息之傳達，總督府隨即展開電報、電話、鐵路、公路、港口等交通設施之建設，十餘年間各項建設粲然大備。

（一）郵電之整備

一八九五年三月下旬，日軍占領澎湖後，隨即設立「混成第一野戰郵便局」，為日本郵政進入臺灣之始。一八九五年六月，日軍登陸基隆後，開設「基隆野戰郵便局」，一八九六年初，民政局通信部接管郵政事務，實施郵便條例，至年底，已在各地設四十九個郵電局、六個經辦所。其後，陸續增設，一九○○年，實施郵便法，從此臺灣郵政與日本國內的一致，全臺已設有百餘個郵電局，貼二分錢郵票，信件就能送達日本及臺灣各地。

至於電信事業，日軍登陸不久，即分別在基隆、七堵、臺北設電信通信所。一八九五年十二月，開始辦理公共電報業務。至翌年四月，已設電信局二十七處。隨後，分別架設通達澎湖、沖繩之電纜，並收購淡水至福州線，線路總長度由清季的一千四百公里增長為四千三百公里。一九○○年七月，臺北、臺中、臺南、基隆、斗六等城市已設有電話局，開辦一般電話業務。一九○二年由郵政兼辦，稱郵便電信局；未兼營電信業務者仍稱郵便局。

（二）鐵路之增築

一八九九年五月，開始展開縱貫鐵路的延長工程，以十年完成為期，南北同時動工。至一九○八年，完成基隆至高雄的縱貫鐵路，長度為四百公里，工程費二千八百八十萬圓。其後，陸續增築支線和東部線。至日治末期，計鋪設大小幹線和支線總長約一千五百公里。鐵路交通成為臺灣經濟發展的主要動脈。

（三）公路之修築

總督府運用軍隊及各地民力，積極致力於城鎮、鄉村間相互聯絡之

道路，至一九〇五年已完成各式道路約九千五百公里，其中，寬度二公尺以下者約四千六百公里、四公尺以下者約三千五百公里、六公尺以下者約一千公里、八公尺以下者約三百五十公里、八公尺以上者約一百公里，可通汽車和牛車。

（四）港口之整建

基隆港雖具備天然良港之條件，但因水淺，千噸之小輪船即須停泊港外一浬處而無法進港。總督府分期進行疏濬整建工程，一八九九年，展開第一期整建工程，至一九〇二年完工，工程費二百四十四萬圓，完成水路之疏濬、港內浮標之設置、鐵架棧橋之建設等，可停泊三千噸輪船四艘。

一九〇六年，展開第二期築港工程，至一九一二年完工，工程費六百二十六萬圓，擴建碼頭，築造防波堤、卸貨場等，可容六千噸輪船出入。一九一二年至一九一九年，繼續因應需要而增築，工程費達一千零七十萬圓。從此，基隆港可讓一萬噸巨輪安全進出和碇泊，一年可容納四十五萬噸貨物吞吐。

高雄港修築前，港口附近水面面積僅九公頃，水深僅三公尺，只能容小輪船和舢板停泊。一九〇〇年起，進行港灣調查，作為築港之準備。一九〇八年，展開第一期築港工程，至一九一二年完工，工程費四百七十三萬圓。隨即進行第二期工程，至一九三三年已大致完工，工程費一千二百八十萬圓。據資料顯示，一九一八年度進出該港的船隻已近四百艘，總噸數達七十萬噸。

新整建的基隆、高雄兩港，因港內深水面積擴大，防波堤、碼頭、起重機及倉庫等現代設備齊全，因此，與陸路交通聯絡相當便利，吞吐貨物大增。

四、人口調查

　　為確實掌握臺灣人口實況，總督府於一九○三年公布「戶籍調查令」，進行戶口調查之準備。一九○五年十月一日起三天實施第一次臨時臺灣戶口調查，動員工作人員多達七千四百零五人，經費十八萬五千八百四十圓。可說是臺灣史上首次正式的人口調查。

　　調查結果，總人口數約三百零四萬人，其中，臺灣人約二百九十八萬人（內含閩南系約二百四十九萬人、客家系約四十萬人、原住民約九萬人），占百分之九十七‧八，日本人約五萬七千人，占百分之一‧九，其他外國人（含華僑）約一萬人。其後，分別於一九一五年、一九二○年、一九二五年、一九三○年、一九三五年、一九四○年，定期舉行人口調查。此外，每年底亦有詳細的人口統計，提供正確完整的人口資料，足以具體觀察此一時期人口變遷大勢。

貳、農業為主之產業發展

　　日治之初，總督府確立「農業臺灣、工業日本」的基本經濟政策，將臺灣當作熱帶經濟作物和糧食的生產地。因此，一九○○年前後，總督府即積極展開臺灣的綠色革命，制定與農業有關的各項法規、設立農業研究機構、創立新農業組織、興修水利工程等，致力於改革農業，促進農業發展，建立以農業為主的殖民資本主義經濟。

一、綠色革命的展開

（一）設立農業研究機構

一八九六年九月，首先在臺北城內設試作場，為農業試驗機構之濫觴。一八九九年九月，改制為臺北縣農業試驗場。一九○三年，新設臺灣總督府農業試驗場，下設種藝部、農藝化學部、昆蟲部、植物病理部、畜產部、教育部、庶務部等，進行農業改革的各項實驗研究，培育推廣優良品種，以及對農家子弟長期實施農事講習，教導農業新知和新耕作技術，致力於臺灣農業之進步，為臺灣農業科學研究和推廣的中樞機構。其後，各廳亦分別設立農事試驗場。此外，因應需要，另設園藝試驗場、茶樹栽培試驗場、糖業試驗場、蔗苗養成場等各種實驗研究機構。上述農業研究機構之具體貢獻為提供優良的新品種、提供新的有機化學肥料，以及教導新耕作技術等。

（二）創立新農業組織

一九○○年九月，臺北三角湧（今三峽）首先成立農會，為自發性農民團體之發軔。其後，各地農會陸續成立，至一九○八年，全臺已有十六個農會。同年底，總督府公布「臺灣農會規則」，將農會改組為強制性農民團體，由是各廳均有農會成立，廳下從事農業者均為會員。農會與當地農事試驗場密切配合，推廣新品種和新農業技術、灌輸農民農業新知、統購肥料和新品種，以及辦理貸款等。其中，尤其積極致力於改良稻米之生產和統購肥料。

此外，另有以組合、小組合、會等型態成立的農事小團體，一九一四年已有六十二個，推動租佃之改善、共同採種，以及稻米、甘蔗、蔬菜、菸草、甘薯、果樹、茶葉、蠶桑之栽培、土地之改良等工作。

（三）興修水利工程

　　總督府將水利開發視爲當務之急。一九〇一年七月，公布「臺灣公共埤圳規則」，在各地成立「公共埤圳組合」，進行舊有的埤圳之改良工作。是年，被認定爲公共埤圳者計二十一個，灌溉面積一萬八千零三十八甲，一九一四年度增爲一百七十五個，灌溉面積增爲十五萬七千八百甲，一九二二年度有一百一十五個，灌溉面積增爲二十二萬七千三百零二甲。

　　另一方面，總督府積極興建官辦水利灌溉工程。一九〇八年，公布「臺灣官設埤圳規則」，著手建設大規模的官辦埤圳，編列三千萬圓特別事業費，以十八年爲期，在全臺進行十四處埤圳修築工程。先後完成臺中蒜仔埤圳、后里圳、臺東的卑南大圳、高雄獅仔頭圳、桃園大圳、臺南大圳等工程。尤其是一九二〇年至一九三二年間耗資五千四百四十五萬圓，興建嘉南大圳，其上源珊瑚潭爲臺灣最大的人造湖，堰堤長一千二百七十三公尺，爲亞洲唯一的溼式土堰堤，灌溉排水面積達十五萬甲。

　　影響所及，耕地面積和水利灌溉面積均不斷增加，一九〇四年，耕地面積爲六十二萬甲，灌溉面積約二十萬甲，占百分之三十二；一九一九年，耕地增爲七十六萬甲，灌溉面積增爲二十八萬餘甲，占百分之三十七；至一九四一年，耕地再增爲八十八萬餘甲，灌溉面積則增達五十五萬甲，占百分之六十三。其結果，促使園地水田化、二期稻作的水田增加，以及稻作產量增加。

二、以稻米、甘蔗生產為中心的商業性農業

（一）稻米的增產與商品化

　　臺灣爲稻米產地，清代經常運銷閩、浙地區。日治之初，總督府積極

展開臺灣的綠色革命，其目的即在於促進稻米增產，以支應日本國內之需求。一九〇〇年，稻米產量二百八十六萬餘石，輸出約四十四萬石，占百分之十五；一九〇九年，產量增爲四百六十萬石，輸出九十八萬石，占百分之二十一；至一九二〇年，產量約五百萬石，輸出一百萬石，占百分之二十。

　　一九二二年，磯永吉經十二年實驗，成功地創造出稻米新品種蓬萊米，由於蓬萊米培植成功，爲臺灣稻米生產帶來劃時代的進展。在總督府強制推廣種植下，加以蓬萊米單位面積產量較在來米多百分之二十，價格亦較在來米高百分之五至十，且較種植甘蔗有利，大多運銷日本國內，因此，蓬萊米的種植迅速普及全臺。結果，稻米產量大增，一九三四年，產量突破九百萬石，輸出增爲四百三十萬石，占百分之四十八；一九三八年，產量達於高峰，爲九百八十二萬石，輸出多達五百二十萬石，已占百分之五十三，其中，蓬萊米占輸出總量的百分之八十四。

　　由於蓬萊米深具經濟作物之性格，造成一九二〇年代中期起臺灣農業生產和對外貿易結構產生巨變，亦即是由蔗糖單一經濟作物爲中心的生產、貿易結構，轉變以米、糖兩大經濟作物爲中心的生產、貿易結構。要之，隨著蓬萊米的出現和普及，一九二〇年代中期以降臺灣的殖民經濟產生質的變化。米、糖之間具有競爭性，因而一九三〇年代遂爆發「米、糖相剋」之問題。

（二）甘蔗生產資本主義化

　　日本所需的砂糖絕大部分仰賴進口，領臺之前每年因進口砂糖須支出之款多達一千萬圓，因此，領臺之初即注意到臺灣的蔗糖，咸認爲若能發展臺灣的製糖業，將是「一石二鳥」之策。於是有計畫、有組織地以官商並進方式致力於臺灣糖業的近代化。

　　一九〇一年，著名的農業學者新渡戶稻造出任總督府殖產局長，並提

出「臺灣糖業改良意見書」，主張以「蔗作農業生產過程」的改進和「製糖工業過程」的近代化，作為臺灣糖業改革的兩大目標。關於前者的具體方法為改良甘蔗品種、栽培法、水利灌溉，以及將不適稻作的田園改為蔗園、獎勵開墾新蔗園等。關於後者，乃是製糖工業近代化和改良壓榨製糖法。

總督府接受上述建議，旋於一九〇二年公布「糖業獎勵規則」，並設立臨時臺灣糖務局，推行大規模的、科學的糖業獎勵政策和措施。首先，培植外國種優良蔗苗，引進夏威夷玫瑰竹種，並無償供給，大力推廣，短短十年間使玫瑰竹種（Rose bamboo）占全臺蔗園百分之九十五，一九〇二年至一九二五年間，計無償供給蔗苗二萬四千六百萬株。其次，實施無償供給肥料或補助肥料費、補助開墾、修築灌溉排水工程費，無償提供官有地，以及補助購買農具、模範蔗園耕作資金等獎勵措施。

結果，蔗作單位面積產量大增，一九〇一年之際，每甲平均收穫量為二十五公噸，一九三四年增為六十公噸，一九三九年增達七十七公噸。蔗作面積和產量更呈激增之勢。一九〇三年，面積一萬六千甲，產量四十一萬公噸；一九二二年，面積增為十二萬甲，產量增為四百萬公噸；一九三八年，面積增達近十七萬甲，產量增達一千二百八十三萬公噸。臺灣甘蔗生產達於極盛。

（三）香蕉、鳳梨等經濟作物的開發

香蕉以臺中、高雄、臺南為主要產地，自一九〇八年運銷日本起，遽然興盛。一九〇九年，種植面積僅五百六十甲，產量六千公噸；至一九三七年，種植面積增為二萬餘甲，產量增為二十二萬公噸。其後，雖受戰爭之影響，種植面積和產量略減，惟仍是次於米、糖之一大產業。其輸出情況，一九〇九年僅四百四十六萬斤、十五萬圓；其後，逐年增加，一九三九年增為三百萬簍、二千一百萬圓。

　　鳳梨以臺中、臺南、高雄爲主要產地。新式製罐工廠設立後，鳳梨
罐頭運銷世界各地，於是生產勃興，成爲臺灣的特產之一。一九〇九年，
種植面積僅一千二百甲，產量七千八百公噸；至一九三七年，種植面積增
爲八千九百甲，產量增爲六萬五千公噸。鳳梨之輸出情況，一九〇九年僅
二十七萬斤、四千九百圓；至一九三四年增爲三百零五萬斤、十三萬圓。

三、以糖業為中心的農產加工業之勃興

　　蔗糖爲臺灣南部主要的產業，糖爲蔗糖製造者，產品百分之八十輸
出，清季爲打狗、安平出口商品之大宗，一八八〇年出口達於高峰，約六
萬四千公噸；一八九四年則約四萬五千公噸。

　　日本領臺之初即注意到臺灣的蔗糖，一九〇〇年，以一百萬圓資
金，設立臺灣第一家新式製糖工廠「臺灣製糖株式會社」。一九〇二年
起，進而積極致力於製糖工業的近代化，總督府實施資金援助、指定原料
採取區域、保護市場等三大措施，支援和保護日本新興製糖大企業。一九
〇〇年至一九二五年，總督府支出的補助金多達一千二百七十萬圓，其
中，製糖與蔗作各占半數。原料採取區域制度使得日本大資本的製糖會社
可任意決定甘蔗收購價格，並控制蔗園和蔗農。而日本政府透過保護關稅
政策，強有力地保護臺糖在日本市場之銷售。

　　於是，日本資本家競相投資於臺灣製糖業。一九〇五年至一九〇九
年，先後有鹽水港、新興、明治、東洋、林本源、新高、帝國、大日本等
製糖會社之設立。一九一一年，新式糖廠已有二十一家；至一九二七年，
增爲四十五家，產量占總產量的百分之九十八，其中，臺灣、明治、鹽水
港、大日本、東港、新高等糖廠產量占百分之八十，顯示日本大資本家對
臺灣糖業之獨占。

　　就糖產量觀之，一九〇三年，僅三萬公噸。第一次世界大戰末期，臺灣糖不但運銷至亞洲各地，甚至擴大到加拿大、澳洲、芬蘭、西班牙、瑞士各國，可說是臺灣糖業的黃金時代。一九二二年，增為三十五萬公噸；一九三八年，增達一百萬公噸；翌年，產量達於高峰，約一百四十二萬公噸。要之，糖業始終是日治時期臺灣最具代表性的產業，其產值長期居高不下，約占工業總產值的百分之六十。

　　此外，鳳梨罐頭製造、製茶等亦是重要的農產加工業。一九〇九年，鳳梨罐頭工廠僅四家，年產量十九萬罐；至一九三四年，增為七十八家，年產量三千七百萬罐。至於製茶，則平均年產量約一萬公噸。綜上可知，日治時期農產加工業長期為臺灣工業之主體。

參、日治後期之「工業化」

　　由前節可知，臺灣經濟長期以農業為重心，工業實依附農業，而以甘蔗、鳳梨、茶葉等農產加工業為主體。就各類工業產值觀之，從事農產加工的食品工業比重長期居高不下，一九一四年占百分之八十六，一九二〇年占百分之八十一，一九三一年仍約占百分之七十七；其他工業亦多係農產加工業的附屬事業。單是蔗糖、鳳梨製罐及其相關工業於一九二〇年已占工業總產值的百分之八十，一九三一年仍占百分之七十，足見此兩種農產加工業地位之重要。

　　然而，一九三〇年前後，由於受到世界經濟恐慌之衝擊，加以為因應日臺農業之競爭、臺灣農業發展之飽和、日本之「工業移民」等需求，以及配合日本以華南、南洋為侵略目標的南進政策之推展，企圖將臺灣作為

軍事前進的基地。於是總督府當局在臺灣推動所謂「工業化」政策，發展與軍需工業相關的基本工業，使臺灣成為軍需品的生產基地和南進的補給基地，並減輕日本重工業之負擔。

一、「工業化」之進展

（一）第一階段（一九三一～一九三六年）

此一階段偏重調查、研究、實驗，以及工業化基礎之建立。先後成立臨時產業調查會、熱帶產業調查會，對臺灣所有產業進行調查研究，並提出建議。一九三一年，恢復一度停工的日月潭水力發電工程之建造，並於一九三四年竣工，可發電十萬瓩。翌年起，以特別低廉的電費優待所謂「新興工業」，於是新興電力化學工業、新興農產加工業等勃然興起。

關於新興電力化學工業和重工業，有高雄的日本鋁業公司之製鋁，基隆的臺灣電氣化學公司之製合金鐵、硝酸鈣及電石，新竹的臺灣化學工業公司之製硫酸錏化學肥料，臺灣紙業公司和臺灣興業公司之蔗渣利用製造，日本火柴製造工業組合之製火柴，以及三菱重工業公司在基隆開設造船所、臺灣汽車修造公司之創立。

關於新興農產加工業，分別為無水酒精、蓖麻油、桐油、製麻、香料、藥品、樹薯澱粉等工業，不但足以自給，且可輸出日本。至於原有的蔗糖、茶、鳳梨罐頭、樟樹等農產加工業則產量年年增加。

（二）第二階段（一九三七～一九四一年)

一九三六年，總督小林躋造上任後，標榜以「工業化、皇民化、南進基地化」作為其施政三大基本方針。翌年，中日全面戰爭爆發，臺灣成為南進的前進基地，於是，總督府推動「第一次生產力擴充五年計畫」，以

至一九四一年重要資源可自給自足爲目標。透過統制資金、勞力、物資等措施，集中全力從事軍需工業之發展。並撥款整頓工業研究機關、訓練技術人員、建設工業都市、獎勵或補助工業、擴充交通運輸設備等。可說積極推動工業化。

就成效觀之，繼續開發電力以應工業之需，一九三七年，完成日月潭第二發電所，可發電四萬餘瓩；另開發濁水溪、大甲溪及東臺灣之水力發電；是年，水力發電達十六·五萬瓩；同時，增建火力發電所。迨至一九三九年底，全臺計有發電所一百三十五處，發電能力近三十七萬瓩。

其次，鑄銅、冶鐵、機器製造、輕金屬煉製等重工業，以及酸、鹼等基本化學工業均呈顯著發展之勢。例如鐵道部松山工場成爲火車機關車製造廠、三菱重工業會社除基隆船塢外另建立高雄工廠、臺灣國產自動車會社從事汽車修理和裝配、臺灣精機工業會社製造精密計測器具和工作機械、臺灣鐵工所製造小型機關車和耕耘機、臺灣通信工業會社製造通信器材等。

復次，農產加工方面，除正產物外，兼製造副產品，例如糖業兼生產副產品糖蜜製酒精和蔗渣製紙漿。鳳梨製罐兼製造維生素乙、塊莖製澱粉、殘渣製醋、飼料等副產品。紡織工業以麻紡爲主，主要生產者有臺灣製麻會社、臺南製麻會社、臺灣棉業會社、臺灣紡績會社等，其中，以臺灣紡績會社規模最大，資本四百萬圓，紡機五百臺，日本休閒紡織設備二萬錠。至於香料和油脂工業，有高砂化學工業會社、臺灣香料會社等製造香茅油，臺灣油脂工業會社製造蓖麻油，臺灣拓殖會社嘉義化學工場以甘薯製塗料劑、乙酮等。

此外，利用海外資源，從事鋁、鎂、鎳、合金鐵、硫安、燐酸肥料、水泥、硫酸、耐火磚、玻璃、鋼鐵、橡膠等之冶煉和製造，概均屬基本工業。

若以一九三七年爲基數，至一九四一年，水泥、氰化鈣、煤、酒

精、麻袋、汽油等均增加百分之五十，而鋁錠、洋紙更增加三至四倍。同時，蔗糖、鳳梨罐頭、茶、洋紙、天然瓦斯、鋁錠、麻袋、氰化鈣、煤等均在此一階段產量達於高峰。

（三）第三階段（一九四二～一九四五年）

此一階段為因應更加迫切的工業製品之需求，總督府先後召開臺灣經濟審議會和東亞經濟懇談會，通過「工業振興方案」、「交通設施擴充方案」。一九四二年起，推動「第二次生產力擴充五年計畫」。惟因太平洋戰事發生後，隨著戰場的擴大和戰線的延長，原擬各項計畫無法貫徹；海外原料和日本器材設備輸入困難，乃不得不利用臺灣之資源，力求工業之自產自給；同時，透過戰時經濟動員或工業動員，集中人力、物力於鋼鐵、輕金屬、煤、水泥、肥料、酒精等重點工業。一九四四年十月以降，又遭受盟軍海空軍之襲擊和破壞，各項生產事業幾乎呈停頓狀態。據統計，遭破壞之工廠達二百零二所，其中，嚴重者一百五十二所，幸能殘存者之產量亦減至最低。

此一階段因集中全力於重點工業，加以充分利用臺灣自有原料從事生產，因此，仍有不少工業之產量達於高峰，分別是一九四二年為酒，一九四三年為過磷酸鈣、酒精、捲菸、鹽、電力、銅等，一九四四年為水泥等。至於蔗糖、鳳梨罐頭、茶、樟腦等最主要的農產加工製品，則因戰事轉烈，外銷困難，亦逐年減產。

二、「工業化」之結果

就各類工業產值觀之，「工業化」期間，食品工業亦即農產加工業始終居各類工業生產之冠，仍為臺灣工業之主體，一九四〇年以前占工業

總產值的百分之六十至七十，至一九四二年仍高占百分之五十五。其他工業最有進展者為化學工業，一九三一年至一九四二年間，其產值比率由百分之六‧一增為百分之十二‧一，惟專賣品工業中之樟腦、鹽應屬化學工業，故化學工業產值應更大；金屬和機械工業亦見顯著成長，同一期間，前者產值比率由百分之二增為六‧四，後者由百分之二‧三增為四‧三；化學、金屬、機械工業三者產值合計由百分之十‧四增為二十二‧八。要之，日治末年臺灣工業結構係食品工業占百分之六十五、重工業占百分之二十、民生工業百分之十五。

其次，就貿易結構觀之，一九三一年至一九四三年間，臺灣工業產品輸出入額占總輸出入的百分之七十五至八十，其中，工業產品進口歷年變化最大者為機械工業製品，由百分之七‧五增為十八‧二；而金屬工業製品則維持在百分之十一至百分之十四。輸出方面，蔗糖除外，係以化學、金屬工業製品輸出較多，前者由百分之五‧六增為十‧九，後者由百分之二‧五增為十三‧八，至後期兩者合計已占百分之二十以上。由上在在顯示工業化確有進展，而獲致一定成果。

復次，就工業產品結構變動觀之，工業化之結果，輕工業由一九二一年的百分之八十六‧五降為一九四二年的百分之七十三‧九。同一時間，重化工業則由百分之十三‧五升為二十六‧一。顯然的，工業產品結構已漸由輕工業轉向重化工業，亦即重化工業已漸取代輕工業。

再者，就各產業產值觀之，一九三一年至一九四二年間，工業生產固有增加，但其他各業生產亦有增加；工業產值約占總值百分之四十二至百分之四十九，平均約占百分之四十五；礦業產值約占百分之三至五。兩者合計，一九三八年以前接近百分之五十，一九三九年以後則超過百分之五十，顯示日治末期臺灣已非以農業為重心之經濟，而是一半農半工社會。

第八章　日治時代的文教與社會

第一節　殖民教育與文化

就教育制度觀之，日治時代爲臺灣近代西式教育制度之發軔期，並開啓臺灣教育史的新紀元。然而，此一制度之建立主要目的在於貫徹殖民政策，因此，其與當時日本國內的教育體制截然有別，不論教育的形式或內容均具有特殊性。向來對此一教育之評價隨著時代之推移而臧否不一。一九一〇年代前後，英、美等列強紛紛肯定日本在臺灣建立一個有效率的殖民政府，正積極實行開化臺灣的政策，俾使臺灣成爲一個文明化的地區；因此，指出在教育方面，新式的公學校設施遠較傳統書房優越，且已遍及全臺，不過，仍未普及，且供不應求，尤其是中等以上學校明顯的不足，以致臺灣社會中、上階層紛紛將其子弟直接送到日本國內接受較好的教育。

日治中、後期出版的臺灣教育史書籍，無不本乎統治者的立場和理念，系統地縷述殖民教育法規和制度整備之過程，及其對「文明化」臺灣社會之作用，似無視於被統治者的立場和反應。

戰後初期，國內學者站在民族主義的立場，將殖民教育視之爲「奴化」或「愚民」教育，而否定其價值，甚至刻意抹煞其現代化之作用。至於日本學者，亦大都對殖民教育採批判態度，開始關切臺人的立場和反應。

儘管各方之評價不一，惟不可否認的，日治時期的殖民教育是近代臺灣社會、文化變遷的主要動力，而五十年間所建立的規模和基礎，更是對戰後臺灣教育之發展具有不容忽視之影響。職是之故，若要較確切地掌握近代臺灣社會、文化變遷及教育發展脈絡，實宜對此一時期教育之實況、主要特徵，以及臺人之因應和態度做適切的了解。

壹、漸進的同化、現代化教育政策與差別待遇教育制度

　　明治維新後，日本即積極模仿西方，建立統一的學制，進而於一八六八年確立國家主義教育政策，旨在教育國民維護日本固有的語言、習俗、制度及國體等，以奉戴萬世一系的天皇爲最大榮譽和幸福；亦即是以培養國民忠君愛國思想爲最終標的，由是而建立近代日本的國民教育制度。同時，此一教育制度呈「啞鈴」狀之特徵，一方面造就具備指導政經所需的技術和管理能力之社會精英，一方面則透過普及的初等教育使國民具有基本的識字能力、經濟知能及政治服從性。其結果，中日甲午戰前，現代化較深刻的日本社會已漸產生「進步的日本」、「落後的亞洲」之優越意識。

　　領有臺灣之後，在經營殖民地之經驗和準備兩皆缺乏下，總督府本乎漸進主義原則，採順應現實需要而隨機應變的「無方針主義」政策，因此，迄至一九一九年臺灣教育令頒布之前，乃所謂臺灣教育的試驗時期，總督府並未確立臺灣教育之根本政策。儘管如此，在上述國家主義教育思潮和現代化意識的驅使之下，總督府當局自始即以教育作爲同化和開化臺人之手段，故旋即設立以日語教學爲重心的初等教育設施——國語傳習所及六年制公學校，制定規則以管理傳統書房，使之成爲公學校的輔助機關；中等以上教育設施極不完備且欠缺制度，僅先後設立修業三至四年的國語學校（「國語」即日語之意，因係機關名稱，故襲用原名，下同），以培養初等教育師資及公私業務人才；修業五年的醫學校，以造就醫事人才；修業半年至兩年的農事試驗場及糖業講習所，以及修業三年的工業講習所等，作爲職業教育機關，以訓練初級技術人員。此外，一九一五年，因臺人的請願及捐資，而設立四年制的公立臺中中學校。

　　對於原住民則另設蕃人公學校，一九一四年另頒「蕃人公學校規則」，修業年限僅四年，較一般公學校短兩年，連課程、教科書等亦異於一般公學校。對於來臺日人子弟，總督府則據日本的小學校令及中學校令，別設小學校、中學校等，施以與日本國內相同之教育，俾便其回國接受高等教育；職業教育則設有工、商業學校各一所；另於醫學校附設醫學專門部，爲日人子弟高等教育機關。要之，此一時期臺灣教育並未制定一固定制度，而是因應需要發展，逐漸形成臺灣人、原住民及日本人等三個系統的差別待遇教育。臺人子弟所接受的初、中等教育全然異於日本國內，僅限於臺灣總督府爲統治及開發殖民地臺灣所需的日語教育和初級技術教育。

　　第一次世界大戰後，日本爲因應民族自決之時代思潮，日本帝國主義之昂揚及民主運動之盛行，以及臺人民族自覺所造成的新威脅等內外危機，不得不改革臺灣統治方針，以強化對殖民地的控制。因此，一九一八年總督府明揭同化主義施政方針；翌年，根據差別原則，頒布「臺灣教育令」，確立臺灣人的教育制度。

　　當時提供三百五十萬臺人的教育機關，除收容四分之一學齡兒童的公學校外，中等以上教育機關僅四年制高等普通學校一所、三年制女子高等普通學校二所、五年制師範學校二所、三年制工業、商業及農林學校各一所、六年制（預科三年、本科三年）農林及商業專門學校各一所、八年制（預科四年、本科四年）醫學專門學校一所。而爲了不及二十萬之在臺日人，則比照日本國內制度，設置五年制（得另設修業一年之補習科）中學校二所、四年制高等女學校三所、五年制（預科兩年、本科三年）工業及商業學校各一所、三年制高等商業學校一所，以及師範學校、醫學專門學校兼收日籍學生。由上明白顯示嚴格的隔離政策依舊，臺人的教育機會仍頗受限制，修業年限及程度均低於日本國內的同級學校，亦即是臺人不能享有平等的教育權。

　　上述教育制度當然無法滿足臺人長期以來的教育要求，甚至連日本開明之士亦覺不當而紛加指責。故總督府旋標榜「內地延長主義」，強調將以普及教育、提高臺灣文化為首務。一九二二年，復頒布新「臺灣教育令」，明訂中等以上教育機關（師範學校除外）取消臺、日人的差別待遇及隔離教育，開放共學。此後，臺灣中等以上教育機關比照日本國內制度設立，於是除在各地紛紛增設中學校、高等女學校、職業學校及職業補習學校等之外，另設立七年制高等學校（大學預備教育機關）一所，原各專門學校改制為三年制高等農林、商業及工業學校，以及四年制醫學專門學校，專收中學畢業生，並於一九二八年，設立臺北帝國大學。

　　表面上，從此臺人可以接受與日人程度相同的中等以上教育，惟實際上，差別待遇的本質不變，共學的結果只是為迅速成長的在臺日人子弟提供更多的教育機會，臺人子弟並未能享受公平的教育機會；在各種設限下，臺人子弟能進入較高教育機關的人數反而日減，因而出現一反常現象，即臺人子弟至日本國內升學反較在臺容易。職是之故，臺人的中等以上學校入學競爭長期均十分激烈，而有所謂「試驗地獄」之稱。迄至日治結束，總督府並未在制度上作根本的改革。

　　一九三〇年代起，總督府利用社會教育，加強普及日語、灌輸日本國民精神等同化措施。尤其是一九三七年日本全面對華發動侵略戰爭後，在臺推動「皇民化教育」，首先，斷然廢除公學校漢文科；接著，於一九四一年配合日本國內初等教育學制改革，將臺灣的小學、公學校一律改稱國民學校，惟仍以「為真正確保教育效果，必須考慮臺灣之實況」為藉口，課程內容並不與日本國內一致，將課程分為第一、二、三號表，第一號表比照日本國內但多加實業科，第二、第三號表較第一號表更重視日語、實業兩科，規定「過日語生活家庭」之子弟入「第一號表國民學校」（即原小學校），其餘家庭之子弟則入「第二、三號表國民學校」（即原公學校、蕃人公學校）。

　　一九四三年，實施義務教育，但學生入學限制仍照前述規定；同時，強制廢除書房，並比照日本中等以上學校學制改革，修改各級學校法規，刷新教育內容，縮短修業年限等，此時，中學校修業年限縮短為四年，招收國民學校高等科畢業生之高等女學校改為兩年，實業學校男子改為三年、女子改為兩年，高等學校高等科由三年縮短為兩年，大學本科由三年縮短為兩年。中等以上學校數不斷增加之結果，一九四四年，計有職業補習學校九十所、職業學校二十七所、中學校及高等女學校各二十二所、專科以上學校除前述者外，一九四四年另有私立臺北女子專門學校之設。然而，臺人入學機會公平之要求，並未獲得滿足，亦即是總督府始終未公平開放平等共學機會。

貳、公學校為主的教育設施

　　初等教育設施為總督府貫徹同化政策的主要機關。一八九六年至一八九七年，先後在全臺各要地設國語傳習所十六所、分校十八所，招募臺人子弟入學，以教授日語為主。一八九八年七月，進而頒布「臺灣公學校令」，以地方經費設立六年制公學校取代國語傳習所，施以日語、道德、實學等教育。

　　鑑於傳統書房仍頗具勢力，乃因勢利用，頒布「關於書房義塾規程」，正式將書房納入管理，規定書房應漸加設日語、算術，企圖使書房變成公學校教育的輔助機關。

　　概言之，一九一九年以前，公學校擴充緩慢，入學率長期均甚低，直至一九一五年度仍不及百分之十，能完成公學校教育者在臺人總數中為數

甚少。

　　一九一九年，首任文官總督田健治郎開始致力於公學校之增設。翌年，公學校爲四百九十五所，學齡兒童就學率爲百分之二十五‧一，一九三〇年，公學校增爲七百五十八所、就學率增爲百分之三十二‧六。直至一九四〇年，公學校增爲八百二十五所、學生數六十二萬一千四百五十人、就學率已達百分之五十七‧四。

　　一九二〇年代，臺人有識之士已一再要求臺灣初等教育宜實施六年義務教育。惟總督府當局至一九三七年始認爲臺灣實施義務教育之機會已漸成熟，乃於一九三九年制定義務教育實施要綱，一九四三年正式實施六年制義務教育。是年，學齡兒童就學率爲百分之六十五‧七，翌（一九四四）年，增爲百分之七十一‧二，一九四五年，則超過百分之八十，要之，日治後期初等教育迅速成長固然有助於日語普及，但不可否認的亦有助於現代基本知識的傳播，促進臺灣社會的現代化。

參、推廣日語爲貫徹同化政策的主要手段

　　日治最初十餘年間，總督府以公學校作爲推廣日語中心成效有限，乃自一九一〇年代中期起，鼓勵各地社會領導階層組織「國語普及會」、「風俗改良會」等社教團體，展開以民間團體爲中心的推廣日語運動。一九二〇年代，各市、街、庄等公共團體進而編列經費，直接開辦或補助民間團體的推廣日語設施。一九三〇年代起，總督府公布法令，正式在市、街、庄設立「國語講習所」，作爲常設的簡易日語教育設施。各州的教化聯合會則以普及日語作爲該會的主要事業之一。

　　其結果，懂日語的臺人數呈急激增加之勢，而順利達到「皇紀二六〇〇年」（一九四〇年）日語普及率超過百分之五十的預期目標。迨至日治末年，日語普及率幾達百分之八十。若與朝鮮相較，朝鮮的日語普及率僅百分之三十五，不懂日語的朝鮮人仍多達百分之六十五。由此觀之，臺灣的推廣日語運動看似頗具成效，其實仍有待商榷。

　　值得注意的，儘管推廣日語運動長期存在且逐步強化，終日據全期總督府始終面臨日語無法取代臺語的問題。易言之，儘管習得日語的臺人數不斷增加，惟日語始終未成爲臺灣社會的生活語言。日治末期，雖然總督府制定各種獎勵辦法和發布禁令，積極推動「國語常用運動」，然而並未因此迫使臺人放棄臺語。要之，總督府強制地普及日語的結果，不過使臺灣變成一「雙語並用」社會，臺人始終欠缺自發性語言統一意識。這意味著「國語的日語」政策並未能動搖臺人語言生活的內部。

　　推廣日語運動主要目的在於貫徹語言同化政策，亦即是希圖以日語爲工具，培養臺人具備日本國民精神和性格，成爲完全的日本國民。然而，臺人始終視日語爲外國語文，並未對之產生認同。一九二〇年代，深受日本教育和文化洗禮的臺人知識分子，反而紛紛成爲民族運動的急先鋒，掀起反殖民統治體制及反「國語普及」運動的浪潮。此種表現明顯的與日本國民精神背道而馳。有鑑於此，日人遂不得不承認雖然日語爲日本國民精神之基礎，惟若因熟諳且常用日語，即認爲已培養日本國民精神，實過於輕率。況且大多數懂日語臺人的日語程度不過粗具「功能性識字能力」（Functionalliteracy）罷了，亦即是不過具備日常生活的基本日語能力罷了，實遠談不上藉日語以培養日本國民精神和性格。

　　儘管日語未取代臺語成爲臺人的生活語言，且未收到顯著的語言同化政策；然而，無可否認的，日語成爲臺人吸收現代知識的主要工具，尤其是一九三〇年代以降日語普及率急激上升，對臺灣社會的現代化有相當的促進作用。臺人透過日語吸收現代西方的基本科技和文化，接受現代的衛

生觀念，新觀念和新制度漸成為日常生活的一部分，其中，城市居民日常生活的現代化變遷較鄉村居民更為深刻，逐使臺灣成為接受現代化潮流的殖民地社會。

頗具諷刺意味的，總督府強制普及日語的結果，日語卻成為不同方言的臺人間的「共同語言」，極其方便地扮演彼此之間意見交流的媒介，有助於臺人的融合和共同意識的形成，誠然是一值得注意的影響。

此外，由於臺、日語長期並存和接觸，逐漸產生日語名詞臺語化現象，不少日語名詞成為臺語的語彙或漢文的詞彙，迄今仍為一般臺人所常用。例如タタミ（疊）、サシミ（生魚片）、オジサン（伯、叔父）、オバサン（伯、叔母）等皆是。臺人的日常會話出現怪異的現象，用臺語交談時，每夾雜日語，而用日語交談時，則夾雜臺語；甚至因受臺語固有的語法結構及日語教學忽視日人語言習慣之影響，故臺人說日語時每出現「臺語式日語」，例如吃藥時說：「くすりをたべた」，而正確說法應該是：「くすりをのんだ」。此亦是當時日人所關切的問題之一。

肆、注重實用的中等以上教育

日治前期，中等教育僅設有國語學校實業部、農事試驗所、糖業及工業講習所等培養初級技術人才之設施。一九一九年起，為因應殖民經濟下工商部門迅速成長之需，正式設立三年制的工、商、農林等職業學校，並在公學校附設修業二年的簡易職業學校。一九二二年以後，除比照日本國內設立各類職業學校之外，並將簡易職業學校改為職業補習學校並不斷增校，至一九四四年已多達九十所，以招收臺人為主，終日治時期臺人畢業

生約三萬人，遠多於中學畢業者。要之，中等教育始終偏重初級技術人材養成教育。

伍、因特殊目的和任務而設高等教育機關

一九一九年以前，國語學校和醫學校爲兩所臺人最高學府，當時的人將該兩校比作英國的劍橋和牛津大學。一九一九年，國語學校改制爲臺北師範學校，並陸續增設臺南、臺中、臺北第二師範學校；醫學校則升格爲醫學專門學校。終日治時期，兩校始終扮演社會精英搖籃之角色。

就師範教育觀之，一九○○年代中期起，招收臺籍生的國語學校師範部乙科錄取率約百分之十五至百分之二十。一九一九年以降，師範學校的入學競爭更加激烈，一九二二年至一九四○年間，公學師範部普通科臺籍生平均錄取率爲百分之五‧一，最低時僅百分之二‧三，講習科爲百分之十三‧五。資質極其優秀方能考取，自不待言。一八九六年至一九四二年，師範學校畢業生計有臺人七千三百一十四人、日人六千七百六十五人。

就醫學教育觀之，一九○○年代中期起，錄取率驟降只約百分之十，顯示已產生激烈的入學競爭，可說是有志升學的臺人子弟之第一選擇。

一九一九年以後，隨著學制之改革，醫學校改制爲醫專，一九三六年併入臺北帝國大學，稱爲附屬醫學專門部，並另設醫學部，更是臺人精英分子所競趨之目標。迄至一九四五年獲臺北帝國大學及中央研究所博士學位的臺人計有九十八人，除徐水泉、徐慶鍾爲農學博士外，其餘均爲醫

學博士。若略作統計，一八九六至一九四五年度，醫學校畢業生計有臺人
一千七百七十一人、日人七百九十四人。

　　醫學校創立之初，即對鼠疫、傷寒、霍亂、赤痢等臺灣地區流行的熱
帶傳染病十分重視。一九一八年，進而增設熱帶醫學專攻科。其後，熱帶
衛生學、熱帶傳染病學等成為重要的學科。一九三九年，設熱帶醫學研究
所，附屬於臺北帝國大學，該所置熱帶病學科、熱帶衛生學科、細菌血清
科、化學科等，由醫專教授擔任各項研究工作，研究成果豐富，使醫專儼
然成為亞洲熱帶醫學研究的重鎮，並培養不少傑出的熱帶醫學人才。

　　一九一九年以後，主要的精英教育機關尚有臺北高等學校、臺北帝
國大學及農林、商業、工業等專門學校。是年，總督府創立專收臺人的臺
灣總督府農林專門學校及商業專門學校，以及專收日人的臺北高等商業學
校等各一所。一九二二年，修改學制並實施共學後，農林專門學校改稱為
高等農林學校，內分農學和林學兩科，一九二八年併入臺北帝國大學，成
為該校附屬農林專門部，一九三九年，增設農藝化學科，迨至一九四二
年，復獨立為臺中高等農林學校，翌年，改稱為臺中農林專門學校。其
次，一九二六年，停辦臺南商業專門學校，另設臺南高等商業學校，惟
一九二九年該校併入臺北高等商業學校，旋於翌年停辦，從此遂僅存臺北
高等商業學校，一九三六年，增設一年制貿易專修科，一九四一年，又增
設東亞經濟專修科，迨至一九四四年，改稱為臺北經濟專門學校。復次，
一九三一年，有臺南高等工業學校之創立，初設機械工程、電氣工科及應
用化學科等，一九四○年，增設土木、建築、電氣化學等三科，一九四二
年，改稱為臺南工業專門學校。

　　各專門學校之設立，乃是本諸特殊目的和任務而設。因此各專門學校
在師資、課程、學科及研究風氣方面常見其特別之處。例如臺北的農林專
門學校，係為了因應臺灣產業之發達而設，其課程中為了使學生進入本科
後能有效地學習高等農學知識，故在預科二、三年級時分別將英語每週上

課時間由二小時增加為三、四小時。改制為高等農林學校之後，強調該校之目的在於傳授從事臺灣內外之農業所需的高等學術技藝，故學科除注重專門學科外，另增設專攻科目，且必須撰寫畢業論文。同時，該校十分重視實驗實習及演習，故除增加該課程之時數外，並設有廣大的農場及演習林，演習林分為臺中及臺南兩處，使林學科學生可以實習造林、測量、經理等。臺中演習林面積達三百一十二餘甲步，內有天然林約六十甲步，人工造林約一百五十甲步；臺南演習林面積達三百四十餘甲步，內有天然林約三十五甲步，人工造林約一百零三甲步。

　　一九二一年，同是因應臺灣產業之發達而設於臺南的商業專門學校，配合華南、南洋經濟界之發展，乃隨即作擴張，在課程中減少日語、漢文、作文、算術、英語等科之時數，而增設簿記、法律等科之時數，並加授工業大意、東洋經濟事情等科。

　　臺北高等商業學校學科中第二外語規定必須修中國語、馬來語。為因應臺灣社會之變遷及華南、南洋經濟界之發展，因此增設有關臺灣及華南、南洋研究之科目，例如華南及南洋經濟事情、東洋經濟事情等即是。一九四四年，該校易名為臺北經濟專門學校後，其課程除比照日本文部省直轄各高等商業學校編制外，並特設臺灣事情、殖民地法制、熱帶衛生學、臺語、荷蘭語及民族學等有關臺灣及南洋之科目。此外，設有華南南洋經濟事情研究調查課及華南南洋經濟事情研究會，發行有關調查研究小冊子叢書及南洋雜誌，並經常徵集有獎論文，舉辦演講會、展覽會等。要之，該校實為日本侵略幹部的養成機關之一，其歷年畢業生除在臺灣服務外，並派赴朝鮮、中國各通商口岸及南洋各地從事商業活動和經濟調查工作。

　　臺南高等工業學校之設，則是為了因應臺灣工業之發達而對有素養的工業技術員之需求。其最初所設的機械、電氣、應用化學三科，乃是與臺灣工業關係較密切者。

　　關於各專科學校畢業生狀況，一九二一至一九四二年度，各校畢業生數分別爲農林專校臺人九十九人、日人七百一十六人，商業專校臺人四百二十五人、日人一千六百零七人，工業專校臺人一百六十二人、日人六百一十人。明顯的，臺、日人畢業生數相差懸殊，臺籍生平均不及日籍生的四分之一，由此充分反映共學始終徒具虛名，清楚地看出各校主要係爲在臺日人子弟而設。臺人中學畢業生必須極其優秀者方有可能擠進專科學校的窄門。

　　爲了解決在臺日人子弟入學高等學校之問題，總督府於一九二二年設立臺北高等學校，先設尋常科，修業年限四年；一九二五年，增設高等科，分文、理兩科，修業年限三年。學生畢業後可升入臺北帝國大學或日本國內各大學。因該校主要係因應在臺日人子弟升學之需求而設，故臺、日學生數相差懸殊，臺籍生必須家世良好且資質優秀者始有希望入學。若累計一九二八至一九四五年的畢業生數，共有臺籍生五百九十一人，日籍生二千零三十五人，其中，臺籍生學習狀況，習醫者爲數最多，占百分之六十，習法者其次，占百分之十五，充分反映出當時臺灣社會精英競相趨於醫、法二途。

　　一九二八年，總督府鑑於臺人子弟希望接受大學教育者顯著增加，臺灣復居從事華南、南洋方面學術研究最便利之位置，在臺設立最高學府，利用其自然和人文以展示先進文明國家之實績乃是日本最重要的責任；而且，鄰近臺灣的菲律賓、香港、中國等均有大學之設，唯獨臺灣沒有，導致希望接受大學教育者前往上述各地遊學，有所遺憾之處甚多，由是公布臺北帝國大學官制，創設臺北帝國大學，計畫使之成爲臺灣的自然及人文科學綜合研究之大學。

　　該校初設文政及理農兩學部，前者分爲政學科、文學科、史學科及哲學科等四學科，後者分爲生物科、化學科、農學科、農化科等四學科，修業年限最短三年、最長六年，採講座制度，初有三十五個講座，其後陸

續增加。在講座中，均是以臺灣爲中心而能發揮特色者，例如南洋史學、土俗學、人類學即是，心理學則重民族心理學，語言學亦大多以華南、南洋語言作爲教材，倫理學則打破向來只講西洋倫理學之慣例，而特別以東洋倫理學爲名，不局限於中國，而著眼於整個東洋去闡發其特色。此外，政治學、經濟學等之教材亦用東洋之資料作說明。理農學部所有的學科亦以臺灣爲中心，其內容特色係分熱帶和副熱帶而進行研究，以其特有的動物、植物、產物等作爲資料。要之，該校創立之初即致力於發展成爲華南、南洋研究之中心。

一九三六年，該校鑑於臺灣的氣候風土異於日本國內，醫事衛生有待加強之處尤多，羅致學識經驗優秀的醫學者，從事醫學尤其是熱帶醫學之研究，同時，謀求醫療設備之完成，實爲當務之急；乃以臺北醫學專門學校及臺北病院爲基礎，創設醫學部，修業年限最短四年、最長八年。迨至一九四二年，將理農學部析分爲理學及農學部，更於翌年增設工學部。理學部分爲化學、動物學、植物學、地質學等四學科，農學部分爲農學、農業經濟學、農業土木學、農藝化學及獸醫學等五學科，工學部分爲機械工學、電氣工學、應用化學及土木工學等四學科，講座增爲一百一十四個。此外，該校先後設了十一個研究所。至一九三九年底，圖書館藏書已達四十一萬餘冊；至一九四五年日本投降時，已增加爲約五十萬冊。由上顯示，至日治末年該校已發展成爲頗具規模的綜合大學。對華南、南洋之研究則日益增強，故先後附設「熱帶醫學研究所」、「南方人文研究所」、「南方資源科學研究所」等三個特殊的學術研究機構。該校的學術研究無論是人文、自然或應用科學，總督府經常給予經費之補助，故該校之研究每與日本政府之政策密切配合，研究成果常成爲總督府及日本政府決策的重要參考。

關於該校師生，呈現教師多、學生少的特殊現象。教師數平均高占學生數的百分之六十以上，此一現象更加顯示該校重研究之特色。至

一九四三年度，畢業生計有臺人一百六十一名、日人六百七十七名，其中，文政學部臺人四十五名、日人二百七十七名，理農學部臺人三十七名、日人三百零三名，醫學部臺人七十九名、日人九十七名。至一九四五年，醫學部畢業生計臺人一百三十名、日人一百四十五名。明顯的，臺、日人數相差懸殊之情況較專科學校更為嚴重。

陸、留學教育為新社會領導階層的主要搖籃

由於殖民統治下臺灣的教育長期欠缺完備的制度，及充分且公平的教育機會，加上時代潮流之刺激，故日治時期留學教育呈日漸蓬勃之勢，非但足以補臺灣教育之不足，其中受過高等教育的留學生更是臺灣社會領導階層的主要成員。就留學地區而言，略可分為日本、中國大陸及歐美等三部分，當時留日因在語言、交通及其他因素等均較為方便，留學生數遂遠較赴其他地區留學者可觀，影響也較大。

就留學生數觀之，一九○二年之際，東京地區已有臺灣留學生三十餘人。據總督府統計資料顯示，一九○七年以降，留學生呈迅速增加之勢，一九一○年有一百三十二人，一九一五年增為三百二十五人，第一次世界大戰結束前後起，加速增加，一九二○年增為六百四十九人，一九二五年為八百二十八人，一九三○年增為一千三百一十七人，一九三五年躍增為二千一百八十五人，一九四二年已多達七千零九十一人，事實上，上述統計較實際數偏低許多，據學者研究指出，日治最後十年實際的留學生數可能較官方統計數字多出數千人。

留日學生就讀的學校包括小學、中學、職業學校、特殊學校及大專

等。大體而言，一九一八年度以前，留學生中以接受初等及中等教育占絕大多數，大專以上的留學生平均占八分之一。該年度開始，大專以上的留學生比率躍升爲五分之一。其後，逐年上升，一九二六年已占三分之一，翌年起，長期均占五分之二以上，一九三四年更高達半數以上，足見臺人對高等教育的需求與日俱增，同時，亦反映出由於臺灣的專科以上學校有限，加以教育機會未能公平開放，許多優秀的學生完成中等教育之後即無法再升學，而在日本則無上述缺失，升學反較容易，故有志之士乃競相赴日接受高等教育。

一九二〇年代以降，留學生以修習醫、法、商及經濟等科的學生占多數，尤以習醫者最多，平均占五分之二；其次，法科約占五分之一；再其次，商科及經濟科合計亦約占五分之一。當時，習醫風氣最爲熾盛，而赴日投考醫專反較在臺容易錄取，故富家子弟無不趨之若鶩。赴日習醫者絕大部分就讀醫專，尤以東京醫專及日大醫專兩校人數最多。由於習醫者人數多，故成績亦最突出，據初步統計，日治時期獲得博士學位的留學生至少有一百一十六人，除葉清耀是法學博士（明治大學、一九三二）外，其餘的均是醫學博士。

修習法、商及經濟等科的學生亦頗爲踴躍，固然與日本政府對留學生的選科並不加干涉或限制有關，實際上乃是反映時代的影響及社會的需求。通常法科畢業生最佳出路是進入司法界或政界，是以參加日本國家司法科或行政科高等考試似係他們首要的目標，迄至一九三〇年爲止，司法科高考及格者計有二十八人，行政科高考及格者七人，分別出任司法官、律師或日本、臺灣的高等理事官。據時人指稱，日治全期通過司法及行政科高等考試者約一百人。商科及經濟科畢業生或創業，或爲各企業機構所羅致。

綜合各項資料，臺人赴日留學者多達二十萬人，其中大專畢業生約六萬餘人，顯然的，留日受過高等教育的社會精英遠多於臺灣殖民精英教

育設施所培養的，足見殖民教育體制何等無法滿足臺灣社會精英的教育需求。

關於留學歐美狀況，首位留美學生為周再賜，於一九一五年赴美進修神學。從此，逐漸開啓留學歐美之風氣，終日治全期，留美人數約六十人。留學英、法、德等歐洲各國者約三十人，其中，仍以習醫者最多，習商業及經濟學者其次，而理工、法政、人文，甚至軍事，均有人修習。

至於前往中國大陸留學者，最初由於總督府頗多限制，故為數不多。一九二〇年以降，日漸倡成風氣，絕大多數集中在廈門、廣州、上海、北京、南京等地之學校。雖因資料不全其總人數不得其詳，惟至少有數千人。

綜上可知，日治時期，以留日為主流，留學教育曾塑造了為數相當可觀的高級知識分子，其人數超過臺灣島內殖民精英教育機關所培養的六倍以上。影響所及，日治後期，留學返臺的社會精英漸取代只接受臺灣殖民教育的社會精英，而成為社會領導階層的主體。就教育資格觀之，固然習醫者為數最多，惟修習其他各專業學門者所在多有，他們成為帶動社會發展所需的各種專業人才，由是而彌補了臺灣殖民教育之偏頗和不足。

日治時代，總督府頗能有效地貫徹其以初等教育為重點而以日語教學為課程中心之政策，尤其是日治最後十餘年間公學校及日語加速普及，對臺灣社會現代性的形成實頗有促進之作用。蓋臺人因之接受現代西方文化、基本科技，以及新思想、新觀念，臺灣文化產生相當程度的質變。易言之，具現代取向的殖民教育給臺人日常生活帶來決定性的改變，此一現象在城市地區遠較鄉村顯著和深刻，遂使臺灣成為具相當程度現代性的殖民地社會。

至於殖民教育是否達成同化之目標？由前述可知，臺人並未因習會日語而改變認同。而就受過殖民精英教育及留學出身的知識分子觀之，其生活型態和態度與日人頗為接近，似顯示同化教育相當成功；儘管如此，

這些為數可觀深受日本教育和文化洗禮的知識分子中，有許多人反而是
一九二〇年代民族運動的急先鋒，掀起反殖民統治體制之浪潮。其中，激
進派之主張全盤否定殖民政權，固不必論。溫和派成立「啟發會」、「新
民會」、「臺灣文化協會」等團體。透過《臺灣青年》、《臺灣》、《臺
灣民報》等刊物，一面抨擊同化政策不當，要求改革殖民體制，一面積極
介紹當代西方各種思潮和知識，扮演文化啟蒙之角色。由是觀之，新知識
分子所致力者在於提升臺灣社會的現代性，以及強化臺灣的族群認同，益
使總督府的同化政策難收其效，自不待言。

第二節　社會變遷

　　日治時代臺灣的社會變遷頗具特殊性，異於一般由下而上自主性的變遷，臺灣的變遷是由上而下被動性的變遷。易言之，總督府當局的政策和施政主導此一時期的社會變遷。就人口觀之，日治以前臺灣與中國大陸的人口往來頻繁，但日治以後，總督府嚴格限制臺灣與中國大陸之間人口往來，使得日治半世紀間臺灣人口受外來移民的影響很小，可稱為「封閉性人口」（Closed Population）。同時，此一期間人口增加的主要原因在於總督府有效地肅清瘟疫、防治風土病、加強預防衛生工作，以及改善交通、產業、教育等。就社會結構觀之，差別待遇和隔離政策長期存在，將日人、臺人截然分為統治者與被統治者；而總督府對臺灣社會領導階層採籠絡利用政策，遂使社會結構之變遷呈特殊性。此外，臺灣社會的風俗習慣隨著新制度、新知識、新觀念、該規範及新價值等之容受，產生重大的改變。其中，變革較為顯著且影響深遠者概有放足斷髮之普及、星期制作息習慣之養成、現代衛生、守時、守法觀念之建立等。茲逐項分述如下：

壹、人口變遷

　　清代臺灣歸入版圖之後，閩粵人民不斷移墾，迨至一八六〇年人口已約二百萬人。其後，隨著通商口岸的開放，茶葉、蔗糖、樟腦之出口貿易飛躍發展；加以一八七五年起渡臺禁令解除，並獎勵移民，由是吸引更多的移民來臺。一八八三年人口增為二百六十萬人，至一八九五年割臺前夕已約三百萬人。

　　日治之初，總督府為遂行殖民統治，隨即展開人口調查，一八九六年首次完成全臺人口調查。繼之於一九〇五年、一九一五年、一九二〇年、一九二五年、一九三〇年、一九三五年、一九四〇年，計七次，舉行人口普查；此外，每年底亦有詳細的人口統計。可說提供正確完整的人口資料，足以具體觀察此一時期人口變遷大勢。

　　臺灣割讓之初，臺人競相內渡。一八九六年之調查結果，全臺約有二百六十萬人，顯示變局造成一時人口銳減。一九〇五年人口增為三百一十二萬餘人，至一九四三年增達六百五十八萬餘人，四十八年間增加一倍半。就人口組成觀之，閩粵系的臺灣人始終占百分之九十以上，原住民略呈停滯狀態，故比率迭降；日本人比率雖不斷增加，但因係以公教軍警及商人、技術人員為主，有其局限，故至日治末年僅占百分之六，至於「華僑」占絕大多數的外國人，則在總督府有效控制下，長期低於百分之一。顯然的，日治時代外來移民對臺灣人口增加之影響很小，而臺灣人移出者極少，人口移動在臺灣人口增加中不占重要地位。

　　就出生率觀之，長期均高達千分之四十以上，高出同時期世界主要國家一至三倍。相反的，死亡率則呈明顯下降之趨勢，一九〇六至一九四三年間，由千分之三十四降為不足千分之十九。出生率高居不下，而死亡率大幅下降，乃是人口增加的主要原因。就自然增加率觀之，一九〇六年僅約千分之五，一九四三年已超過千分之二十一，尤其是一九三〇至一九四一年間平均自然增加率幾達千分之二十五，為同時期世界主要國家的二至十倍，居全球之冠。顯然的，日治時代臺灣人口激增係自然增加所致。

　　至於日治時代臺灣職業人口始終以農業為主，但其比率呈漸減之勢；相反的，商、工業人口自一九二〇年代起呈漸增之勢；此外，公務及自由業以日人為主，亦呈顯著增加之現象。要之，臺灣社會已漸由農業社會向近代工商社會轉型。

貳、社會結構變遷

清季臺灣漢人社會大致可分為上、下兩層，上層為士紳和富豪，下層則包含占多數的庶民和極少數屬於「下九流」的賤民。其中，擁有科舉功名的士紳居主導地位，社會階層的流動性並不活潑。

日據之初，總督府即對各地士紳、富豪等社會領導階層採籠絡利用政策，以爭取其支持和合作；延攬他們擔任縣、廳及辦務署參事、街庄區長、保甲局長、保正、甲長、壯丁團長、教師、囑託等職位，將臺人社會精英悉數納入基層行政和治安組織中，建構臺灣社會新領導階層，亦即是日人所稱的「上流社會」。換言之，大部分舊社會領導階層家族因之延續其地方「權力家族」的地位，甚至更加提高其地位。

在此一社會領導階層結構中，由於憑著科舉功名以取得士紳地位之途已斷絕，加以總督府創設紳章制度用以籠絡社會領袖，協助建立社會秩序，並誘使富豪參與殖民經濟的開發，其結果，紳章頒授對象不限於有功名之士，反而大多數是與總督府合作者和富豪，士紳集團的主導地位逐漸被富豪集團所取代。

總督府實施西式新教育以取代傳統教育，並以社會中、上階層子弟作為主要勸誘入學對象。影響所及，舊家子弟大多具備遠較一般民眾優越的教育資格和專業訓練，而較易脫穎而出，繼承其父兄的社會地位而成為新社會領導階層。因此，新、舊社會領導階層之間頗具延續性，整個社會並未呈現活潑的流動現象。顯然的，「家世」仍是左右社會地位的要素。

就教育背景觀之，日治時期新、舊社會領導階層的遞嬗是一個緩慢的過程，一九二〇年代以後，新教育出身的精英始在社會各部門普遍扮演重要的角色。其次，由於臺灣中、高等教育設施極為不足，唯有賴留學教育以為挹注，因此受過高等教育的留學生漸成為社會領導階層的重心。再

者，由於教育機會的偏頗，加以受時代潮流及社會價值觀念等的影響，新社會領導階層的教育資格呈現集中現象，而以習醫學、師範、法政及經濟者占多數。由上亦顯示專業教育資格日益重要。

就職業觀之，顯然的，職業漸趨平等化，職業成就漸受重視。醫師、教師、律師等所謂「三師」成為最受社會尊崇的行業，但畫家、音樂家、記者、作家等亦均可以其專業成就取得社會地位。職業成就獲得較多的收入和財富，故收入和財富仍是決定社會地位的要素。隨著職業漸趨平等化，社會階層亦漸趨平等化。

此外，受殖民政經體制和政策的影響，臺人社會領導階層政、經地位之發展有其局限，新、舊兩代之間的政、經地位深具延續性。在政治上，新、舊兩代的地位和角色無甚殊異，絕大多數僅能擔任街庄區長、助役、書記等基層行政吏員，或無議決權和立法權的各級議員，並不因下一代的教育資格改變而有所轉變。上述職位常父死子繼、兄終弟及，長期被一家一族所獨占。固然因此限制了社會領導階層家族的政途發展，惟亦無異於保障其在地方的政治特權和利益。尤有甚者，造成地方政治參與的壟斷和地方派系的形成。光復初期的地方政治仍深受影響。經濟上，上一代已漸由地主或資產家轉變為中、小資本的工商、金融業者，下一代延續此一基礎，發展成為重要的實業家或資本家，其經濟勢力較上一代更為擴張，社會聲望和影響力每較上一代更為提高，由是其家族的勢力更為擴張。惟大企業則為日人資本家所控制，臺人資本家始終屈居從屬地位。

參、放足斷髮之普及

　　纏足和辮髮原是臺灣社會根深柢固的風俗習慣，惟日治後日人將其與吸食鴉片同樣視為臺灣社會的三大陋習。然而，為免遽行禁革引起臺人反感，仍採漸禁政策，暫時聽任臺人自由放足斷髮，不施加干涉；只是透過學校教育或報章雜誌的宣導，鼓勵臺人放足斷髮。

　　一九○○年，受中、日社會新氣象之刺激，以及日本官民之鼓勵，有「臺北天然足會」之成立，號召社會中、上階層入會，以身作則，倡導解放纏足。一九一一年之際，在中、韓斷髮風氣的激盪下，亦有組織性斷髮運動之出現，並促使一度沉寂的放足運動改弦易轍，再度掀起熱潮，從此兩大運動相互觀摩和呼應，纏足和辮髮成為日人「改良風俗」要求下，欲一併革除的目標

　　一九一一年，臺北有「斷髮不改裝會」之成立，定期實施集體斷髮。其後，為期一年有餘，各地區街庄長、臺人教師等公職人員及紳商名流紛紛響應，並倡組「斷髮會」，訂定會規，除鼓勵會員個別斷髮外，亦定期舉行集體斷髮大會，每次參加人數由百餘人至四百餘人。部分舊士紳或狃於舊習，或將辮髮當作民族認同的依據，或作為效忠舊朝的象徵，而組織「保髮會」、「守髮誼」等團體以抗拒斷髮，但影響力十分有限。

　　同時，放足運動出現由婦女自組的「解纏會」，推動放足運動，作法較過去積極，由主要幹部、保正、醫生等逐家調查，經醫生鑑定可放足者即登記為「解纏會」會員，約定限期放足。惟此時各地作法仍寬嚴不一。

　　一九一四年，各地進而有「風俗改良會」之成立，倡導變革舊俗，於是再度掀起放足斷髮熱潮。翌年四月，總督府乃乘勢利用，通令各廳長將禁止纏足及解纏事項附加在保甲規約中，若違反規約者，得科處百圓以下罰金。從此，正式利用保甲制度全面推動放足斷髮運動，全臺各保甲如火

如荼展開斷髮解纏活動。在警察監督下，區長、保正、甲長、壯丁團員等逐戶實查未斷未解人數，限期實行斷髮解纏，或舉辦集體斷髮放足大會、慶祝會或紀念會，以鼓動風潮和掀起高潮。並以是年六月十七日作爲最後期限。

爲達到徹底放足斷髮之目的，總督府進而於六月十七日鼓勵各廳紳商名流組織「風俗改良會」，以促使放足斷髮更收速效，作爲所謂「始政二十周年紀念事業」之一。結果，數月之間，全臺放足者達四十八萬餘人，仍纏足者十九萬餘人，斷髮者達一百三十三萬餘人，仍辮髮者僅剩八萬人。概言之，仍纏足者概係蹠趾已彎曲無法恢復而可免放足者，仍辮髮者多係六十歲以上總督府准許留辮者。

放足斷髮普及之結果，使女子得以天足從事生產，造成人力資源增加，有助於臺灣經濟的發展。其次，帶來崇尚新潮的易服改裝風氣，衣服鞋帽漸改易歐美或日本樣式，因此新服飾、鞋帽業代之而興。此外，審美觀念亦漸改變，婚姻擇偶漸不再以足之大小爲取捨標準。

肆、星期制作息習慣之養成

日治以前，民眾日常生活作息規律概以旬、朔望、月、季、年爲期。日治時期，總督府將星期制引進臺灣，規定星期日爲例假日，此外，每年另有十三天國定假日。官廳、學校、工廠等依上述規定訂頒作息規律，彼此之間因性質不同，難免略有差異，例如學校除了與官廳一樣星期日及國定假日休息外，另有暑假、學年假；工廠則每日工作十小時以上，每月任擇兩個星期日爲臨時特別休日。顯然的，工廠的工作時間較長，無

怪乎，一九二〇年代勞工運動中要求七小時工作制及每週一日有給休日。

　　定時休假使社會大眾有了「餘暇生活」的時間，總督府進而將大掃除、體育、音樂、美術、電影、觀光旅行等餘暇活動向社會推廣，經常舉辦運動會、音樂會、展覽會、電影欣賞會等活動，到處設立公園，開闢觀光名勝地，成立觀光機構，規劃觀光旅遊事宜。配合觀光旅遊時節，鐵路票價訂有優待辦法。影響所及，每當星期六、日及例假日，公園、風景名勝地、海水浴場等常是遊客如織。要之，「餘暇生活」漸成為日常生活不可或缺的一部分。

伍、標準時間制度之建立與守時觀念之養成

　　一八九五年十二月，總督府發布規定，臺灣以東經一二〇度子午線之時間為標準時間，與日本國內（琉球群島除外）時差一小時。此一規定自一八九六年一月一日實施，從此臺灣正式進入格林威治世界標準時間系統中。另一方面，日治之初即實施「午砲」報時制度，而隨著氣象觀測、郵電、鐵路等設施漸次完備，一九一〇年代初期，總督府已建立完整的全臺報時系統。惟「午砲」報時制度仍持續至一九二一年始取消。

　　公、私機構根據標準時間制定作息規律，嚴格要求員工遵守，例如上、下班對時搖鈴，必須準時簽到、簽退。公學校修身課程教導學生必須守時，說明守時的好處，遲到須請求老師原諒，早退則須徵得老師同意。鐵、公路交通明訂開車時間表，要求乘客準時乘車，並準時開車和抵達目的地。

　　一九二〇年起，日本政府為了加強人們對時間觀念的認識和守時習慣

的養成，乃規定每年六月十日爲「時的紀念日」。翌年，臺灣亦開始推行「時的紀念日」運動，每到六月十日，就透過機關、學校、社教團體、工廠等宣傳時間的重要性，舉辦演講、遊行或音樂會，張貼海報，散發傳單等，不一而足，以期培養準時、守時、惜時的精神。

一九三〇年代，社會教育更爲加強，例如「部落振興運動」規劃民眾的生活規律，規定每月一日、十五日舉行大掃除以美化部落，清晨六時村民必須起床參加收音機體操，每一家戶均須配備時鐘，平日透過收音機廣播準確對時。以上在在使社會大眾在日常生活中培養出對時間「標準化」的觀念和習慣，守時漸成習以爲常的觀念。

陸、守法觀念之建立

總督府以強大的警察體制和保甲制度，有效地達成社會控制和秩序的維護，治臺二十五年間治安上幾乎達到「夜不閉戶」的狀態。蓋犯罪防範之嚴密使民眾有所顧忌，不敢心存僥倖觸犯法網。

同時，透過學校和社會教育教導現代法治觀念和知識，學習尊重秩序和法律。加以司法始終維持一定程度的公平和正義，而取得社會大眾的信賴。其結果，民眾養成安分守己、重秩序、守紀律之習慣，守法之觀念由是建立。

柒、現代衛生觀念之建立

　　爲了有效防治臺灣的風土病和傳染病，治臺之初總督府即積極建立近代公共衛生和醫療制度，探勘水源，建造自來水工程，供應城市居民乾淨的飲水；修築城市地下排水工程；制定「汙物掃除規則」，明定廢棄物之處理方式；動員保甲組織，定期實施社區環境的清潔活動；在各地設立公立醫院，實施公醫制度，以及成立醫學校，以培養受正式醫學教育的臺人醫師；實施預防注射、隔離消毒、捕鼠活動、強制驗血和施藥等防疫工作，不一而足。

　　其結果，不但有效地防治鼠疫、瘧疾、霍亂、天花、傷寒、白喉、猩紅熱等風土病和傳染病，大幅降低死亡率，使臺灣人口長期呈高自然增加率現象；而且改變臺人的醫療衛生觀念和習慣。民眾罹患疾病漸不再求神問卜而求醫診療；西醫漸取代中醫而較受民眾歡迎和信賴；依規定接受預防接種；臺人建築住宅開始注意通風、採光及廁所之設置，西式、和式建築不斷增加；個人衛生方面養成洗澡和如廁後洗手之習慣；每一家戶設置垃圾箱，依規定清理廢棄物；公共場所多備置痰盂及垃圾桶，民眾恥於隨地吐痰或丟棄垃圾；定期進行家戶大掃除及參與社區清潔工作。要之，臺灣社會漸建立現代的醫療衛生觀念。

第三節　社會運動

　　一九二〇年前後，由於受中國革命成功之激勵、第一次世界大戰結束後民族自決主義抬頭所引發的各殖民地民族運動勃興之刺激，以及受日本國內民主主義、自由主義思想之影響，臺人有識之士產生民族自覺，如火如荼地展開長達十餘年的社會運動，其中，反殖民統治體制的政治運動乃是此一社會運動的中心。

　　在運動過程中，臺人本諸言論思想自由及請願、結社權等合法的基本權力，公開且持久地對殖民政權展開批判和建議，並組織運動團體，標舉鮮明而具體的訴求，鍥而不捨地進行抗議和請願運動。

　　就政治運動觀之，在一連串訴求重點略異的運動中，較具代表性者有六三法撤廢運動、臺灣議會設置請願運動、政治結社組織運動及地方自治改革運動等。就狹義的社會運動而言，「臺灣文化協會」推動的文化啟蒙運動，以及「臺灣農民組合」、「臺灣工友總聯盟」展開的農、工運動，乃是日治時期社會運動的代表。茲分述如下：

壹、政治運動

一、六三法撤廢運動

　　由於「六三法」賦予臺灣總督總攬行政、立法、司法及軍事大權，使臺灣成為日本憲法體制的政治異域，明顯地侵犯日本國會之權力，故自始即受到違憲之質疑。同時，對臺人而言，該法乃是一切惡令之源頭，最受

詬病的保甲條例、匪徒刑罰令、罰金及笞刑處分例、臺灣流浪者取締規則等律令，均是依據該法發布的。臺人深受其害之餘，伺機要求廢除，乃是可理解的。

一九一八年夏，林獻堂宴請東京臺灣留學生二十餘人，席間討論臺灣問題時，咸認為「六三法」是臺人的枷鎖，應該力求早日廢除。於是推舉林氏為會長，籌組「六三法撤廢期成同盟」，推動廢除「六三法」，取消特別立法制度，將臺灣納入日本憲法的治理下。惟其後似未正式成立該會，改而組織「啓發會」，以廢除「六三法」為目標。

一九二〇年一月，東京臺灣留學生另組「新民會」，仍關切廢除「六三法」問題。然而，因該運動係本乎同化主義理念，遂使得一些反對同化主義者無法贊同，認為該運動否認了臺灣的特殊性，無異肯定總督府的「內地延長主義」，因而另提議爭取設立強調臺灣殊特性的臺灣議會。其後，設立臺灣議會的意見獲得多數贊同，於是「六三法撤廢運動」轉變為「臺灣議會設置請願運動」，臺灣政治運動遂走向自治主義路線。

二、臺灣議會設置請願運動

一九二一年一月三十日，在林獻堂領導下，旅日臺灣留學生和有識之士一百八十七人簽署，向日本貴、眾兩院請願，要求設立擁有特別立法權和預算審議權的民選「臺灣議會」，揭開「臺灣議會設置請願運動」之序幕。其後，年年簽署請願，至一九三四年共提出十五次請願。

第一次請願雖然在兩院均未獲得採納，但在臺灣社會引起熱烈迴響，同年十月「臺灣文化協會」成立後，即積極聲援該運動。翌年二月，獲五百一十二人連署，提出第二次請願，仍未獲採納，但總督府開始對林獻堂等領導人施加壓力，迫使其退出請願運動。

　　為了對付總督府之壓力，蔡培火、蔣渭水等人於一九二三年組織「臺灣議會期成同盟會」，以組織力量推動第四次請願簽名。總督府以違反治安警察法為由，於十二月十六日進行全島性大檢肅，被搜查、扣押、傳訊者多達九十九人；其後，有十八人被起訴，其中，七人分別被判處三或四個月徒刑，六人被各處罰金百圓，餘五人獲判無罪，史稱為「治警事件」。

　　「治警事件」反而激起臺灣民眾關心政治之熱潮，一九二六年第七次請願以降，簽署人數均多達一、二千人。一九二七年「臺灣文化協會」分裂後，請願運動改由臺灣民眾黨推動，訴求升高，要求制定臺灣憲法和設立自治議會。

　　九一八事變後，日本國內法西斯主義逐漸抬頭，壓制自由思想；影響所及，請願運動亦受到壓抑，請願案不但仍未獲國會採納，甚且有議員指稱請願動機係本乎「民族自決主義」，而要求當局取締。鑑於請願無所指望，一九三四年九月，林獻堂等重要同志集會決議中止請願運動。會後，正式發表中止聲明。

　　十五次請願中，參加簽署者合計一萬二千八百一十八人。就簽署次數觀之，總人次為一萬八千五百二十八人次，亦即有不少人簽二次以上。就教育背景觀之，第一至五次請願學生占百分之三十到百分之八十，顯示學生是運動的主力，其後，漸被社會人士所取代。又，請願運動領導人固然是士紳階級和知識分子，但僅受過初等教育或舊學出身者平均高占百分之八十，顯示請願運動在基層社會有一定的基礎。

　　「臺灣議會設置請願運動」雖受制於殖民體制而未能成功，惟其影響實不容忽視。其一、該運動喚起臺人的政治、社會乃至文化意識，尤其是三權分立、議會政治、國民的權利義務等近代民主政治觀念，獲得廣為傳布。其二、該運動揭櫫自治主義，並肯定臺灣的特殊性，有助於臺人拒斥同化主義政策，亦為政治運動奠定以臺灣為本位之立場。

三、政治結社組織運動

　　一九二二年十月，蔣渭水、蔡培火、陳逢源等籌組「新臺灣聯盟」，被稱為臺灣政治結社之嚆矢。惟翌年治安警察法付諸實施後，該聯盟依規定登記為政治團體，卻無法展開活動。

　　一九二七年一月，「臺灣文化協會」分裂後，蔣渭水、蔡培火、林呈祿等右派人士退出文協，積極籌組政治結社。二月，蔣渭水先後籌組「臺灣自治會」、「臺灣同盟會」，總督府以其綱領和政策中明示臺灣的統治宜採自治主義，而不准其成立。五月，改以蔡培火為主幹，成立「臺灣民黨」，總督府仍以綱領明揭追求臺人政治、經濟、社會的解放，顯然有唆使民族反感、妨害日臺人和睦，以及懷抱民族自決主義之嫌，而加以查禁。

　　蔡、蔣等主要幹部幾經研商，乃於七月將「臺灣民黨」易名「臺灣民眾黨」，並改訂綱領為確立民本政治、建設合理的經濟組織及改除不合理的社會制度等，終於獲得總督府同意成立。

　　民眾黨成立後積極發展組織，至一九二七年底全臺已建立十五個支部。該黨標榜全民運動與階級運動並行，採合法的手段進行政治抗爭，諸如舉辦演講會或群眾大會、向當局提建議書或請願書，以及指導、聲援其他社運團體等均是。

　　該黨的抗爭活動可分別為政策性的與針對偶發事件的抗爭。前者在於貫徹其綱領和政策之目標，要求總督府完成地方自治制度、准許言論自由、實施行政裁判制度、更新產業政策、社會立法及廢除惡法、廢除渡華護照制度、廢除官吏加給、改革司法制度、嚴禁鴉片、實施義務教育及廢除保甲制度等。其中，尤其是鼎力支持和推動臺灣議會設置請願運動及地方自治改革運動。至於針對偶發事件之抗爭，則有始政紀念日反對運動、反對日本對華政策之聲明、鴉片新特許反對運動、對霧社事件之申訴等。

該黨在蔣渭水領導下，積極扶助農、工運動，隨著農、工運動日益蓬勃，該黨走向日趨激進，造成林獻堂等溫和派於一九三〇年十月退黨。其後，該黨改以農、工階級運動作為中心目標。一九三一年一月十八日，通過修訂綱領、政策及黨則。總督府乃以該黨主張違反治安警察法為由，宣布解散該黨，並逮捕蔣渭水等十六名主要幹部。

就該黨對臺灣民族運動之作用和意義觀之，該黨組織嚴密、觀念進步，對殖民統治當局作出沉重的打擊。同時，有效地組訓民眾，給予民眾政治教育，並提出臺灣民族運動正確的方向，可說是臺灣民族運動最具代表性的團體。

四、地方自治改革運動

在總督府專制體制下，地方行政機關長期未享有自治權和自主權。一九二〇年，總督府雖宣稱實施「地方自治」，但並未明定州、市、街庄為法人，州、市、街庄首長均係官派官吏，而各級協議會員完全係官選，且只有諮詢權，而一無議決、行政監察及建議權，不過是徒具形式的民意代表機關。

針對上述的「地方自治」制度，臺人有識之士自始即不時批判和建議，要求讓協議會享有議決權，並漸次開放民選各級協議會員、市尹、街庄長、州知事等，以達到完全地方自治之目標。同時，指責官選徒然被當作酬庸的工具，以致官選人物多數不能代表民意或具備學識能力。

一九二六年以降，臺人有識之士進而凝聚共識，籌組政治結社以動員民眾力量進行政治運動。前述「臺灣自治會」、「臺灣同盟會」、「臺灣民黨」等的政策中，即要求實施完全的地方自治，由公民普選產生地方首長和各級民意代表。

臺灣民眾黨成立後，將改革地方自治制度列為首要的政治政策。該黨中常會議決運動之方法，決定在全臺各地舉行批判演講會，推動請願或群眾運動，分別向日本國會、總督府提出建議書，以及將建議書要旨函送報界和民意代表等。一九二八年一年之間舉辦一百餘次的「政談講演會」，其議題大多是民權、自治制度等民主政治的基本概念和知識。

一九二七年至一九二八年，兩度連署向總督府提出「臺灣地方自治制改革建議書」，並籲請眾議院順應臺、鮮人合理的要求，儘速實施完全地方自治制度。儘管未獲日本當局積極的回應，一九三〇年三月進一步展開大規模的「地方自治完成促進運動」，組成巡迴演講隊在全臺三十八個地區舉行「政談演講會」，在七十二個地區散發九萬張傳單，完成一萬零一百五十人蓋章的改革建議書，致送總督府。

民眾黨日趨激進後，黨內溫和穩健派乃於一九三〇年八月另成立「臺灣地方自治聯盟」，以確立臺灣自治為單一目標。數月間，設立十個支部，臺、日人會員二千餘人。翌年初，提出要求公民普選權、州市街庄自主權、議會宜改為議決機關、改革執行機關組織和職權、州市街庄宜有財政管理權等五大改革大綱。繼續向總督府、國會請願，以及舉辦全臺巡迴講演會，刊行「自治聯盟要覽」、「立憲政治小論」等小冊子。一九三三年七月，分別在臺中、臺南、臺北舉行住民大會，建議即時在臺實施州市街庄以民選議員組成議決機關。

這些努力終於迫使總督府於一九三五年四月發布地方制度改革諸法令，開放市會、街庄協議會員半數民選，選舉方式採有限制選舉，州會議員半數由市會及街庄協議會員行間接選舉。顯然與改革運動之要求相去甚遠，故自治聯盟發表深感遺憾之聲明。是年十一月舉行第一次選舉，自治聯盟推荐的候選人多人當選。一九三七年八月，舉行第四次全島聯盟大會後，自治聯盟宣布解散。

雖然地方自治改革運動之要求未完全獲得實現，惟不容否認的，在運

動過程中已將自治、普選、參政權等民主政治基本觀念普及給一般民眾。

貳、文化啟蒙運動

一九二一年十月十七日，臺人有識之士一千餘人在臺北成立「臺灣文化協會」，揭櫫宗旨在於「謀臺灣文化之向上」，推林獻堂為總理、楊吉臣為協理、蔣渭水為專務理事。會員以中產階層出身的知識分子為主，中、高等教育在學生為數不少。一九二七年該會左右分裂之前，除積極支援臺灣議會設置請願運動外，展開各種文化活動，扮演啟迪民智、喚醒民族意識及加強社會觀念之角色。

一、設置讀報社

為了打破總督府的言論管制和服務民眾，該會成立三個月內已在苑裡、草屯、彰化、北斗、員林、社頭、嘉義、高雄等地設立讀報社，其後，在屏東、岡山、大湖、臺北、臺南等地陸續增設。社中除陳列臺灣、日本的各種報紙雜誌外，另訂購中國報紙十餘種，供一般民眾閱覽。遇有關於殖民地解放運動或認為主要記事，則以紅筆圈點，以喚起讀者注意。

二、舉辦各種講習會

一九二三年起兩年間，共舉辦臺灣通史講習會、通俗法律講習會、通俗衛生講習會、通俗學術講座、臺北學術講習會、西洋歷史及經濟學講習

會等,傳授中外歷史文化及現代法律、醫藥衛生新知。

三、開辦夏季學校

自一九二四年起連續三年在霧峰林獻堂家開辦,參加人數約二百五十餘人,講習期間兩星期,事先排定課程,密集但頗具涵蓋性地將現代知識灌輸給學員,舉凡經濟學、憲法、西洋文明史、科學概念、衛生常識、哲學、宗教等均包含其中。

四、文化講演會

講演是文化協會最重視的活動。都市地區每星期六、日舉行定期講演會,另組織講演隊,到各地巡迴演講。講題無所不包,除了灌輸新知外,並對殖民政治及社會不良風俗等作批判和檢討。一九二三年起講演會逐年增加,至一九二六年,四年間計辦了八百餘次;各地民眾反應十分熱烈,會場經常爆滿,聽眾累計多達三十餘萬人。雖然警察嚴密臨監和取締,唯有更激發民眾的反感,而不惜與警察衝突。

五、青年運動

文化協會在各地協助青年組織團體,致力於啟發青年的思想。受其影響的青年團體有臺北青年會、基隆美麗也會、通霄青年會、草屯炎峰青年會、大甲日新會、彰化婦女共勵會、諸羅婦女協進會等、赤崁向上會等這些青年團體大多漸傾向無政府主義或社會主義,與舊幹部的思想不同,導致文化協會日後分裂的原因。

此外，巡迴各地演出文化戲、放映電影、音樂會等，亦均是重要的文化活動。要之，文化協會可說是致力於「臺人的文藝復興」。

參、農民運動

農民運動之特色在於民族主義加上階級意識，並且有濃厚的政治色彩。受文化協會的啓蒙運動之影響，農民產生民族自覺，階級意識亦隨之而生，於是以集體行動，與地主、日人退休官吏、糖廠等進行抗爭，甚至抗議官廳態度偏袒不公。該運動之發展過程如下：

一、蔗農爭議與農運團體之萌芽

在總督府的獎勵和扶助下，臺灣製糖業形成日本人資本家壟斷之局面，糖廠獨占甘蔗採購權，並以前金制度控制蔗農。長期被剝削的蔗農遂首先發難，一九二三年起，各地紛紛發生蔗農要求提高甘蔗收購價格之爭議。翌年有五件。一九二五年增爲十二件。同年第一個農運團體「二林蔗農組合」成立，會員四百餘人。於十月下旬，在總理李應章醫師率領下，阻止糖廠採收甘蔗，爆發武力衝突。結果，李氏和蔗農九十三人被捕，其中，二十五人被判徒刑，史稱「二林事件」。

二、農運團體之繼起

一九二五年十一月，繼有「鳳山農民組合」之成立，推教師簡吉爲領

導人，組織演講隊，赴各農村舉行巡迴講演會，鼓勵農民團結起來向地主進行鬥爭，並聲援二林事件。翌年，為抗議總督府放領大批土地給退休官員，有「大甲農民組合」之成立，由趙港領導，聯合「鳳山農民組合」，進行反抗鬥爭。同時，另有「曾文農民組合」成立，領導蔗農反抗明治製糖會社。

三、「臺灣農民組合」之成立與活動

上述抗爭過程中，各組合領導人間益感有統合各農民組合擴大組織之必要，簡吉、趙港乃於一九二六年六月二十八日邀集各地幹部，在鳳山召開籌備會，決議成立全臺性統一組織「臺灣農民組合」，並在鳳山、大甲、曾文、嘉義、虎尾等地設支部。隨後即開始活動，簡吉為委員長。翌年，中央機構由五部擴編為八部，支部由五個增為十六個，總部亦由鳳山遷至臺中市，會員則由成立時的四千一百餘人增為二萬一千餘人。

一九二七年至一九二八年的兩年間，農民組合領導的農民爭議多達四百二十四件，其中，以臺中州最多，新竹州居次，幾乎每一事件均有人被捕、被罰款或判徒刑。此外，向臺灣總督及各州知事提出抗議文或請願書亦有數十次。

一九二七年農民組合召開第一屆全島大會後，在日本共產主義運動者的指導和影響下，思想漸左傾化，手段呈現階級鬥爭之色彩。翌年六月臺灣共產黨成立後，特別重視臺灣的農民問題與農民運動，並積極介入「臺灣農民組合」，迅速取得其領導權，從此農民組合的運動革命鬥爭性大增，且日趨激進。

一九二九年二月十二日，總督府對全臺農民組合機構進行突擊性大搜捕，遭搜查者多達三百餘處，沒收證物二千餘件，扣押三百餘人、逮捕五十九人，其中，有十二人分別被判處十至十二個月徒刑，史稱「二一二

事件」。影響所及，會員一時銳減爲九千三百餘人。

　　一九三一年六月，臺共黨員遭到大逮捕，農民組合會員亦受到波及，以致活動漸少，並漸走上武裝鬥爭路線，故紛遭總督府之壓制而瀕於消滅。

肆、勞工運動

　　一九○○年代以降，臺灣產業經濟快速資本主義化，勞工不斷增加，一九二○年，工、礦及交通業人口已逾二十萬人。受民族差別待遇之影響，臺人勞工工資低於日人。隨著社會運動勃興，臺人勞工受到激發而意識漸次覺醒，乃對資方展開抗爭運動。

一、臺灣文化協會指導下的勞工運動

　　一九二七年文化協會分裂後，連溫卿、王敏川等社會主義派掌控的文化協會積極致力於農、工運動。三月，連氏首先成立「臺灣機械工會」，並相繼在基隆、臺南、高雄設立支部，爲臺灣勞工團體的濫觴。翌年一月，進而在臺北成立「臺灣機械工會聯合會」。其後，擬籌組「臺灣總工會」，因內部意見分歧而未成。

　　一九二八年，文化協會指導的勞工爭議二十三件，其中，以高雄臺灣鐵工廠罷工事件最爲有名。翌年，減爲僅四件，惟大多失敗。一九三○年臺共勢力抬頭後，遂取代文化協會的領導地位。

　　高雄臺灣鐵工廠罷工事件肇因於廠方將擔任「臺灣機械工友會」會長

的王風免職，引起同廠工人之不滿，集體提出辭職，並發動罷工，要求廠方收回成命。不料，廠方進而將百餘名罷工者解僱。文協發動全臺農工團體響應聲援，罷工持續一月有餘，廠方採軟硬兼施策略瓦解工人的鬥志和團結，使聯合罷工崩潰。

二、臺灣民眾黨領導下的勞工運動

臺灣民眾黨成立後，以援助勞工運動作為其社會政策之一，蔣渭水親赴各地巡迴演講和召開座談會，積極進行組織勞工運動，遂於一九二八年二月召集二十九個勞工團體，結成「臺灣工友總聯盟」，以李友三為委員長，會員六千三百餘人。至同年底，領導勞工爭議達十九件，加盟團體增為六十五個，會員增為近八千人。翌年，聯盟領導的勞工爭議減為七件，一九三〇年僅四件。一九三一年民眾黨被查禁後，聯盟逐漸趨於不振。

臺灣工友總聯盟領導的爭議事件中，以一九二八年淺野水泥會社罷工事件最為尖銳。「高雄機械工友會」因抗議廠方任意解僱員工，乃發動工人集體罷工，民眾黨並成立指揮部，積極宣傳並防止工人復職。結果，罷工持續一個月。廠方採強硬態度，解僱一百七十八名罷工者，警方則逮捕三十一名領導人，交法院究辦。罷工失敗。

三、臺灣共產黨指導下的勞工運動

一九二九年，臺共展開「紅色工會組織運動」，進行礦業、交通業工人的組織運動，並爭奪文化協會、民眾黨、工友總聯盟在工會的領導權。翌年十月，進而籌組「臺灣赤色總工會」。然而，不久臺共即遭到大逮捕，因此進行中的籌備工作遂告中斷。

第九章　第二次世界大戰後的政治變遷

第一節　戰後初期的政治

壹、收復臺灣的準備

一九四一（民三十）年十二月八日，日軍偷襲珍珠港，太平洋戰爭爆發，翌日，美國正式對日宣戰，在中國領土上已進行四年多的中日戰爭此時才捲入第二次世界大戰的戰局，也給中國政府有收復臺灣的契機。一九四二（民三十一）年十二月九日，外交部長宋子文發表聲明，決定戰後要收復臺灣、澎湖、東北各省等失地。另一方面，一九四三年底，中、英、美三國領袖蔣中正、邱吉爾、羅斯福在埃及舉行開羅會議，會後發表宣言，表示日本竊自中國的領土東北四省、臺灣與澎湖群島，戰後必須歸還中華民國。決定了由中華民國接收管轄臺灣的大方向。一九四五（民三十四）年七月二十六日戰爭結束前不久，中、英、美三國領袖發表波茨坦聯合宣言，重申開羅宣言之條件必將付諸實行。

一九四四（民三十三）年四月十七日，中央設計局內設「臺灣調查委員會」，從事調查、規劃接收臺灣之諸項事宜。臺調會由陳儀擔任主任委員，沈仲九、王芃生、錢宗起、周一鶴、夏濤聲為委員，此六人均非臺籍人士，五個月後才增加五位臺籍人士：黃朝琴、游彌堅、丘念臺、謝南光、李友邦等為委員，另有林忠、宋斐如擔任專門委員。

臺灣調查委員會設立的一年半（一九四四年四月至一九四五年十月）期間，具體的成果概有編印有關臺灣概況、法令，及專題研究等資料和書刊；設立行政幹部訓練班，培訓行政人才備用；成立警察幹部講習班，選訓一千餘名接收臺灣的各類幹部；擬定「臺灣接管計畫綱要」十六項八十二條，以及分項接管計畫草案四種。

貳、光復之初臺人的反應

　　一九四五年八月十五日，日本正式宣告無條件投降。臺北紳民聞此喜訊，特在北門豎立一個牌樓，上面寫著一幅對聯：「喜離苦雨淒風景，快睹青天白日旗」。位在今南京西路的天馬茶房也貼上一幅對聯，寫著：「天下本是中國土，馬上恢復臺灣人」，以示慶祝。由此可見，臺灣脫離日本殖民統治而回歸祖國懷抱的喜悅心情。於是各地陸續成立「歡迎國民政府籌備會」、「三民主義青年團」、「治安服務隊」等組織，配合政府的接收與地方秩序的維持，民間也有自動學習國語，繪製、懸掛國旗的情形，似乎一心等待祖國接收人員的到來。

　　及至十月十六日傳聞國軍將於是日抵達基隆，民眾歡欣鼓舞，準備盛大歡迎，基隆碼頭更是人山人海，皆以能先睹國軍陣容為快。惟是日國軍艦艇不及駛進港口，歡迎民眾有夜宿碼頭等待通宵達旦者。翌日，國軍抵達基隆，分乘火車開抵臺北，三十萬市民夾道歡呼，並高唱「歡迎國軍歌」，其詞曰：「臺灣今日慶昇平，仰見青天白日清，哈哈！到處歡迎，到處歌聲，六百萬民同快樂，壺漿簞食表歡迎！」

　　這是當年臺灣人慶祝光復的心情和簞食壺漿以迎王師的熱烈情況！

參、行政長官公署之設置與臺灣之接收

　　一九四五年八月二十九日，國民政府特任陳儀為臺灣省行政長官，負責臺灣之接收及軍政事務。陳氏之所以被任命，可能基於以下原因：

第一、其曾任福建省主席，福建與臺灣僅一水之隔，且是大多數臺人的故
鄉，其治閩的經驗有助於治臺，況且其有整齊的人事班底，在閩省任內並
曾至臺灣考察。第二、其具有完整的資歷：歷任兵工署長、軍政部次長、
省主席、陸軍大學教育長和代校長，深得國民政府蔣主席之信任。而陳氏
本人向來亦頗爲注意日治時期臺灣的法律規章，對出任該職亦頗具信心，
「想把大陸上所不能實現的理想，實現於臺灣。」以當時的情形來衡量，
陳氏的確頗爲合乎臺灣行政首長的任用條件。

　　九月一日，「臺灣省行政長官公署」及「臺灣省警備總司令部」成
立，負責接收臺灣。關於如何接收臺灣，當時有兩種不同的看法：其一、
認爲應與一般淪陷省區一樣的接收；其二、認爲應與其他淪陷省區不同，
不設省政府而設行政長官公署，賦予訂定單行法規之權，並擁有軍權，以
便應付特殊的環境。陳儀的看法屬於後者，中央設計局祕書長熊式輝的觀
點大致與陳儀相同，故此派主張最後爲國民政府主席蔣中正所接受。然而
不少臺人認爲國民政府此一設計仍將臺人視同殖民地之人民，因而對政府
相當不滿。

　　政府決定在臺灣設特殊行政體制——行政長官公署制，並未能贏得臺
人普遍的諒解和支持。依「臺灣省行政長官公署組織條例」，行政長官公
署受中央之委託，得辦理中央行政。行政長官對在臺之中央各機關有指揮
監督之權，並可在職權範圍內發布署令及制定單行規章，同時，身兼臺灣
省警備總司令。可見行政長官制係集臺灣省司法、立法、軍事、行政等大
權於一身的一元化領導。行政長官由國民政府特任，此與各省的委員制不
同。各省的省府實行合議制，委員與省主席同爲簡任官；而臺灣省行政長
官公署之各處（祕書、民政、教育、財政、農林、工礦、交通、警務、會
計等處）及祕書長都是行政長官的幕僚人員，均是簡派。此外，設有法制
委員會、宣傳委員會及考核設計委員會。至於銀行貨幣系統也與國內不
同。

　　十月五日，臺灣省行政長官公署祕書長葛敬恩、臺灣省警備總司令部副參謀長范誦堯等四十七人組成「前進指揮所」，抵達臺北，為國軍來臺預作準備。十月十日，邀集臺灣士紳舉行國慶。十月十七日，陸軍第七十軍由軍長陳孔達率領由基隆登陸；十八日，六十二軍由高雄登陸；海軍艦隊司令部及陸戰隊第四團由基隆登陸；憲兵第四團由淡水登陸，陸續完成監視日軍與移防交接的部署。十月二十四日，行政長官陳儀由重慶飛抵臺北，二十五日在臺北公會堂（中山堂）舉行受降典禮，臺灣回歸中國統治。

　　行政長官公署在臺北設立後，將全省行政區由日治末期的五州（臺北、新竹、臺中、臺南、高雄）三廳（花蓮港、臺東、澎湖）改為八縣九市：臺北縣（縣長陸桂祥，以下同）、新竹縣（劉啓光）、臺中縣（劉存忠）、臺南縣（袁國欽）、高雄縣（謝東閔）、臺東縣（黃式鴻）、花蓮縣（張文成）、澎湖縣（傅緯武）、臺北市（黃朝琴）、基隆市（石延漢）、新竹市（郭紹宗）、臺中市（黃克立）、彰化市（王一麐）、嘉義市（陳東生）、臺南市（韓聯和）、高雄市（連謀）、屏東市（龔履端）等。十七位縣市長只有劉啓光、謝東閔、黃朝琴為臺籍人士，但係所謂的「半山」。

　　經濟方面的接收，則依「收復區敵偽產業處理辦法」及「臺灣省接收日人財產處理準則」。各縣市「日產處理委員會」共接收日人產業四百九十五種，各機關接收企業八百二十二種，轉化為行政院「資源委員會」及臺灣省行政長官公署的國營、省營企業。此外，設專賣局和貿易局，對物資的產銷採取嚴格之統制，阻礙商人的經營生機，而接收過程貪汙舞弊，則更讓臺人心生惡感。

　　文教方面，則推動三民主義教育、民族精神教育及國語教育。設立「臺灣省編譯館」，計畫編印學校教材、社會讀物，編譯名著，並設有臺灣研究組。對日本語文的處理則是報紙書刊禁用日語，日治時代的書刊、

電影有詆諛本國、國民黨或曲解歷史者概予銷毀。一九四六年四月二日，設立「臺灣省國語推行委員會」，訓練工作人員、輔導國語教學、編審國語書報、實驗研究設施等。其他尚有更改日式地名、街道名、年代，拆除日式建物、紀念碑、銅像，改革日式生活習俗，以達到「去日本化」轉向「中國化」的目標。

一九四五年底，各縣市行政體系完成接收重整工作。翌年二月起先後成立村里民大會，由村里民大會選舉縣市參議員，成立縣市參議會，再由縣市參議會選舉省參議員，成立省參議會。省參議員選舉於四月十五日舉行，應選三十人，而全省參選者多達一千一百八十人，當選率僅百分之二‧五四。由此可見，臺人在結束殖民統治之後，對於地方公共事務及政治參與的熱烈。

臺灣士紳為了疏通臺灣與大陸間長期的隔閡，一九四六年八月，林獻堂、李建興、鍾蕃、林為恭、姜振驤、黃朝清、葉榮鐘、林叔桓、張吉甫、陳逸松、陳炘等十五人組成「臺灣光復致敬團」，丘念臺擔任顧問，前往中國大陸，拜謁中山陵、晉見國民政府主席蔣中正及各部會首長、捐獻撫恤救災款項、祭拜黃帝陵等。

肆、二二八事件發生之背景

此一臺灣史上重大不幸事件之發生，除了「平日種因已深」、人謀不臧之外，尚有政策上、文化上、情感上、社會上的因素，茲分述如下：

一、省政當局忽視臺灣人心之趨向

　　陳儀過分信任其部屬，演成縱容部下，且被不肖屬下包圍，當其部屬被抨擊時，他不但不加以處罰，不認眞查究，反而傲慢地置之不理。結果變成其光有理想，卻未好好實行計畫，並未約束其部屬的行爲，以致後來形成臺人對外省人的失望與反感。

　　臺灣光復初期制度設計上的缺失，也是臺人不滿的重要因素之一。行政長官制度是陳儀堅持的，當人民反應不佳時，他未能立即建議中央加以修正，顯示陳氏有所偏執，自認有利於其行政者，即不考慮廢除。而就臺人觀之，行政長官制度與日治時期的總督府制度並無差別，因而懷疑祖國不能平等對待臺人，乃心生不滿。

二、阻撓大陸臺人回鄉

　　陳儀繼續任用日官、日警、日本教授，而銀行、公司、工廠、鐵路、電信局和郵政局等各機關，除由陳儀或省主管單位派駐監理人員外，一切還是由日人經營，形成接收後留用日人多於臺人的現象。

　　陳儀對在臺日僑無敵意，反而任用他們、保護他們，而對有意回臺的大陸臺人，卻未能熱心幫助他們返鄉。抗日戰爭期間，有不少臺人前往大陸，日本既已戰敗，在大陸臺人熱望返回家園，或願回臺協助政府的接收工作，屢向陳儀建議，除有犯罪嫌疑者應加以逮捕外，凡在後方或淪陷區不爲日人所利用者，應請長官公署設法送回臺灣，並依其專長予以安插任用。自日軍中解除武裝之臺人，亦要求應讓其回鄉。丘念臺亦曾向蔣主席建議，應從速遣送各省臺人回臺，並獲得其同意，然而陳儀卻未採取任何行動。

　　長官公署不但對臺人返鄉之事不予關心和協助，相反的，多方阻撓臺

人返鄉。例如當廈門市政府向美國接洽船隻運載臺人回鄉時，長官公署反而以臺灣「無屋可容」、「臺灣缺糧」等理由去電阻止，並說這是浪費金錢。此外，陳儀對自日返臺的留學生之生活、就學等問題亦未適當地給予關切，致使回臺的學生極為不滿，甚至召開「回臺學生大會」，批評陳儀政府。

三、處理日產與臺人財產不當

一九四六年一月十四日，北平各報報導政府已公布「關於朝鮮及臺灣人產業處理辦法」，並責令各省市黨政機關執行辦理。關於處理臺人產業之辦法為：「1.凡屬朝鮮及臺灣之公產，各收歸國有。2.凡屬朝鮮及臺灣人之私產，由處理局依行政院處理敵偽辦法之規定，接收保管及運用，朝鮮或臺灣人民，凡能提出確實籍貫，證明其未擔任日軍特務工作，或憑藉日人勢力凌害本國人民，或幫同日人逃避物資，或並無其他罪行者，確實證明後，其私產報行政院核定，予以發還。」此令一出，在大陸的臺人無不驚恐，旅平的臺灣同鄉會且舉行記者招待會，呼籲取消此令。換言之，將臺人視為日人的工具和侵略的爪牙，將臺人視為嫌疑犯，對臺人的打擊甚大，也使得許多臺人在大陸備受侮辱。

其次，不論有無犯罪嫌疑，即將臺人私產全部沒收，須經親自提出充分證據，證明確是清白無辜後，才由政府核定發還沒收之私產。當時大陸臺人對此一措施相當憤怒和不滿，所以該法公布之後，臺人人心沸騰，咸認此無異是政府將沒收其私產，且收回無望。後來雖然政府加以更正，但對大陸臺人或在臺臺人已造成傷害，加以在臺日產處理發生變相的占有或貪汙現象，因而不滿之氣逐漸成為一股反政府的力量。

四、臺人在政治上遭受差別待遇

日治時期臺人無論在行政上、專業上及技術上均難獲公平地位。臺灣光復伊始，不少臺人抱有幻想，以為此後應可自治，當時有些知識分子以為臺灣光復後將由臺人治理臺灣，他們甚至以為謝春木（南光）可擔任省主席，其餘有聲望之臺人如游彌堅、宋斐如、連震東等均可領導臺灣。其實不然，長官公署的九個重要處會的十八位正副處長中，只有一位副處長是臺人。十七位縣市長中，僅臺北市長游彌堅、新竹縣長劉啓光、高雄市長黃仲圖（原為連謀）為臺人，但悉數均返自重慶，並不受臺人歡迎。尤其日人撤出臺灣後，造成臺灣政治的真空狀態，臺人認為今後將有更多從政或參與政治的機會，因此知識分子對政治極為熱衷。

然而臺人期望愈高，失望愈大，接收之後，陳儀並未好好利用臺人的特長，因而無臺人擔任政府、公司、工廠的高級主管，連最小的主管也輪不到，此與日治時期無多大的分別。甚至一九四五年十二月十日在臺灣省訓團受訓結業的三百七十五名臺人，除了少數人外，其餘人員都沒有被任用。

臺人看不慣政府機關用人浮濫，冗員太多，官員太多，官員不僅平日不盡力為民服務，遇事每擺出官架子，並層層推諉，敷衍了事，這些缺點與日治時期官員敬業、行政重效率成為強烈的對比。

五、部分官員之官僚作風與貪汙行為

政治上缺乏效率，官僚作風又盛，公務員涉足酒家、不守紀律及貪汙的事件，報紙上登載不絕，貪汙案件不僅出現在一般公務員，連檢察官、法院院長，甚至教師都貪汙。不少貪汙超過千萬元以上，有人指摘，臺灣省行政長官公署祕書長葛敬恩吞占黃金一百二十公斤、臺北縣長陸桂祥吞

占公款一億餘元、嘉義化學工廠貪汙案多達二億元以上、貿易局勾結商人獲利一億餘元、臺北市教育局舞弊千萬元以上。陳儀過於庇護部屬，未積極改善上述弊端。

六、政風與軍紀太差

有些來臺服務之公務人員，權位雖不大，卻時常流露出優越感，並常以「勝利者」、「統治者」自居。他們視臺人是被統治者，認爲他們是來占領統治臺灣，教導這些「化外之民」的臺人。這一錯誤觀念，使得臺人自尊心深受傷害。日治時期臺人不滿日人的歧視，來臺的外省人又處處以爲高臺人一等，臺人因之視這些外省人爲「新統治者」。加上臺人與外省人因長期隔離，語言不通，教育背景及生活習慣亦不相同，因而彼此難以溝通，感情亦難融洽。而士兵不守法、乘車購物不給錢是常見的事，甚至有公然搶劫者。

七、通貨膨脹嚴重

臺灣經濟危機的造成，主要源於通貨膨脹，物價飛漲，尤其是糧價居高不下。臺灣原以產米著稱於世，日治時期，臺米除供本島消費外，每年對日輸出達五百萬石。但戰爭時期，外來肥料因戰爭而中斷，臺灣糧食已漸感缺乏，戰爭末期的轟炸又使不少農田受損；加以青年被徵召入伍，勞力亦感缺乏，稻米生產遂不如往昔。爲了應付戰爭，日本政府將全島糧食的生產、儲蓄、加工、運輸乃至分配、銷售，實行嚴格的統制，即實施所謂「總收購總配給制度」，引起農民普遍不滿，以致糧食生產銳減。

臺灣光復後，政府仍繼續採取統制政策，而於一九四五年十月三十一

日公布「臺灣省管理糧食臨時辦法」七條，繼續實行配給，但因無法掌握大量糧食，且影響生產，故此一辦法不久即廢止，省內糧食恢復自由買賣。但一九四六年初，臺灣已嚴重缺乏糧食，雖經政府派「糧食勸徵隊」，實行徵糧和配給制度，輸入麵粉，以及以臺灣煤換取福建米糧等措施，但仍緩不濟急，米價一直飛漲，以致有人言物價之高冠於全國。

八、統制經濟與民爭利

陳儀在福建的統制政策最後失敗了，但他到臺後看到日本在臺專賣制度的成功，更加強他的統制思想。他除繼續日人的專賣制度而設置專賣局之外，又設了控制省內外運輸的貿易局，幾乎壟斷了臺灣的民生貿易與工業各層面，一般私人企業無法發展，造成人民更多的不滿與失望。其部屬有與商人謀組「臺灣通運公司」，以奪民營公共汽車的營運之利；又謀成立「貿易公司」，企圖統制貿易。凡此種種，無一不與人民利益發生衝突。在此種情形下，曾有臺人於一九四六年一月向行政院請願，要求「中央明令取消與民爭利之貿易公司，及類似性質之各種中間剝削機構，取消各種戰時統制法令，以疏民困。」足見人民對陳儀統制政策之不滿。

九、臺人與祖國之隔閡

臺人對祖國的隔閡及不知政治現狀，因而期望過大，亦為原因之一。由於大陸國、共戰事不斷升高，全國性經濟危機發生，物價上漲，社會失序，人心不穩，以致中央政府難以致力經營臺灣。但臺人長期在日人封鎖下，對祖國情形所知不多，因此臺人處處拿日治時期的軍、政、社會等方面與戰後中國政府施政相比較，在強烈的對比下，反而感到祖國不如

日人，轉生輕視鄙夷之心理。此外，有些大陸來臺者對臺灣婦女騙婚、欠缺現代知識之生活習慣的差距、價值觀與道德觀之差異，加上語言的溝通不良，均加深了省籍的鴻溝。臺人初對祖國期望過高，不久即由失望轉而爲輕視。

伍、二二八事件之經過

一九四七年二月二十七日，專賣局官員在臺北市延平北路查緝私菸時，小販林江邁苦苦哀求發還被扣香菸，引發路人圍觀求情，查緝員葉得根、傅學通、鍾延洲、趙子健、劉超群、盛鐵夫等人爲求擺脫民眾之包圍，傅學通乃鳴槍示警，不料卻誤射當時在自宅下觀看熱鬧的市民陳文溪，次日死亡。這一偶發事件引發民眾之憤懣，於是將查緝員的卡車推倒路旁。專賣局聞訊派該局業務委員會常務委員李炯支及業務會第四組組長楊子才，於是夜九時許趕往現場處理。群眾要求將查緝員立予槍決，李、楊不得已會同臺北市警察局長陳松堅將六名查緝員送憲兵隊看管，群眾則堅持不散，或到臺灣新生報要求刊登此事，一部分人則沿街敲鑼向民眾宣告此事的始末，此爲臺灣「二二八事件」之導火線。

次日一早，群眾敲鑼打鼓，前往專賣局臺北分局將庫存香菸、火柴搬至大馬路燒毀，毆打外省職員。另一方面，臺北工人罷工、學生罷課、商人也主動休市抗議。下午一時，群眾四、五百人，以鑼鼓爲前鋒，由火車站向長官公署前進（今行政院現址），但至中山路口，即爲公署之士兵開槍阻擋，擊斃三人，傷數人，此即所謂「廣場事件」，事件由是更爲擴大。下午二時，群眾至中山公園（今二二八和平公園）占領臺灣廣播電臺

（今二二八紀念館之現址），向全省廣播，批判官吏之貪汙、米糧之外運、民不聊生等，並號召群眾起來驅逐各地官吏，使得事件擴大成爲全島性的反政府行動。

此時民眾遷怒外省人，因此在臺北、基隆、板橋等地開始有民眾毆打外省人，從二月二十八日至三月五日實爲外省人在臺灣最艱苦的時期（當然此一期間也有不少臺人保護外省人）。

事件擴大後，民意代表、國民大會代表、參政員、省市參議員等乃在臺北組織「二二八事件處理委員會」，三月三日至五日各縣市紛紛成立分會，形成全島性的聯合（澎湖例外），聲勢浩大。出任處委會委員者，有的基於地方治安的考慮，有的則只掛名而實際未參加集會，然而，國軍抵臺鎮壓時，各地處委會委員紛紛被逮捕，或被殺害，誠爲人間悲劇。

至於陳儀及其部屬對此次事件的態度，最初希圖大事化小、小事化無，但情治人員以參與暴亂群眾日多，而主張請求中央派大軍鎮壓；另有主張以「民眾力量對抗民眾力量」者，亦即是在群眾內部採取分化、瓦解之策，再予以致命的一擊。情治人員始終嚴密監視處委會的委員動態，以便適時加以逮捕。

處委會成立之初由於參加分子複雜，因此，每次開會幾乎均在喧鬧中進行，遂容易被情治人員所滲透。由於分子複雜，故所提要求亦多，且條件隨時添加，以致政府所派參加處委會的代表全部撤出。因處委會係集大部分的民意代表，故從三月一日至八日，臺灣省行政長官公署命令幾乎不出公署一步，而由處委會所控制。三月六日處委會由王添燈提出三十二條要求，七日下午，在一片吵雜聲中又增列十條，計四十二條。這些要求中，由於軍事方面的要求：「在內陸之內戰未終息以前，除以守衛臺灣爲目的之外，絕對反對在臺灣徵兵，以免臺灣陷入內戰漩渦」，「警備司令部應撤銷，以免軍權濫用」等款，被政府當作是叛國的證據，因而派遣國軍至臺灣進行鎮壓。

　　陳儀及其部屬初以為取締私菸誤殺人命只由政府賠償即可了事，不知民間已對政府極為不滿，因此未積極處理，人民乃利用機會要求改革疵政。陳儀也希望早日結案，故要求臺灣士紳努力調停，孰知人民對政府已無信心。而處委會的分子又雜，每日開會，但卻嘈雜無甚章法；加上情治人員滲透其間，以致處委會對政府的要求愈來愈多，因而長官公署及黨部要員均認為非請中央派兵鎮壓不可。國府主席蔣中正之情報係來自不同的情治系統，有的誇張事件為共黨所主導的嚴重暴亂，故蔣氏乃於三月五日決定派兵鎮壓，名義上則以二十一師整編師歸建來臺；蔣氏雖曾下令不得對臺人施加報復，惟大軍登陸後並未確實奉行命令，因而才有大規模之屠殺。

　　處委會的委員每日忙著開會，其中有些人認為應利用機會要求改革臺政，或要求臺灣高度自治，他們似乎陶醉在理想的美夢中，一心一意想去除貪官汙吏，以為政府軟弱無能，因而對中央已派大軍至臺鎮壓之事漠然不知，許多委員全然不知逃避而被捕喪命。

　　由於情治人員誇張中共的角色、臺民的叛亂，以及外省人無辜被毆殺，故軍隊於三月八日下午登陸基隆時，乃大肆掃射報復，並以強大的火力在各地進行強力掃蕩，造成無辜民眾嚴重的傷亡。

　　在軍隊鎮壓過程中，受害最嚴重者為基隆、臺北、嘉義和高雄等地，基隆、嘉義尤甚。由於反政府者並無嚴密組織（臺中的「二七部隊」雖較有組織，但參與的青年學生不過數百人，無實際作戰經驗，彈藥、糧食又是問題），故國軍抵臺不到一星期即徹底敉平（三月六日高雄要塞司令彭孟緝將軍對前往司令部要求軍隊勿進行彈壓者，斷然拒絕，先鎮壓高雄地區，再率軍赴臺南彈壓，彭氏之舉措造成南部地區不少傷亡，故臺人至今對他仍不諒解）。

　　三月十日，公署再度宣布戒嚴以相配合，全面展開綏靖工作，宣布「二二八事件處理委員會」、「臺灣省政治建設協會」等為非法團體，下

令解散之，查封十餘家報社，查扣「反動刊物」。於是，與上述團體及報社有關的重要人士均列名「叛亂首要人犯」，紛遭捕殺。蔣主席得悉軍政人員藉機濫行報復，隨即諭令公署嚴禁軍政人員報復。儘管公署三申五令，惟報復、濫殺事件卻層出不窮。待鎮壓告一段落，接著，實施「清鄉工作」，以肅清事件參與分子及收繳散失的槍枝彈藥，其間，羅織入罪、密函陷害、恐嚇勒索等情事仍不斷發生，目前，據警總資料顯示，逮捕人數數以千計，可說是風聲鶴唳、草木皆兵，造成許多社會精英及民眾無辜受難，為臺灣社會帶來空前的浩劫。

至於因案被殺或被囚禁的家屬，其財產均被沒收，子女日後受到種種的迫害，諸如教育、婚姻、公務員升遷等困難，以致受難家屬至今憤憤不平，可謂其來有自。

此次事變到底傷亡多少？目前仍欠缺確切的資料，過去官方資料載稱最高傷亡不超過七千人，而民間則有稱最高估計超過十萬人者。行政院研究「二二八事件」小組的「二二八事件研究報告」，則估計一萬八千人至二萬八千人之間，此似較為臺灣一般人所接受的數字。精確的傷亡人數恐怕永遠是個謎。

陸、二二八事件之影響

臺人當時要求的高度自治雖未完成，但事件後政府把長官公署改制為省政府，派魏道明取代陳儀。臺政遂走向政治與軍事分離之途。

臺人經此次的大變動，震攝於軍事威力，不少知識分子對政治不再抱存希望，因而不敢涉入政治，同時也告誡其子女，不可參與政治。而這次

知識分子精英被捕殺，造成臺灣民主政治史上一大斷層，地方勢力逐漸爲日後國民黨黨團所取代。另一方面，不少社會精英不再過問世事，轉而從事工商業，故有學者認爲二二八事件與臺灣經濟奇蹟有相當大的關係。

一些參與「二二八事件」者或受難家屬，因痛恨國民政府而出走海外，從事推翻國民政府的運動，亦即是其後臺獨運動之發端。在政府追究的首謀名單中，也有被冤枉者，例如廖文毅、廖文奎兄弟即是，他們先逃至香港，後轉至日本、歐洲、美國各地從事反政府活動、鼓吹臺灣獨立，在海外形成一股勢力，最後集中在美國，使美國成爲臺獨的大本營。另有部分人士雖然痛恨國民黨，但其思想與臺獨有所不同，他們想聯合當時的中國共產黨以驅逐在臺的國民黨。此外，有一些知識分子對國民政府徹底失望，因而思想左傾，其後爲情治人員所發現，乃於一九五〇年代至一九六〇年代大肆逮捕，形成臺灣史上的白色恐怖時期。

這次事件也影響到省籍問題，不少臺人將這次悲劇歸之於外省人的報復，故對外省人敢怒不敢言，因而造成社會在婚姻上、就業上對外省人的排斥，這種省籍情結直到一九七〇年代才逐漸泯除。

第二節　中央政府遷臺後的政治發展

壹、動員戡亂與中央政府播遷來臺

　　戰後，國共鬥爭漸次激化，一九四八年四月，國民大會制定「動員戡亂時期臨時條款」，作為憲法的附件。其主要內容為：總統在動員戡亂時期，為避免國家或人民遭遇緊急危難，或應付財政經濟上重大變故，得經行政院之決議，為緊急處分。動員戡亂時期之終止，由總統宣告或由立法院咨請總統宣告之。由是而進入動員戡亂時期。其後，由於事實需要，臨時條款長期存在；同時，根據臨時條款，先後制定一百四十餘種與動員戡亂有關的法規和行政命令。

　　因戡亂剿共軍事節節失利，中央政府自一九四九年四月撤離南京後，一遷廣州，再遷重慶，三遷成都，乃有以臺灣作為反共復國基地的想法。同年十二月七日，行政院在成都召開緊急會議，會中討論並通過決議：政府遷設臺北，另於西康西昌設置大本營，統率陸海空軍在大陸指揮作戰。八日，行政院長閻錫山抵臺，宣布行政院於次日即在臺北正式公開辦公，召開首次院會。同月十一日，中國國民黨中央黨部亦遷臺北。

　　十二月四日，在臺立法委員、監察委員、國民大會代表電請蔣中正總裁復行總統職權，以挽危局。同月七日，又有國民大會代表七百一十二人在臺北中山堂集會，電請蔣總裁以中樞不可一日無主，即日宣告繼續行使總統職權。

　　十二月八日，臺灣省參議會議長黃朝琴（一八九七～一九七二年）於民國三十九年度行政會議中表示：「臺省民眾一向擁護中央，當一致歡迎中央政府來臺。」參加省行政會議之各縣市參議會正副議長及農工商各界代表四百餘人，亦熱烈鼓掌表示擁護歡迎。其他民意機關團體則另電公開

表示擁護政府遷臺。

　　政府遷臺後，即對有關人事作局部調整。十二月十五日，行政院決議改組臺灣省政府，原任主席陳誠專任東南長官，任命吳國楨爲主席，委員二十三人，臺籍人士占十七人。翌年三月一日，蔣總統中正爲俯順輿情，復行視事。

　　蔣總統於視事之日，發表文告，除重申反共，拯救大陸同胞，重建中華民國爲三民主義之民有、民治、民享之國家外，並於翌日宣布今後施政的四大方針：

　　1.在軍事上鞏固臺灣基地，進圖光復大陸。
　　2.在國際上先求自力更生，再聯合民主國家共同反共。
　　3.在經濟上提倡節約，獎勵生產，推行民生主義。
　　4.在政治上保障民權，厲行法治。

　　在上述四大施政綱領之下，政府整軍經武，勵精圖治，終於使臺灣度過危急存亡之秋，欣欣向榮，成爲世界堅強的反共堡壘，並維繫憲政法統於不墜。

貳、集中兵力鞏固臺澎

　　政府遷臺後，表面看來局勢似尚穩定，但事實上，除了撤退來臺的海空軍比較完整外，各處的地面部隊幾乎都沒有得到整補，番號雖多，人員武器均感不足。而此時中共又在東南沿海陳列重兵，企圖渡海來犯，形勢

相當危急。當時國軍雖保有舟山、海南、大陳、金門、馬祖等島嶼，但兵力分散，容易為共軍各個擊破，尤其海南、舟山與大陳等地，鄰近大陸，遠離臺灣，支援補給均感困難。政府乃決定次第實施戰略撤退，集中兵力，以鞏固臺澎基地。

一、海南島撤退

　　海南島位於南海，與雷州半島僅一水之隔，具有遠東潛水艇基地的最高價值。退守海南島之國軍，雖於一九五○年春先後擊退來犯共軍十次，但因未能獲得美國的援助，戰局遂陷於不利態勢。當時守備海南島之國軍部隊，兵力約八萬人，戰力有限；同時，島上物資缺乏，補給困難。加以內有土共，時出竄擾，國軍受其牽制，妨礙甚大。政府如欲繼續防守該島，自須從臺灣將供應品與防守臺灣的三軍大量運往增補，何況臺灣又是共軍次一進犯的目標。政府為免重蹈過去兵力分散的覆轍，避免與敵決戰及持久消耗，乃下令作戰略性撤退，以保全兵力，於同年五月五日，將海南島國軍大部分安全運抵臺灣。

二、舟山撤退

　　舟山群島位於杭州灣口以東地區，島嶼縱橫，地鄰滬杭，自一九四九年夏，蘇浙相繼淪陷後，國軍即以強大陸海空軍防衛該島，執行關閉政策，直接控制滬、杭及長江口中共航運，對窒息中共經濟，頗著成效。

　　但至一九五○年春，共軍集結大量陸海空軍，企圖各個擊破舟山及東南沿海各島嶼，進而窺伺臺澎基地。在1.空軍優勢不能確保，無法繼續執行封鎖長江任務；2.遠離基地，支援不易；3.補給線過長，運補困難等三

種狀況下，國防部不得不策定撤退舟山國軍計畫。同年五月十二日至十六日，以海空軍分別擔任出擊及掩護任務，陸軍部隊分為六個兩棲兵團及一個特種混合兵團，從容登輪。十七日，這支強大部隊逐漸航向臺灣。二十日，全部撤航完畢，未曾遭受任何困難和損害，實為空前未有戰略轉用兵力的成功。

從海南島到舟山的撤退，均為蔣總統復行視事後，為確保臺澎為反攻大陸的基地，所採取的一種及時而明智的軍事行動。兩次戰略性的撤退，不但未引起臺灣人心的不安，相反的，由於外島兵力集中，臺灣的防衛力量因此加強，終使共軍不敢貿然作進攻臺灣的冒險。一九五〇年六月二十五日，北韓共軍進攻南韓的戰事爆發，不久，美國總統杜魯門宣布派遣第七艦隊巡弋臺灣海峽，暫時隔絕中國大陸對臺灣及臺灣對中國大陸的攻擊，臺灣的安全性進一步獲得保障。

參、戒嚴法的實施

一九四九年一月五日，陳誠繼魏道明出任臺灣省主席，接著，兼任臺灣省警備總司令，不久，剿共軍事逆轉，共軍於四月二十日渡長江後分兵三路進向華南，臺灣省政府暨臺灣省警備司令部基於國防安全需要，宣布自一九四九年五月二十日起，全省戒嚴。其要點為：

1.除基隆、高雄、馬公三港外，其餘各港一律封鎖，基隆、高雄兩港市，每日上午一時起至五時止為宵禁時間。

2.嚴禁聚眾集會、罷工、罷課及遊行請願等行動；嚴禁以文字標語或

其他方法散布謠言。

3.居民無論家居外出，皆需隨身攜帶身分證，以備檢查，否則一律拘捕。

4..造謠惑眾、聚眾暴動、搶劫財物、罷工罷市、鼓動學潮、破壞交通者處死刑。

接著，政府各機關相繼制定許多輔助戒嚴的法規，例如同年五月二十四日，立法院通過「懲治叛亂罪犯條例」，對擾亂治安、金融及煽動罷工、罷課、罷市者，均處以重刑。五月二十七日，臺灣省警備司令部訂定「戒嚴期間防止非法集會、結社、遊行、請願、罷課、罷工、罷市、罷業等規定實施辦法」及「戒嚴期間新聞雜誌圖書管理辦法」。根據上述法規，人民的言論、集會、結社、請願等基本人權受到限制。此類戒嚴法令隨局勢演變，時有修訂或廢止，即使是實行中的法規，在執行上亦時寬時嚴。政治案件層出不窮，許多人以「通匪（中共）」、「藏匿匪諜」、「涉嫌叛亂」、「企圖顛覆政府」等罪名而被逮捕、判處重刑或死刑，其中，因冤案、錯案、假案而犧牲者為數不少。

肆、地方自治的實施

一九四六年二月至三月，臺灣省八縣九省轄市、二百二十鄉、七十二鎮、六十五區，以及花蓮、宜蘭二縣轄市，分別舉行鄉鎮縣轄市區民代表會之選舉，由村里民大會選舉產生。接著，由鄉鎮區民代表、職業團體會員選舉縣市參議員，於四月成立縣市參議會。五月，由各縣市參議會選舉

省參議員，組成省參議會。爲戰後臺灣地方自治之濫觴。

一九四八年五月行憲之初，立法院著手草擬省縣自治通則草案，七月底，完成初稿七十七條。嗣因大局逆轉，中央政府播遷來臺，該草案一度被討論，旋置諸高閣。一九五○年四月二十二日，省政府公布施行「臺灣省各縣市實施地方自治綱要」，九月，再度調整縣市行政區域，由光復初的八縣九省轄市調整爲十六縣五省轄市，地方自治的籌備工作乃告完成。省政府於同年七月起，開始辦理第一屆縣市議會議員選舉；第一屆鄉鎮縣轄市區長選舉，也於同年十月陸續開始辦理。縣市議員、鄉鎮縣轄市民代表最初任期二年，一九五五年起改爲三年，一九六四年起延長爲四年。

一九五○年八月，繼各縣市議會議員選舉之後，即分期辦理第一屆縣市長選舉。全省二十一縣市，計分八期辦理，直至一九五一年七月才陸續辦理完畢。縣市選舉自第三屆以後，均調整爲全省同時改選，縣市長的任期原規定爲三年，自一九六○年第四屆起改爲四年一任，連選得連任一次。

省參議員的任期原規定爲二年，惟因政局動盪，奉准延長，直至一九五一年十二月第一屆臨時省議員就職後方告屆滿。第一屆臨時省議會議員選舉，仍係採間接選舉，至第二屆臨時省議會議員選舉，才改由公民直接選舉產生。由於省縣自治通則短期內無法公布實施，行政院乃於一九五九年六月二十四日決定第三屆臨時省議會於任內改稱第一屆省議會。臨時省議會的任期原爲二年，至一九五四年第二屆起改爲三年，復於一九六三年第三屆省議會延長爲四年。

關於省市長民選，由於中央政府播遷來臺，省縣自治通則草案長期擱置在立法院，未能完成立法，臺灣省省主席一直由官派產生，而省政府的組織亦無法規作標準。隨著反對勢力興起，強力要求省長民選及制訂法律規範省府。在這種情形下，一九八七年起，執政黨研擬政治改革方案，乃將地方自治法治化列入考慮，一九九三年通過省縣自治法、直轄市自治法

及行政區劃法，而於一九九四年十二月完成省市長民選工作。一九九八年進行「精省」工作，廢除省長民選及省議會。

伍、政治社會運動與政治參與的擴大

在戒嚴體制下，臺灣的政治社會運動主要訴求如下：人權保障的呼籲、戒嚴法的反對、司法獨立的要求、中央民意代表全面改選的爭取、省市長民選的追求。茲詳述如下：

一、關於人權保障的呼籲

一九五〇～一九六〇年代，國內政學界、新聞界已常向政府呼籲保障人權，迨至一九七〇～一九八〇年代由於新興反對勢力的興起，對於政府違反人權的法律和措施，抨擊批判不遺餘力；加以國際上亦不時表示關切和批評。政府因而有逐漸改進人權之措施，一九八七年解嚴之後，侵犯人權事件逐漸減少發生。

二、關於戒嚴法的反對

輿論對戒嚴法之批評，主要在於反對思想控制，爭取言論自由，以及反對黨禁，爭取人民集會、結社的自由。一九五〇年代《自由中國》是爭取言論自由的重要喉舌，一九五七～一九六〇年間，《自由中國》長期討論反對黨問題，最後決定組黨，旋遭政府取締。一九六〇年《自由中國》

停刊後，鼓吹言論自由的聲音減弱。迨至一九七〇年代，透過中央民意代表增補選，新興反對勢力興起，鼓吹言論自由的聲浪再起，例如《臺灣政論》、《八十年代》、《美麗島》等雜誌均是重要的言論機關。雖然政府一再查禁該類書刊雜誌，終究無法壓制反對的聲浪。同時，反對勢力不斷要求政府開放黨禁，甚至於一九八六年九月不顧禁忌成立民主進步黨。政府爲避免政治衝突，未依戒嚴法加以取締，翌（一九八七）年七月十五日，政府遂宣布解除戒嚴，開放黨禁、報禁等，與戒嚴有關的法令陸續廢止或修訂。

三、關於司法獨立

一九五〇年代《自由中國》、《公論報》等不時要求司法制度須做到審判獨立、審檢分離、司法人員退出政黨等。一九七〇年代，司法獨立的呼聲再起，其結果，一九八〇年一月一日政府開始實行審檢分離，高等法院與地方法院改隸司法院，行政院司法行政部易名法務部，掌理檢察及監獄管理等事務。

四、關於中央民意代表全面改選的爭取

一九四七年，第一屆國民大會代表、立法委員及監察委員分別選舉產生，一九四九年中央政府播遷來臺後，中央民意代表無法改選，繼續延任，引起各方不滿。一九六九年起，政府在輿論的催促下，制定「動員戡亂時期自由地區中央公職人員增補選辦法」，定期辦理中央民意代表增補選，但一般輿論及新興反對勢力不斷要求全面改選。一九七八年十二月中美斷交後，改革的呼聲更加提高，中央民意代表全面改選問題更加引起熱

烈討論。一九八七年十二月二十五日，民進黨進而在臺北市發動「全面改選國會」的群眾示威。翌年二月，國民黨中常會通過充實中央民意代表方案，訂定增額代表總數，鼓勵資深者自願退職。一九八九年二月，立法院通過第一屆資深民代自願退職條例，但效果並不顯著。因此，反對勢力繼續加以抨擊，而輿論亦不斷的批評。在這種情形下，政府終於排除萬難先後於一九九一年、一九九二年改選國民大會、立法院；另透過修憲將監察院改為準司法機關，監察委員由總統提名，經國民大會同意後出任。完成中央民意代表的全面改選工作。

陸、政黨政治的形成

　　四十餘年來，臺灣地區能從一黨領政逐漸形成政黨政治，實根基於中央民意代表的增補選和全面改選，以及政治反對勢力的成長和反對黨的組成。茲分三方面說明政黨政治的形成。

一、中國國民黨之演變

　　四十餘年間，國民黨在臺灣地區最大變化有三：一為民主化，二為本土化，三為鬆弛化。所謂民主化，是指決策程序的民主和人選制度的民主。國民黨原為革命政黨，由於一直未能將中國完全統一，達到革命的目標，故一直維持革命政黨的屬性，惟其革命的屬性已愈來愈低。一九八七年解除戒嚴、開放黨禁後，國民黨已與各反對黨立於平等的地位，在選舉中競爭政權。一九九一年十二月的國民大會全面改選、一九九二年十二月

的立法院全面改選，反對黨的席位大增，對執政黨構成威脅，即為證明。至於黨內民主，在一九八九年、一九九○年以後，各級民意代表和縣市長的選舉，已普遍以黨初選制度作為提名作業的參考。現中央委員、中常委、黨主席，亦均以票選方式產生。

所謂「本土化」，涵義有二：一為在施政方針上，逐漸放棄以反攻復國或三民主義統一中國的目標，而確認「臺灣優先」、「統治權不及大陸」的現狀。雖然一九八八年七月十三全大會所修訂的黨章，仍標榜「負有完成國民革命之使命，致力於實踐三民主義、光復大陸國土、復興中華文化、堅守民主陣容，建設中華民國為民主、均富、統一的三民主義民主共和國」，並於一九九一年成立國家統一委員會，訂出國家統一的近程、中程、遠程目標，但一九九三年一月、二月間國民黨就公開承認所謂一個中國就是「一個在臺灣的中華民國」。本土化的另一涵義是各種黨政機關的重要幹部臺灣籍人士日漸增多，這種情形反映在臺灣省政府委員廳處長的籍貫結構尤為明顯。一九四七年五月至一九四九年十二月魏道明（外省籍）、陳誠（外省籍）任省主席時期，臺籍委員廳處長占百分之二十一。一九七二年六月以後，臺籍的謝東閔、林洋港、李登輝、邱創煥、連戰先後任省主席，臺籍委員廳處長的比例直線上升，分別為百分五十九、百分之四十、百分之七十六、百分之八十二、百分之八十七。

國民黨的民主化和本土化產生一個重大的影響，即黨內派系浮現。從蔣經國去世以後，黨內主要派系為由省籍差異和統獨之爭而衍生的所謂主流派、非主流派。大體說來，主流派由臺籍人士主導，擁護李登輝總統，在立法院以「集思會」的委員為代表，在政治理念上傾向於「臺灣優先」，「一個中國」的情結淡薄。非主流派由外省籍人士主導，本省籍人士富大陸情結者亦加入，初以司法院長林洋港、國家安全會議祕書長蔣緯國為中心，一度競爭總統、副總統之提名；其後，所謂非主流派，以林洋港和先後任行政院長的李煥和郝柏村為中心，在立法院中以「新國民黨連

線」的委員為代表。在政治理念上代表國民黨的正統，「一個中國」的情
結濃厚。

二、民進黨之成立與發展

在戒嚴令下，憲法賦予人民集會結社自由之權被凍結，實施「黨
禁」，而由中國國民黨一黨長期執政，另以「反共宣傳費」扶助青年黨和
民社黨作為友黨，以充當實行「政黨政治」的門面。所謂「政黨」，必須
以爭取政權或維持政權為前提，然而民、青兩黨既沒有爭取執政權的能
耐，又無法發揮監督執政黨的功能，基本上不能算是「有效政黨」，而被
譏諷為「廁所裡的花瓶」。

至於異議人士組織反對黨的過程，則備嘗艱辛。一九六〇年「自由
中國社」結合臺籍人士籌組「中國民主黨」失敗以後，異議人士暫時不敢
進行組黨，而以「黨外」之名活動與國民黨相區隔。所謂「黨外」，是指
「國民黨之外」，原本零散而無組織，為了選舉在一九七八年底才形成
「全省黨外助選團」。一九七九年，美麗島雜誌社在高雄市舉行大遊行，
當晚即遭慘烈的鎮壓。但是「黨外」的組織化並未因此而停擺。

黨外勢力重整旗鼓，於一九八〇年底恢復的增額中央民意代表選舉
中，獲得不錯的成績，在七十六席國大代表中獲得十二席，七十席立法委
員中獲得十三席，特別值得注意的是，美麗島事件受刑人家屬「代夫出
征」、「代兄出征」者全部當選。一九八一年底，舉行省議員、縣市長、
北高兩市議員三項地方公職人員選舉，黨外以黨外推薦的方式，成功地將
其候選人的絕大多數安全護送上壘。

在連年告捷後，黨外開始認真討論組織政黨的問題。一九八二年十
月，黨外的《博觀》雜誌推出「組黨專輯」，討論組織反對黨的問題，旋

即遭警總查禁，雜誌社創辦人尤清更遭受恐嚇。

　　一九八四年五月十一日，黨外公職人員成立「黨外公共政策研究會」（簡稱「公政會」），黨外自此出現常設組織。一九八六年初，「公政會」在臺灣各地籌備成立分會，六月，以康寧祥爲首的「公政會首都分會」向總會建議於一九八七年正式成立新黨。七月初，公政會祕密組織「組黨行動規劃小組」。九月二十八日上午，黨外人士一百三十餘人在圓山大飯店集會，討論參加年底中央民意代表選舉問題，在宣布開會後，尤清、謝長廷提出臨時動議，要求變更議程，討論組黨事宜。於是參加會議者都簽名爲新黨發起人，定名爲「民主進步黨」，稍後並舉行記者招待會，宣布該黨成立。民進黨成立後，政府爲避免政治衝突，並未依法取締。一九八七年政府開放黨禁。至一九九一年十一月，向內政部登記的合法政黨達六十八個。在許多反對黨中，以民進黨勢力最大。民進黨是匯集十餘年來的各種反對勢力而成。成立最初的幾年，約分爲二大派系，一爲泛新潮流系，一爲泛美麗島系。其後，由於「臺獨聯盟」自美國移返臺灣，加以黨內成員日增，於是派系轉趨複雜，到一九九二年十二月立法委員選舉時，至少有五、六個派系。近年來，透過選舉，其在中央民意代表、縣市長當選席次不斷增加，得票率不斷提高，直逼國民黨，一九九七年，縣市長選舉進而贏得多數縣市，形成以地方包圍中央的局面，隱然有邁向執政的態勢。

三、新黨之成立

　　一九八八年一月蔣經國總統去世，由副總統李登輝繼承大統，爲第一位臺灣人總統，開國民黨內權力交替的分水嶺。李登輝時代，國民黨派系形成所謂主流派和非主流派。一九八九年八月，非主流派的部分成員打著

「改革國民黨」的大旗，成立「新國民黨連線」，高唱「黨內民主」，與黨中央之間關係日趨緊張。其核心成員趙少康、郁慕明、李勝峰、周荃、陳癸淼違紀參選立法委員，獲得大勝，乃於一九九三年八月自立門戶，成立「中華新黨」。隨著「中華新黨」的成立，臺灣的政黨競爭一時由兩黨政治進入三黨鼎足之局。然而，一九九八年，立法委員的選舉結果，新黨無論得票率或席次均大幅減少，未來能否重振有待觀察。

第三節　外交與兩岸關係

壹、外交關係的展開

　　中央政府播遷來臺後，積極展開外交工作，以謀求確保中華民國的國際地位。就外交政策的演變觀之，可分為鞏固外交、彈性外交、務實外交三大階段。茲分述如下：

一、鞏固外交時期（一九五〇～一九七一年）

（一）爭取友邦，謀求「確保臺灣，光復大陸」

　　中共政權一成立，蘇俄及東歐附庸國家即予承認，大英國協及西歐、北歐諸國亦有不穩之勢，外交部及駐外各館多方設法，盡力勸阻。一九四九年底，緬甸、印度率先承認中共政權，至一九五〇年初，巴基斯坦、英國、錫蘭、挪威等十餘國亦受影響，紛紛相繼承認。面對國際間這一連串不友好的行為，外交部曾屢次對外聲明：凡中共政權與各國所訂之一切條約與協定，均屬非法，對於中華民國政府與人民，不發生任何約束的效力。

　　此一時期，戰後世界體系形成由美、蘇兩大強國所領導的民主陣營與共產集團的對抗，臺灣納入東亞北起韓國、日本、臺灣、菲律賓所形成的反共防禦線的一環。一九五〇年六月韓戰爆發，美國第七艦隊巡防臺灣海峽。一九五二年臺灣與日本簽訂「中日和平條約」，恢復正常關係。一九五四年十二月，「中美共同防禦條約」簽訂，在美國支持保護下，中華民國固守在聯合國的地位，面對歐洲國家逐漸斷交，乃積極爭取亞非新

興國家的支持，「先鋒計畫」而派遣的農技團、醫療團，就是當時的產物。

（二）阻止他國牽引中共進入聯合國

中共政權成立後，曾於一九五○年一月八日致電聯合國祕書長及安全理事會各國代表，要求取代聯合國各機構中的中國代表席位。接著，蘇俄代表於一月十日的安理會會議中，提議排斥中華民國代表，所謂「中國代表權」案，從此開端。此後二十餘年間，中華民國政府在外交戰場上始終為維護代表權而奮戰不懈。一九六○年代後期，美國身陷越戰之泥沼，美、蘇兩極對抗的意識亦漸改變，美國想藉「中國牌」以制俄，乃漸次放棄對中華民國的支持。

一九七一年十月二五日，聯合國大會先表決「恢復中華人民共和國的合法權利案」是否列為「重要問題案」（即表決須達全部三分之二），結果五十九票反對、五十五票贊成，中華民國代表團長周書楷見形勢已定，乃宣布中華民國退出聯合國，接著大會表決阿爾巴尼亞所提的恢復中華人民共和國權利，結果七十六票贊成、三十五票反對、十七票棄權、三票缺席，大會將投票結果作成二七五八號決議文：「……恢復中華人民共和國的所有權利，承認其政府的代表為中國駐聯合國的唯一合法代表，並立即將蔣介石的代表逐出他們在聯合國與其所有附屬組織非法占有的席位。」

二、彈性外交時期（一九七一～一九八八年）

中華民國退出聯合國對臺灣社會民心造成極大衝擊，而且最重要的是造成斷交的骨牌效應和退出各種國際組織。以邦交國的消長觀之，一九七○年六十六國、一九七二年三十九國、一九七八年二十一國、一九八八年二十二國，其中，一九七二年與日本斷交，一九七九年與美國斷交。

　　因應退出聯合國的衝擊，政府調整總體外交之作法如下：

　　（一）加強與我國有邦交國家之友誼和關係，若兩國關係有所改變，我國絕不輕言斷絕外交關係，但也絕不為了維持邦交而放棄我國的基本國策。

　　（二）致力於發展與無邦交國家的實質關係，例如在西歐十二個國家設有機構，推展雙方關係，而英、法、比、西德、西班牙、希臘等六國在華則設有代表機構，根據互惠互利原則，從事多方交流活動。與中歐各國的貿易年年成長，一九七三年雙方貿易額十五餘億美元，一九七八年增為二十九餘億美元，五年之間成長將近二倍。據海關統計，此一期間，中德貿易額居我國對歐貿易之首位，其次，為英、荷兩國。又如與歐洲各國間的文化交流十分密切，一九七一年在倫敦成立「中英友好協會」、一九七三年荷蘭的「中荷友好協會」在海牙成立「中山文化中心」、一九七六年在法國北部成立「法北友華協會」、一九七八年在瑞典設立「瑞典自由中國協會」等，均致力於推動雙方民間友好和交流活動。此外，我國經常派遣各類藝術和體育團體赴歐洲各國訪問比賽，並參與各種國際書展、技能競賽、郵展、影展、互贈留學獎學金，以及締結姐妹城、姐妹校、姐妹會等活動。

　　（三）盡力維持我國在國際組織之會籍和權利。中美斷交之前，我國在聯合國專門機構中仍保有會籍者，有國際貨幣基金會、國際復興開發銀行、國際開發協會、國際銀行等。另在十一個政府間國際組織及二百四十二個民間國際組織中保有會籍。並對亞洲、非洲、中南美洲等地區二十五個國家提供農業、醫藥、工業、水利、發電、手工業等技術合作。據統計，我國自一九六二年十一月至一九七八年底先後派遣七個技術團隊、團員一千四百六十八人，前往五十三個國家工作。

　　（四）我國積極參加或舉辦各種國際會議，藉以增進各國對我國的了解，建立國際友誼，促進國際合作，並鼓勵各種民間國際交流，例如文藝

團體之出國表演、體育團體之互訪比賽、貿易訪問團之考察、觀光旅運之
觀摩和推展、各種展覽之舉辦、民間人士之互訪等均是。

三、務實外交時期（一九八八～迄今）

　　一九八八年李登輝繼任總統後，開始進入務實外交的階段。臺灣政
治民主化、自由化的結果使外交政策不再拘泥於意識型態之爭，轉趨務實
化。務實外交的主要理念是不再堅持中華民國是代表唯一中國的合法政
府，中國處於分裂分治的對等政治實體，不進行「零和」競爭，堅持中華
民國是一主權獨立的國家（中華民國在臺灣），以經貿實力和功能主義打
破中國的外交封鎖，確保中華民國的國際地位。

　　務實外交的基本策略是用「功能主義」，在未有官方外交之前，先
以功能性議題，例如經濟、文化交流與航權的簽署，突破外交困境，再以
「漸進主義」提升外交層級。其具體作法為：1.鞏固並加強與友邦間的雙
邊關係：提供經濟援助、人道救濟等，加強政府重要首長互訪；2.建立並
提升無邦交國家的實質關係，例如鼓勵廠商前往投資、推動高層官員互
訪、簽署經貿協定、提供經濟援助、軍事採購、在非官方代表機構上冠上
國名、爭取無邦交國家復交或建交；3.積極參與國際組織，例如積極爭取
參加聯合國、參與重要的國際組織，以及積極爭取舉辦國際會議或運動競
賽。

　　務實外交收到的成果，使邦交國不斷增加，至一九九六年初有三十一
國，一九九八年略減為二十七國。一九九九年，又增加馬其頓一國。維持
一定數目的邦交國，對國際人格與民心士氣均有正面作用。在提升無邦交
國的實質關係方面，美國將我國之駐美機構更名為「臺北經濟文化代表
處」。一九九○年，在無邦交國設代表處或辦事處的四十七國七十三處

中，有九國冠有正式國名，至一九九四年三月，已在六十一個無邦交國設九十三個代表處或辦事處，有十七國冠上中華民國國號，並參加了八百餘個國際組織。

　　務實外交有若干成果，但仍有其局限與困難，如中華人民共和國的封殺阻撓打壓是極大的阻力，而發展務實外交的邦交國大多是中南美洲小國，人口和經濟在國際地位不重要，而且距離遙遠，對臺灣加入國際組織的助力不大，這些小國藉著經濟援助而建交，實質關係不密切，三十個有邦交國家對臺貿易總額只占我國對外貿易的百分之五，經援外交常基於現實利益而非長期利害關係，較不穩固。

貳、國家統一綱領的形成

　　回顧四十多年來，海峽兩岸關係經軍事衝突、冷戰對峙、民間交流，以迄一九九一年以後的和平統一時期。

第一階段（一九四九年至一九七八年）—軍事衝突時期

　　雙方處於軍事衝突與緊張對立狀態，一方面中華民國政府誓言「反攻大陸，消滅共匪」；另一方面中共堅持「武力解放臺灣」，其間曾發生古寧頭大捷（一九四九年）、「八二三」砲戰（一九五八年）等重大戰役。一九六〇年代以後，兩岸軍事衝突逐漸減少，一九七二年美國總統尼克森訪問中國大陸，與中共總理周恩來簽訂所謂「上海公報」，臺海情勢更見緩和，直至一九七九年美國與中共建交時，兩岸軍事衝突幾乎已停止。

第二階段（一九七九年至一九八七年十月）—冷戰對峙時期

一九七九年一月一日中共與美國建交之後，在「全國人民代表大會常務委員會」中，發表「告臺灣同胞書」，提出「和平統一祖國」的政治方針及兩岸通郵、通航、通商的「三通」主張，暫時放棄「武力解放臺灣」的口號，並停止對金馬砲擊，隨即展開密集的對臺統戰。嗣後中共領導人輪番向我方喊話，中共「人大常委會委員長」葉劍英也於一九八一年九月三十日發表所謂的「葉九條」，進一步說明「關於臺灣回歸祖國，實現和平統一」的方針政策；至一九八四年由鄧小平確立以「一國兩制」作為核心，用「和平」統戰的手段，作為解決所謂「臺灣問題」的基本模式。而中華民國政府一方面加速臺灣的政治民主化與經濟自由化，同時，對中國大陸同胞提出「以三民主義統一中國」的號召；另一方面則採取與中共政權「不接觸、不談判、不妥協」的立場，以化解其統戰攻勢。

第三階段（一九八七年十一月至一九九一年五月）—民間交流時期

兩岸關係隨著中華民國政府開放一般民眾赴中國大陸探親政策，開啓了新的一頁。雖然在一九七九年鄧小平從事經濟改革之後，兩岸民間已有小額的貿易往來，但此種往來是透過第三地且暗地進行，直到一九八七年十一月以後，民間才算正式的接觸。其後，兩岸人民因接觸機會日多，隨著發生若干問題，有的因兩岸法律觀念的歧異而起，例如繼承、婚姻及其他文書驗證等問題；有的因少數不肖分子利用兩岸政治現實從事非法牟利，例如海上搶劫、走私、偷渡等，對兩岸居民生活造成重大困擾。這些問題的解決正亟待海峽兩岸及早建立共識，共同推動相關措施，並有效共

同防制各種犯罪行爲的發生，才能導引良性的互動關係，共創中國統一的有利環境。

第四階段（一九九一年五月迄今）

爲兩岸關係發展的關鍵新階段，在此之前，兩岸關係仍處於隔絕和對立，雖有試探性交流，但仍缺乏政策導向，直至一九九一年三月五日中華民國政府頒布「國家統一綱領」以後，兩岸關係才逐漸呈現由隔絕走向交流，由對立走向緩和，由紛亂摸索走向制度與理性的發展。儘管兩岸都希望以和平方式達到中國統一的目的，但我們一向主張國家統一在自由、民主、均富的體制下，而非在共產主義的專政體制下。因此，開放海峽兩岸民間交流和終止動員戡亂時期並不代表終止「反共」，而是在我們與大陸進行交流的同時，要把「中共政權」與「大陸同胞」作一區隔，對於無可選擇而生活在共產制度下的中國大陸同胞，我們有「血濃於水」的民族情誼，要眞誠的關懷他們；而對有「和平兼併」和「武力犯臺」野心、採和戰兩手策略的中共政權，則只能定位於敵對的政治實體，因此我們應常保憂患意識。

參、國家統一綱領的意義與內涵

一九九〇年十月，總統府召集執政黨、在野黨及社會各界人士，組成「國家統一委員會」，翌年二月，通過「國家統一綱領」，三月公布實施，成爲政府推行大陸政策的依據。

一、國家統一綱領的意義如下

（一）形式內容的意義：1.大陸政策的最高指導原則；2.大陸政策的行動綱領。

（二）實質內容的意義：1.揭示中國統一的藍圖；2.重申中國統一的原則。

二、國家統一綱領的內容

國家統一綱領的內容分為四個部分，包括前言、目標、原則和進程，簡單歸納，可以用「一二三四」來說明，也就是「一國」、「二區」、「三階段」、「四原則」。

（一）「一國」

就是一個統一的中國，應指一九一二年成立迄今的中華民國，其主權及於整個中國。雖然自一九四九年起，這個中國已形成海峽兩岸的分裂對峙局勢，但中共政權不能代表中國，臺灣與中華民國也不能畫上一個等號，因此，對「中國統一」的問題，海峽兩岸政府都應以務實態度，共同捐棄成見，為中國統一而貢獻智慧和力量。中華民國政府大陸政策的目標就是追求國家統一，統一的重點則在於「體制」，即是中國應該統一在民主、自由、均富的基礎上。具體來說，「一個中國」最終目標是指政治民主化、經濟自由化、社會多元化和文化中國化的實現。

（二）「二區」

以目前的政治現實來看，海峽兩岸確實分裂為兩個不同地區，中華民國政府與中共政權同時並存，分別是兩個對等的政治實體，各自分別享有治權，任何一方也不能有效實施治權於另一地區，而且兩個不同的區域都

是屬於中國的領土。

中共所謂的「一個國家」是指「中華人民共和國」，「兩種制度」是在大陸地區實行社會主義，在臺灣地區暫時實行資本主義制度，但是中共為中央，而臺灣則為地方，這是中共兼併臺灣的策略。

而我政府所主張的「一國兩區」，務實而言，承認海峽兩岸的現狀是：地理上存在著兩個不同的區域，法律上是不同的法域，政治上則是兩個對等的政治實體；從前瞻的角度來看，則是希望海峽兩岸以和平競爭的方式，各自從事政經改革，提高人民的生活福祉，爭取人民的認同，創造有利於中國統一的條件。這才是國統綱領兼具務實性與前瞻性的考慮。

（三）「三階段」

國家統一是長期而又艱鉅的政治工程，絕非一朝一夕之功。海峽兩岸在政治體制、社會制度、生活方式各方面皆不同；政治、經濟各方面的差距如此之大。所以國家統一綱領規劃了近、中、遠程三個階段，以開放、穩健的步伐，分階段完成國家統一。

1.近程——交流互惠階段

希望透過民間交流來推廣「臺灣經驗」，讓大陸地區人民了解海峽兩岸生活水準存在著極大的差異，讓他們有比較、選擇的機會。一九九一年二月，中華民國政府核准「海峽交流基金會」成立；中共當局也於一九九一年十二月正式設立「海峽兩岸關係協會」，共同協助推動兩岸民間交流。同時，立法院於一九九二年七月三讀通過臺灣地區與大陸地區人民關係條例，作為兩岸交流的具體規範。

2.中程——互信合作階段

經由近程的民間交流互惠，兩岸逐漸建立互信的基礎，即可進入中程階段。在此一階段，中華民國願意與中共建立起對等的官方溝通管道，進

而開放兩岸直接通郵、通航、通商，共同開發大陸東南沿海地區，並逐步向其他地區推展，以縮短兩岸人民的生活差距。

3.遠程——協商統一階段

國家統一的進程到了遠程階段，應是水到渠成，各種「引水」的工作做好以後，才能有利於創造「成渠」的目的。所以本階段主要是成立兩岸統一協商機構，共商統一大業。中國應如何統一，仍須依據兩岸人民的意願，秉持政治民主化、經濟自由化、社會公平化及軍隊國家化的原則，開創以民主方式決定國家前途的新模式，以建立民主、自由、均富的中國。

（四）「四原則」

在中華民國政府分階段完成統一大業的過程中，必須把握理性、和平、對等、互惠四大原則。「和平」的原則就是放棄武力侵犯，「對等」的原則就是彼此不否定對方為政治實體，「互惠」的原則就是「非零和競賽」的「雙贏」概念，至於「理性」的原則，更是處理兩岸事務的基本出發點。在面對兩岸交流所衍生的問題時，中共當局不要泛政治化，處處把事件當作政治的籌碼；而在國際社會活動上，也不要阻撓中華民國政府拓展國際活動的空間，而阻礙中國的統一。這才是「理性」原則的表現。

肆、兩岸交流的現況與發展

一、文教交流與發展

李登輝總統於一九九一年十一月明確指示，未來推動國家統一綱領近

程階段計畫時，文教交流可以優先辦理。因此，自開放交流以來，中華民國政府在文教方面的開放措施有：

1. 開放民間團體赴大陸參加各種國際學術、經貿會議或文化、體育活動。
2. 開放大陸傑出人士、海外學人及留學生來臺參觀訪問。
3. 開放大眾傳播事業人員赴大陸採訪、拍片及製作節目。
4. 開放文教機構及民間團體派赴大陸訪問。
5. 開放大陸學術、文化、體育、演藝及大眾傳播人員來臺參觀訪問。
6. 開放延攬大陸科技人才來臺參與科技研究發展工作。
7. 開放大陸大眾傳播人士來臺採訪、拍片及製作節目。
8. 開放大陸地區保存之古物運入臺灣地區展覽。
9. 開放延攬大陸地區傑出民族藝術及民俗技藝人士來臺傳習。
10. 開放兩岸學生交流。

海峽兩岸間文化交流活動起步和發展都較其他方面為緩，主要的瓶頸是中共當局常刻意對兩岸互訪人士加以限制，以及兩岸資訊的嚴重失衡。對兩岸人士互訪時，中共當局常常拒絕，或給予限制。

同時，中共常將文化文藝與其賴以存續的政治意識型態畫上等號，對於資訊的全面控制，不肯輕易放鬆。尤其在蘇聯解體後，中共更加緊「反和平演變」，對兩岸文教交流箝制更多。這種刻意封鎖或扭曲消息，罔顧中國大陸人民「知的權利」的愚民作法，使大陸同胞對臺灣地區的了解極為有限，而對促進兩岸和平統一至為不利。

二、經貿交流與發展

自開放民間交流以來，中華民國政府在經貿方面的開放措施有：

1. 開放對大陸轉口貿易。

2.開放民間廠商派員赴大陸考察及參加商展。

3.開放對大陸地區間接輸出、間接投資及技術合作。

4.開放金融機構辦理對大陸民間間接匯款。

5.開放國外基地作業漁船僱用大陸地區船員。

6.開放廠商持大陸地區出口證明文件在臺辦理押匯。

7.開放赴大陸旅行團領隊全程隨團服務。

8.開放兩岸人民至對方地區申請專利及商標登記。

配合上述開放措施，政府一九八八年八月起，陸續公布「大陸產品間接輸入處理原則」、「大陸產品間接輸入預警措施作業要點」、「大陸地區物品管理辦法」、「臺灣地區廠商派員赴大陸地區考察及參展作業要點」、「對大陸地區間接輸出貨品管理辦法」、「對大陸地區投資、技術合作管理辦法」，及「現階段金融機構辦理對大陸地區間接匯款作業要點」等，以建立兩岸經貿交流的規範，維持交流秩序。

臺海兩岸的經貿交流，對我方而言，是利弊參半。貿易方面一九九二年世界不景氣中，轉口輸出的增加，使我國經濟成長率仍能維持百分之七‧三的佳績，兩岸貿易成長高達百分之四十三‧二六，而且我方順差不少，對國際收支及整體產業經濟亦有助益。但長期所產生的弊害則是我國廠商過分依賴中國大陸市場，加以許多轉口輸往大陸的產品為初級產品，不易尋得其他替代市場，一旦中共以政治原因封殺此類產品的進口，則將引發廠商倒閉、員工失業，甚至股東走上街頭的惡果，無形中也增加我方國家整體的政治風險。在開放廠商赴大陸間接投資或技術合作方面，短期來說，好的方面可以使臺灣地區的夕陽產業轉移陣地，開創臺灣地區面臨淘汰產業的第二春。但就壞的方面來看，這些產業在大陸上多受中共限制，以外銷創匯為主要目的，所以對臺灣地區生產外銷的類似產品，在國際市場上形成競爭；更有部分產品回銷到臺灣，直接打擊本地的廠商。長期來說，則有弊無利。

　　對中共而言，則是政、經方面均豐收獲利。在貿易方面以國際收支而言，一九九一年中共對美貿易順差，即高達一百二十七億美元，其中，臺商貢獻不在少數。

　　在臺商赴大陸間接投資或技術合作方面，就短期而言，一方面可使中共取得資金；另一方面又可形成臺商的「利益團體」，為中共所用。以長期來看，在經濟方面，中共由臺商投資取得資金、提升製造技術、增加就業機會、創造產值、促進經濟發展；而在政治方面，使臺商形成利益團體，企圖影響我方大陸政策，更是取得極為有利的籌碼。

三、社會交流與發展

　　兩岸相隔四十多年來，政府有感於親人骨肉相離相思之苦，基於倫理和親情的考慮，自一九八七年十一月起，開放各項大陸探親措施。主要的開放措施如下：

1.開放一般民眾赴大陸探親。
2.准許大陸同胞來臺探病及奔喪。
3.開放滯留大陸臺籍前國軍人員及眷屬返臺定居。
4.開放海峽兩岸民眾間接通話（報）、通信及改進郵寄信件手續，開辦郵寄航空掛號函件。
5.開放大陸民運人士來臺參觀訪問及居留。
6.開放公立學校教職員、各級政府機關及公營事業機構公務員赴大陸探親。
7.開放各級民意代表赴大陸探親及訪問。
8.開放未涉及機密的軍中聘任人員准赴大陸探病、奔喪。
9.開放大陸地區配偶來臺居留或定居。

　　隨著社會各方面的交流頻繁，對海峽兩岸都產生了一些影響。在好的方面，臺灣民眾深入大陸各地，或多或少帶入一些臺灣經驗，對中國大陸同胞的觀念產生刺激作用；而臺灣民眾所攜入的財物，也有助於改善大陸人民部分生活。就大陸同胞來臺而言，許多人親眼見到並且體驗了自由世界的富庶與開放，必定會對共產主義產生反省。

　　就壞的方面而言，在交流過程中出現了走私、偷渡、搶劫等問題，加深了臺灣地區治安的惡化與兩岸關係的不睦。而對大陸偷渡客及停留在臺的大陸同胞，也造成我治安的問題和法令執行的困擾。同時，臺灣地區有若干人士在「大陸熱」之下，心防盡撤，令人憂心。此外，早期赴大陸探親的臺灣民眾，在行為上的不當表現，也引起大陸同胞對他們的不滿，而對臺灣民眾留有財大氣粗的印象。

第十章　第二次世界大戰後的
　　　　經濟、文教與社會

第一節　經濟發展

壹、戰後初期經濟的重建

一、惡性通貨膨脹

　　戰爭末期，臺灣因物資大量投入戰場，加上美軍轟炸破壞嚴重，接收之後復建工作緩慢，接收日產轉為公營事業，又以貿易局和專賣局統制經濟，扼殺臺人經營商機。中國大陸方面由於國共內戰漸熾，臺灣的米、糖、煤、鹽輸往中國大陸，導致臺灣物資缺乏。行政長官公署為支應財政需求而增加貨幣發行額，一九四六年五月至一九四七年十二月，發行額增加五·八倍。結果導致通貨膨脹，一九四六年一月至一九四七年二月，米價上漲三·八倍、麵粉四·四倍、豬肉二·二倍、糖二十一·三倍、布五倍，民眾生活叫苦連天，成為社會不安的主因。此外，戰後由海外返臺的華僑、軍人、軍眷人數眾多，一時謀職不易，約三十萬人失業，亦是社會動盪的潛因。

　　據研究指出，日人治臺期間的物價統制相當成功，自一九四○年至一九四四年平均月物價上漲率都在百分之一以下，即使是投降前十二個月，平均月上漲率也只及百分之二·五。其後，臺灣的物價便開始失控，若將一九四九年六月幣制改革前的四十五個月，以十五個月為一期區分為三期，一九四五年九月至一九四六年十二月的月平均物價上漲率為百分之十三；一九四七年一月至一九四八年三月的月平均物價上漲率為百分之十五；一九四八年四月至一九四九年六月的月平均物價上漲率為百分之三十六。惡性通貨膨脹可說是當時最大的夢魘。一九四九年六月，省政府改革幣制，臺灣銀行發行新臺幣，以新臺幣一元換舊臺幣四萬元，並切斷

與惡化的中國大陸經濟之關係，抑止通貨膨脹。

二、土地改革

一九四九年四月起至一九五三年一月，先後實施「三七五減租」、「公地放領」、「耕者有其田」等一連串的重大土地改革政策。

（一）三七五減租

一九四九年四月十五日，省政府頒布「臺灣省私有耕地租用辦法」，規定是（一九四九）年第一期農作物收割繳租，僅按每年正產物的百分之三十七‧五，即千分之三百七十五繳納。翌年，立法院通過「耕地三七五減租條例」，確立佃農對地主繳納地租，一律以不超過主要作物正產品全年收穫總量千分之三百七十五為準。據調查，從來佃農租地耕作應繳給地主的佃租都在收穫農作物的一半以上，臺北、臺中、臺南等七縣市為百分之五十六‧八，新竹一帶更高達百分之七十以上。三七五減租的用意在於減輕佃農的佃租負擔，保護耕作權，以謀租佃關係的安定。地主以「權利金」逼使佃農解約來對抗「減租」，以致到一九五二年六月，解約件數多達三萬五千三百一十三件。整體而言，確實收到增加農業生產和農民收益，以及改善佃農生活，安定農村社會之效。

（二）公地放領

一九五一年六月，行政院為扶植自耕農，乃頒布「臺灣省放領公有耕地扶植自耕農實施辦法」，將中央、省有公地，以及公營企業所擁有的公有耕地放領給現耕農（包括半自耕農、佃農、僱農、轉業農）。公有耕地總面積有十八萬甲（水田八萬甲、旱田十萬甲）。事實上，到一九五二年

放領面積只有五萬甲，僅占百分之二十八而已。至一九七○年放領面積增為十二萬餘甲，承領農戶約二十六萬六千戶。

公有耕地放領的地價，規定為該土地每年主要作物正產品收成的二‧五倍，折合實物計算，不需負擔利息。地價的償付限十年內分期攤還，承領之年起免繳地租。

（三）耕者有其田

一九五二年十一月，行政院向立法院提出「實施耕者有其田條例草案」。翌年一月，行政院長陳誠指出本年度的兩大施政為實施耕者有其田和四年生產建設計畫。同月，立法院通過「耕者有其田條例」，四月，省政府公布實施該條例的「施行細則」，其內容要點如下：

1. 地主保留限水田三甲、旱田六甲，超出保留限度的土地歸政府徵收，再放領給現耕農。
2. 徵收後放領的地價為該耕地年間收穫量的二‧五倍。
3. 對地主的地價補償：七成用實物債券（水田用稻穀、旱田用甘薯），限十年分期（年）償付。另外三成則用公營的四大公司（臺灣水泥、紙業、工礦、農林）的股票一次償清。
4. 徵收的耕地放領給農民（成為自耕農），農民承領的地價與政府向地主徵收的地價相同，但另加算年息百分之四，限十年內分二十次繳納實物償還政府。

由上述規定，政府當局強調農民負擔的減輕、地主利益有保障，而且地主資金轉移到工業資本；農民的負擔為繳納年收穫量的百分之二十五，也確實比從前的佃租輕微而可取得土地。如此一來，土地資本家的地主轉移成為工業資本家，的確有助於促進工業化，而農民負擔減輕提高購買力，也給消費經濟帶來活力。

貳、美國之經濟援助與臺灣經濟之安定

一九五〇年韓戰爆發後，臺灣戰略地位轉趨重要，美國開始對臺灣提供軍事、經濟援助。臺灣接受美國的經濟援助是歷史過程的一部分，站在臺灣立場，回顧當時的處境，無可否認，美國的經濟援助適時注入一股安定的力量，有助於臺灣度過通貨膨脹之危機，不過，其資源分派的扭曲作用則是難以避免的副作用。

據政府的統計，一九五一及一九五二年度臺灣分別獲得〇・九七七億美元及〇・八一〇億美元，幾乎全屬於防衛支助物資。接著，美國基於全球戰略考慮，繼續給予臺灣經濟及軍事支援。一九六五年春宣布終止對臺灣的援助，計畫援款直到一九六八年始完全停止。總計自一九五一年至一九六八年間，實際的援助及貸款物資為十四・八二億美元，其中，一九五一年至一九六〇年為十・二八億美元，占百分之六十九・四，平均每年獲得一億美元，約合每人每年十美元。美援占同一期間進口總額的百分之四十七・九，相當於每年國民生產毛額的百分之五至十。另據加州大學教授賈柯貝（Nail H. Jacoby）之估計，十五年間，美援中之資本援助占臺灣資本形成毛額之百分之三十四，且在外貿上，每年彌補財貨與勞務入超額約百分之九十一。在臺灣風雨飄搖之際，美援之到來堪稱是及時雨甚或是救命丹。

最直接的經濟影響是維持臺灣經濟的安定。一九四〇年代臺灣飽受戰後通貨膨脹之苦，一九四九年六月實施幣制改革，一九五〇年、一九五一年及一九五三年的臺北市躉售物價指數年上漲率分別為百分之一百七十、百分之六十六及百分之二十三，其後才逐漸趨於穩定，但一九五三年至一九六〇年的年平均上漲率仍達百分之八・八。此一期間，美國的經濟援助至少經由兩個實際途徑維持臺灣經濟的安定：一是經由「四八〇法案」

剩餘農產品援助或進口物資援助及貸予，補充我國因外匯短絀而產生的重要民生物資的供需缺口，減輕超額需求所產生的物價上漲壓力。二是出售剩餘農產品所得新臺幣相對基金，一方面因存入臺灣銀行而產生抵銷通貨膨脹的效果，另一方面其歷年對政府支出之補助雖帶有膨脹性質，但維持預算之平衡亦有反通貨膨脹之作用。

其次，基本設施之投資及維修。美援基金在臺灣基本建設投資總額中，農業占百分之五十七‧八、人力資源占百分之十八、工業占百分之十三。而其運用區分，政府占百分之八十、民間占百分之二十，政府投資一半仰賴美援，民間則占八分之一。當時政府財源收入相當貧乏，連重建戰爭期間受損的基本設施亦有困難，美國的經濟援助適時給予支援，電力、交通運輸、電信設備、水利灌溉等設施始能陸續正常運作，使臺灣的農工生產漸能恢復常態。例如一九六○年代支持完成了集灌溉、發電、防洪、給水等多功能的石門水庫計畫即是。復次，運用技術合作方案選派人員赴美進修達二千人次以上，這些短期進修人員帶回的政策和新知，對當時我國的財經及社會政策有相當程度的影響，其促進臺灣經濟現代化的作用究竟如何仍有待評估。

此外，美援對臺灣經濟最長遠的影響乃是擴大臺灣與國際經濟之關係。在美國經援臺灣期間，臺灣居民開始接觸更廣的世界，與美國建立的經貿關係，使有識之士找到商機，而為臺灣的經濟發展開啟了新的契機。

參、計畫式自由經濟之發展

一九五○年以來臺灣經濟發展的特徵略可分為前、後兩期：

一、由進口替代至出口獎勵（一九五〇～一九六四年）

　　一九四九年，中央政府撤退來臺，百萬以上之軍民突然移入臺灣一小島上，以致物資供應極度緊張，通貨膨脹嚴重，貿易赤字龐大。此外，為阻遏中共入侵，政府又須維持龐大軍備，以致軍事性開支浩大。為求有效應付所面對之難題，政府積極介入經濟活動，以便掌握更多資源。首先，進行從三七五減租至耕者有其田之土地改革政策，一面提高農業生產力，一面將農業的剩餘資源透過肥料換穀、隨賦徵實等低估農產價值的措施，移轉至政府部門和工業部門，以供應軍公教人員與支援工業發展之需。然而，由於物質不足，仍無法控制通貨膨脹。

　　幸而，一九五〇年韓戰爆發後，美國宣布協防臺灣，大量美援適時到來，經濟惡化情勢逐漸獲得控制，其後走向穩定發展的道路。學者公認，戰後臺灣之所以能擺脫困局，由穩定至發展，美援扮演關鍵性的角色。

　　同時，在美援之支配下，逐步導向鼓勵民營企業之發展。蓋因1.美援多用於改善基礎設施（infrastructure），提供民營企業一個好的投資環境，並可提高民營企業生產力，促進其成長；2.迫使國府放鬆對經濟的控制，給予民營企業更大的發展空間，此雖不完全成功，但有某種程度的影響力；3.阻止軍事開支之過度膨脹。以上均有助於國府經濟政策逐漸自由化及民營企業的發展。

　　由於經濟逐漸穩定，一九五二年工農業生產已恢復戰前最高水準（一九三八年）。政府乃自一九五三年起開始推動一系列的四年經濟計畫。自此以後，經濟開始走向成長的康莊大道。初期的發展方針是由米、糖等農產品與農產加工品出口，進而推行進口替代之工業化政策，以滿足民生物質的需要而平衡貿易逆差。

　　首先，自一九五〇年起，國府已開始採行一些增加生產、減少進口之措施，一九五一年開始實施複式匯率制度，對進口之原料、資本財採低匯

率，其他商品則採高匯率，目的在於減低廠商之生產成本，並抑制消費。

　　其次，自一九四九年起，政府將許多進口品列爲管制項目，以進一步減少外貨進口，並保護國內生產事業；同時，爲使國際收支平衡，對進口實行實績制度，亦即是對具有一定出口實績之貿易商始給予進口資格，並對某些類別產品項目給予較優惠之匯率。

　　其三，自一九五三年以來，國府又採「限制設廠規定」，一方面控制原料進口，以節省進口原料之外匯支出，對部分擴充迅速、臺灣內部市場已達飽和的產業公告限制設廠。一方面保護特定投資者之權益，減少競爭者，以獲取高額利潤，加速資本形成。

　　其四、政府直接經營、管理生產事業與金融事業：電力、石化、水泥、化肥、製鋁等大型企業，均由政府直接經營，銀行也絕大部分由政府經營，因此，政府不但能掌控經濟活動，而且能支配其收益。

　　綜上所述，一九五○年代初期，主要的經濟活動均牢牢操在政府手中，堪稱是經濟管制盛行時期，而其總目標是增進國內產業的生產能力，以減少進口量。此項「進口替代政策」，固然提高國內產業的產能，但也限制了進口，且因結匯手續繁苛、匯率高估，挫傷了出口意願，反而有礙經濟的進一步發展。此外，工業生產的增加已將國內市場的潛力耗盡，以致成長率有走低之勢。一九五○年代後期，求變的呼聲普遍出現，終於打破管制體系的一個缺口，以減緩其對經濟進一步發展所形成的束縛。此一新政策的精神可說是「出口導向」性的，也就是逐漸走向獎勵出口的道路。

　　一九五八年四月，國府頒布「外匯及貿易管制計畫」，八月，訂美元匯率爲四十比一，開啓對外導向的新紀元。其後，經一九五九年、一九六○年之大幅更張，至一九六三年終於達成單一匯率的目標。透過臺幣貶值的方式，逐步縮小官方、民間匯率差價，消除不利出口的因素。換言之，政策上已由進口管制轉爲鼓勵出口。

一九六〇年，政府進一步提出「十九點財經改革方案」，隨後，制定獎勵投資條例，以鼓勵出口。鼓勵辦法甚多，重要的有：擴大一九五四年已實施的出口品沖退稅辦法之實施範圍，一九五七年間臺灣銀行辦理出口低利貸款，將一九五五年至一九六〇年實施的新投資與增資抵減所得稅辦法加以延伸，一九六五年實施撥用公地或徵收私有土地爲工業用地辦法。同年，爲了有效鼓舞民間投資促進外銷成長，公布「加工出口區設置條例」，對加工出口區內廠商之進口原料給予免繳進口稅捐及簡化進出口手續的優惠，以改善外銷爲導向的投資環境。在以上獎勵措施下，產業蓬勃發展，出口大增，經濟亦日趨繁榮。

二、出口導向工業與民營企業的快速發展（一九六四年以降）

一九六四年後，隨著美援的停止，進一步迫使國府走向自主發展的道路，出口導向工業與民營企業飛躍成長，成爲帶動進步的主力。此一時期經濟發展之特徵有：1.國民生產總值年增率達兩位數；2.工業生產超過農業生產而取得支配地位；3.出口激增，主要出口品由農業轉爲工業產品；4.外資大量來臺投資。

由於此時正逢國際分工盛行期，而使臺灣深受其惠。國際分工體制產生的背景是，跨國公司的興起與先進國家奉行凱因斯學說所造成之通貨膨脹與工資高漲，結果跨國公司轉向開發中國家投資，利用其低廉工資以求取高利潤。一九五〇年代起此一新分工體制開始發展，首先出現在香港與美國、日本與美國間；至一九六〇年代，臺灣亦加入此一分工體制的競爭圈。

跨國公司之投資是出口工業發達的要因。一九六五年，加工出口區的

設立強化外資之發展，來臺之資本有日、美及華僑。一般來說，日、美資本集中於電器、電子、化學、機械等技術密集企業，除帶來技術外，亦帶動相關工業的發展。華僑資本則多在紡織、水泥、麵粉等傳統民生工業，雖未引進新技術，惟因有東南亞市場，仍可賺取外匯，累積資本。要之，外資對臺灣的工業化與出口擴張貢獻甚大。

　　除外資企業外，不少經營紡織、衣物、水泥、合板、塑膠之臺灣民間企業亦成功地從進口替代轉為出口行業，因而日益壯大，成為經濟成長的主力。

　　在國際分工體系中值得注意的是臺、美、日之三角貿易關係。一九五〇年代的模式是臺灣對日出口農產品，進口生產原料和資本財，由美進口援助物資；一九六〇年代，則是對美出口工業品之急速擴大；至一九七〇年代再變為自日進口生產原料和資本財，對美出口工業產品，亦即自日進口生產原料、中間產品，加工後將產品銷至美國。結果，在貿易上形成對日逆差、對美順差之局面。

　　此一時期，積極發展原料零件等中間產品及資本財，以替代是類產品之進口，此即第二次進口替代。一般而言，第二次進口替代的產業多屬資本或技術密集產業，主要包括石化、鋼鐵及其製品、機械、電子、汽車運輸、造船等產業。近年來，致力於調整產業結構和對外投資，先是對東南亞投資，其後由於對中國大陸投資政策陸續開放，乃轉向對中國大陸投資，投資且有迅速激增之傾向，對中國大陸投資的貿易擴張效果亦逐漸顯現，臺灣對中國大陸出口額近年且呈激增之勢，迄至一九九四年底，對中國大陸之實質出口額已近一百三十億美元，實質貿易順差亦超過一百億美元。隨著產業對外投資的「大陸化」日益顯著，臺灣對中國大陸市場的依賴度亦日漸加深，如何界定何者為最適當的大陸經貿策略，已成為當前迫切之課題。

　　由於工業產品出口的發達，工業比重猛升，農業則急遽下降，一九八

〇年代產值已低於百分之六，換言之，臺灣已蛻變爲工商社會。此外，由於民營企業的壯大、順差的增加，以及美國的壓力，政府之經濟自由化加速進行。

一九八〇年代之後，臺灣經濟朝向發展高科技產業，並以自由化、國際化、制度化作爲努力的目標。自一九八三年開始，進口管制日益放寬，一九八七年又取消部分進口品之國內業者加簽權，三十多年的高度管制網至此泰半去除。此外，關稅自一九八〇年代初期逐漸調降，直至百分之五上下，因此對外國進口品的干預體系可說已大部分開放了。

一九七九年，廢除新臺幣對美元的固定匯率制度，改採機動匯率制度，新臺幣對美元匯率由外匯交易中心所設定，使得匯率較能表現一國經濟之實況，且又能有效阻隔或緩和國際經濟波動對國內經濟的衝擊。一九八〇年代臺灣已累積巨額外匯存底。此一時期，解除外匯管制、紓解外匯過剩之壓力爲臺灣重要之金融政策。一九八四年六月，設立臺灣境外金融中心，使金融國際化；一九八九年四月，匯率開始自由化。

自一九八六年起，中央銀行不再核定放款利率的上下限，各銀行得自行訂定放款的基本利率。一九八九年七月，進而取消各銀行存款利率之管制，全面開放銀行利率自由化；一九九〇年三月，開放民營銀行的設立；翌年六月，核准首批十五家新銀行成立，完成金融機關設立自由化。另一方面，放寬外商銀行在臺設立分行；一九八六年，開放新保險公司的設立，並准許外國保險公司在臺設立分公司，促進臺灣金融國際化。目前，高度干預性的管制體系逐漸隱退於歷史洪流中，一個更自由開放、資源運用不受扭曲、經濟效率更高的經濟終於誕生。

總括言之，戰後政府經濟政策基本方向是由統制逐漸走向自由化，在此一過程中民營企業扮演推動經濟成長的要角，不但創造了巨大的財富，而且逐步改造了臺灣的產業結構，使臺灣由農商經濟蛻變爲現代化工商經濟。

肆、臺灣對外貿易市場結構之變遷

　　就戰後出口地區觀之，一九五○年代初期，臺灣最大的出口市場為日本，由於日本是臺灣最主要的農產品外銷市場，一九五二年占臺灣出口總額百分之五十二・六。隨著臺灣工業的持續發展，至一九五○年代末期，臺灣對美國輸出的比重已顯著提高。尤其是一九六○年代因臺灣積極發展勞力密集輕工業產品的出口，當時，美國市場又較為開放，且其對紡織、電子及鞋類等勞力密集產品正逐漸喪失比較利益，因而進口需求甚大，臺灣對美出口乃急遽增加。一九六七年，美國乃超越日本成為臺灣第一出口市場，該年臺灣對美國出口即占出口總值百分之二十六・二。其後，對美出口繼續上升，一九七二年已達百分之四十一・九。一九八○年代初期，由於美元地位持續趨強與美國經濟相對於歐洲及日本快速復甦，臺灣商品輸美比重於一九八五年乃高達百分之四十八・一。其後兩年，由於新臺幣對美元大幅升值，輸美比重於一九八七年始下降為百分之四十四・二，一九九○年為百分之三十二・四，一九九三年為百分之二十七・八。由此顯示臺灣對美出口依賴與受到美國經濟和政策影響之深刻。

　　相對的，臺灣對日本出口的比重持續下降，自一九五五年的最高百分之五十九・五降至一九八五年之百分之十一・三，一九八○年為百分之十二・四，一九九三年為百分之十・五。其主因在於對日出口商品結構大多以所得需求彈性較小的農產品與農產加工品為主，且日本對其國內市場的保護亦較為嚴密，日本消費者對進口製造品品質的要求較高之故。

　　近年來，對香港出口成顯著成長之勢，一九八七年臺灣對香港出口比重為百分之七・七，一九八○年為百分之十二・七，一九九三年遽增為百分之二十一・五。一九九三年，臺灣總出口中比重較大的國家除美國、日本、香港之外，依次為德國、新加坡、澳洲、英國，上述諸國市場合計已

占臺灣出口總值百分之七十以上。就進口地區言，臺灣主要進口來源與出口地區相似，亦以美國與日本爲主要供應國。一九八五年起日圓對美元大幅升值，而臺灣自日進口比例非但未減反而增至百分之三十以上，顯示臺灣對日本依賴之深。除日、美之外，一九九三年臺灣進口中所占比重較大的國家，依次爲德國、沙鳥地阿拉伯、澳洲、英國、科威特、馬來西亞、香港，上述諸國合計已占臺灣進口總額的百分之七十以上。

伍、農業發展及其問題

近五十年來，臺灣農業發展隨著政策的改變演進，可分爲四個階段：

一、重建時期（一九四五～一九五三年）

一九四八年，政府開始積極展開農業重建工作。此一時期的農業發展，以生產設施的重建及加強增產爲主要目標，加強米糖的增產，以爭取外匯，農業生產在短期間內，不但恢復到戰前水準，而且超過日治時期的最高紀錄。以米爲例，一九四五年產量爲六十三萬餘公噸，至一九五〇年增加爲一百四十二餘萬公噸，一九五三年度更增加爲一百六十四餘萬公噸。至於蔗糖，一九四五年至一九四六年只有八萬餘公噸，到一九五二年至一九五三年增爲九十餘萬公噸。農作物生產年成長率高達百分之十·一，土地生產力年成長率達百分之九·二，勞動生產力年增加率爲百分之六·三，可見績效非常顯著。

二、成長時期（一九五四～一九六七年）

此一期間是臺灣農業快速成長時期。由於實施耕者有其田，大部分農民成爲自耕農，提高農業生產意願，採用勞力密集的耕作方式，加以政府大力推行農業推廣教育，擴大生產設施，改善生產技術等，因此，各種作物產量不斷提高。尤其是果菜方面有顯著發展，在其他農產品增加率不到百分之五的情況下，水果的增產率高達百分之十四‧五。

一九五三年開始，政府連續實施四期的四年經濟建設計畫，以促進臺灣工業化爲目標。當時是以出口農產品所賺的外匯進口工業原料而在國內生產，並以內銷爲主，即所謂以進口替代的方式發展工業。工業產品外銷的出口擴張政策非常成功。一九六三年，工業生產毛額超過農業生產。

就整體經濟觀之，農業的發展十分顯著。但是從個別農家經濟觀之，農業並未受到應有的重視。換言之，農家經濟不但改善有限，農民所得與非農民所得之差距，反而有逐漸擴大的趨勢，以致引起後一時期農業的衰退。

三、衰退時期（一九六八～一九八〇年）

此一期間爲臺灣農業的衰退時期，亦即是農工發展不平衡時期。農業生產總值占國民生產總值的比例，從一九六八年的百分之十九，到一九八〇年降爲百分之七‧七。而同一時期，工業的生產總值則由百分之三十四‧四提高爲百分之四十五‧七。可見此一時期是臺灣由半農半工社會轉變爲工業社會時期。由於非農業部門的快速發展，農業部門急遽衰退，農業的經營從專業轉變爲兼業生產，甚至成爲副業的生產。這種現象有人稱之爲「週末農業」。政府的農業政策乃由原來「增加生產」爲主，改爲「提高農民效益」爲主的政策。

　　一九六八年起，大量的農業勞動力外流，農業工資和農村資材價格急遽上漲。為了解決勞動力缺乏及工資高漲的問題，於是大力推行農業機械化，以機械代替人力，試圖提高農民所得。可是，由於小麥、大麥、大豆、玉米、高粱等農產品大量進口，形成國產農產品的價格低落，農民無利可圖，於是開始怠工，耕作趨向粗放，放棄間作或複作的機會，甚至廢耕。

　　此一期間，政府針對困難提出各項對策，例如一九七二年宣布「加速農村建設九大重要措施」，一九七三年設置「糧食平準基金實施保證價格計畫收購稻穀辦法」，一九七五年頒行「農業發展條例施行細則」，一九七八年推行「提高農民所得加強農村建設方案」、設置「農業機械化基金促進農業全面機械化計畫」等均屬之，可惜都未能徹底執行，以致農業發展的困境無法紓解，導致農民與非農民所得差距不斷擴大。

四、變革時期（一九八一～一九九〇年）

　　此一時期由於國外農產品的大量傾銷，農產貿易逆差急速增加，農業生產持續衰退，農業發展遭受嚴重打擊，農村社會經濟面臨崩潰的危機，引發全體農民自力救濟運動，農民不斷地走上街頭，遊行示威進行抗議，要求政府解決農民的困境，例如自一九八七年十二月開始，在臺灣各地相繼成立「農民權益促進會」及「漁民權益促進會」，進行一連串的農民遊行示威抗議運動，最後演變成一九八八年「五二〇」臺北街頭喋血的嚴重警民衝突事件。迫使政府推行多項補救措施，例如一九八二年的「加強基層建設提高農民所得方案」、「培育八萬農業大軍」、「發展精緻農業」等即是。然而，因為執行不力，效果不彰。在國際農產貿易自由化的衝擊下，大量的外國農產品，尤其是美國的大宗穀物及水果大量傾銷，並限制

臺灣稻米的外銷市場。政府自一九八四年開始實施「稻田轉作」的措施，甚至鼓勵休耕。近年來又因面臨加入關稅暨貿易總協定（GATT）的困境，以致再一次犧牲農業，以照顧整體經濟利益，甚至政治利益。

　　一九九〇年代將是「脫胎換骨」的年代，我國將由「高所得的社會」走向「高品質的社會」。農業建設隨著國家建設六年計畫的實施，必須逐漸脫胎換骨，加速升級，轉變為高品質、高效率與精緻化、企業化的產業，以迎接二十一世紀農業新境界的來臨。

　　現階段農業建設在政治民主化、社會多元化及功利化，以及經濟國際化、自由化的多重衝擊下，農業內部衍生出一些有待解決的問題：

1. 農業勞動力問題，即是農村年輕勞動人口外移，加速農村勞動力的老化或女性化。
2. 農地利用問題，就現在的農業產銷環境而言，可能需要另一套農地利用政策，應准許業者建設必要的建築，以促進休閒農漁業的發展。
3. 產銷問題，臺灣農業生產成本過高，影響農民所得，加上欠缺一元化產銷制度，利益被中間商人剝削，導致農民所得偏低。
4. 經營主體問題，政府編列八十多萬人的農保預算，結果實際的人數卻高達一百六十萬人以上，自耕農的人數更是農戶數的三倍，若真正的農民人數能夠掌握，則農民的所得將可大幅提高。
5. 農民所得與福利問題，長期以來，統治者對於農業都只重視技術性的增產，來剝奪臺灣的農業資源和利益，農民缺乏自主性的地位，被當作是農業生產的工具。

第二節　教育與文化

壹、國民教育之普及和延長

臺灣光復之初，國民義務教育年限原為六年，由於政府對教育事業發展的重視，國民教育發展非常迅速。一九五〇年代中期，即產生國民小學畢業生升學初級中學的瓶頸現象。政府為消除此一現象，以滿足國民接受教育的願望，乃於一九六七年積極籌備實施九年國民義務教育。

一九六八年初立法院通過「九年國民教育實施條例」，由總統依法於同年一月二十七日公布。九年國民教育籌備工作經過一年多的努力，於一九六八年九月以前全部籌備完成。全國國民中學於一九六八年九月九日上午九時，同時舉行開學典禮，正式開始上課。中華民國的國民教育隨之步上新的紀元。

九年國民教育分為兩個階段：前六年為國民小學教育，後三年為國民中學教育。國民中、小學一律畫分學區，國民小學學齡兒童分發其住所學區內國民小學就讀；國民小學畢業生分發至其學區國民中學就讀。

國民小學學費及課業費一律免除；國民中學學生除一律免納學費之外，家庭清寒者，其他法令規定的費用亦免予繳納。政府並設置獎學金，獎勵優秀的學生；山地、離島等偏遠地區學生的教科書，政府亦編列經費購贈。因此，國民教育量與質的發展都極為迅速。一九九〇學年度學齡兒童就學率和國小畢業生升學率均幾達百分之百，國中畢業生升學率則達百分之八十四。

貳、國民教育之改進

一、執行「發展與改進國民教育五年計畫」

　　一九六八年政府實施延長九年國民教育，籌辦之初，因時限迫促，以致實施結果有許多情形未臻於理想。爲檢討改進缺失，教育部乃邀集專家學者進行調查研究，並於一九七一年召開九年國民教育檢討會議，以研擬改進之策略。教育部進而於一九七六學年度起，執行「發展與改進國民教育五年計畫」，在五年內由中央及省市地方政府，共同籌措八十餘億元，用以優先改善國民中、小學之教學，以及「危險教室」之修繕改建等八項硬體設備。其結果使臺灣地區國民中、小學之硬體設備和教室環境大爲改善。

二、執行「發展與改進國民教育六年計畫」

　　一九八一年，政府進而研擬「發展與改進國民教育六年計畫」，自一九八三年會計年度起全力執行。由中央統籌辦理的有：修訂及實施國民中小學新課程標準、改進國民中小學教學方法、訓育方法、保健工作、加強輔導工作等十二項計畫。由省市縣市自行辦理的有：更新黑板、照明、增改建廚房、廁所及改善給水計畫，消除國小二部制教學，擴大辦理特殊教育，安定偏遠地區教師生活，購買校地增設學校等八項計畫。此一計畫最大特點在於「軟體」的發展與「硬體」建設兼籌並顧。而本計畫執行結束時，總計中央與省市地方政府六年內共投入三百四十三億六千餘萬元，其結果對國民教育素質的改善確有相當大的幫助。

三、「發展與改進國民教育第二期六年計畫」

　　教育部為繼續統整規劃國民教育的發展，乃自一九八九會計年度起實施「發展與改進國民教育第二期六年計畫」，由中央及省市地方政府共同籌措編列六百四十三億餘元之經費，在已執行完成的前六年計畫的基礎上，繼續充實改善國民中小學的硬體設備及軟體發展，並兼顧各地區之經濟條件與實際需要，改善教學環境，均衡城鄉教育水準。其中，尤以消除國小二部制教學、增設學校、教材教法之研究發展、訓育輔導工作之加強、特殊教育之擴大辦理，以及幼稚教育之整體規劃發展等為主要擬達成之目標。

四、調整教育經費，合理分配地方國民教育經費

　　為解決臺灣省各縣市教育經費短絀及其沉重負擔，臺灣省自一九八二年度起實施「改善地方財政方案」。依該方案之規定，縣市國民教育經費超過其總預算百分之四十之部分，由省核撥補助。一九八四年度起，改採「以稅課收入占國民中小學人事費百分比為計算基礎」來計算補助經費的多寡。而中央也自一九八六會計年度起，採取專款補助方式，以協助有關縣市解決國民中小學增班設校之困難，期於短期內消除二部制教學現象。而自一九八九年度起，更從教育部主管之教育經費預算中核撥約百分之十，以支援地方教育設施，以齊一各地學校辦學之水準。

參、高中與高職教育之變遷

　　實施九年國教後，高中與高職學生數產生很大的變化。一九六七年，籌畫實施九年國教時，高中、高職學生數之比約爲六比四。當時策訂調整高中高職教育結構的計畫，預定自一九六七年至一九七七年的十年內，將六：四倒過來成爲四：六，以適應國家經濟建設技術人力之需要。其後，配合六年經建計畫及第四期人力發展計畫，將年限延長至一九八八年度，調整目標亦由四：六，修訂爲三：七。至一九八九學年度高中學生約占高中高職學生總數百分之二十七。由此可見，社會在改變，學生、學生家長的就學目標亦在改變。在這樣的演變下，爲適應地區需要，省立高中五十九所中有十八所附設職業科，私立高中七十二所中有四十九所附設職業科，且其職業科班級多於普通科。

　　爲滿足一般國中學生升學意願，配合國家整體經濟建設與社會需要，以及調整職業教育結構等因素。近年來，政府對於高中教育政策已有重大轉變，大爲放寬過去對公私立高級中學設校增班的限制。

　　另一方面，爲提供職校畢業生更多、更廣的升學管道，政府除規劃籌設國立技術學院（例如雲林技術學院、高雄技術學院）及專科學校（例如宜蘭農工專科學校、屏東商業專科學校）之外，更開放私人申請設立技術學院及專科學校（例如長庚護專、親民工專、慈濟護專、精鍾商專、高苑工專、和春工專、景文工專等均是）。

肆、質量並重的高等教育之發展

　　臺灣光復之初，依照仿美國制的中國大學制度改組日治時期的高等教育設施。一九五○學年度，大學計有四校、學生數五千三百七十九人。一九六○年代起，爲因應臺灣經濟發展對專門人才之需求，大學迅速增設擴張，其校數、學生數變化如下：一九六○學年度，十五校（公立八校、私立七校）、二萬七千一百七十二人；一九七○學年度，二十二校（公立十校、私立十二校）、九萬五千一百四十五人；一九八○學年度，二十七校（公立十四校、私立十三校）、十五萬九千三百九十四人；一九九五學年度，六十校（公立三十四校、私立二十六校）、三十五萬六千五百九十六人。大學生數占人口之比率由一九五○年的百分之○‧○七增加爲一九九五年的百分之一‧六七。其中關於研究所教育，一九七○年代起開始呈現蓬勃發展之勢，其班數、研究生數變化如下：一九五一學年度，四班、十二人；一九六○學年度，六十九班、四百二十六人；一九七○學年度，二百七十九班、二千二百九十五人；一九八○學年度，六百六十六班（碩士五百二十三班、博士一百四十三班）、六千三百零六人（碩士五千六百二十三人、博士六百七十三人）；一九九五學年度，一千九百三十九班（碩士一千三百六十一班、博士五百七十八班）、四萬二千零九十七人（碩士三萬三千二百人、博士八千八百九十七人）。至於學生就讀科系之領域，長期均以社會科學、工程學爲主體，一九九五學年度，社會科學占百分之二十六‧二、工程學占百分之二十‧六、人文、教育各約占百分之十。

　　近年來，政府對於高等教育之主要改進措施如下：

　　1.改善大學教學研究環境，敦聘國外學術權威專家學者利用暑期或短期來華講學，成立各大學聯合出版機構以協助大學教師之學術著作

　　出版，資助大學教師出國進修或參加國際學術活動，推動建立研究
　　群、系所整合、設備整合、學程設立及領域交流等科際整合教學要
　　項。

2. 修訂大學法，賦予各大學更大彈性的運作空間，將教育部與大學間
　　的關係，由「管理」調整為「督導」。

3. 開放增設大學，把握「質量並重」及「人文與科技兼顧」之發展原
　　則，使國內高等教育數量，逐年增加大專學生及研究生人數，使大
　　專以上在校生數占總人口數之比例逐年提高，至二〇〇一年可達到
　　百分之三。近年來，政府積極籌設新的大學校院，以及接受私人申
　　請設立大學校院。

4. 改進大學入學考試，由七所大學校院聯合設置「大學入學考試中
　　心」的常設單位，以進一步研究改進大學入學考試之有關事宜，期
　　使大學選才過程更公平、更合理、也更能導引中小學教育的正常發
　　展。

伍、留學教育之發展

　　一九五〇年至一九五五年，中華民國教育部舉辦臺灣高中畢業生留學
考試，一九五三年起，開始舉辦大專畢業生自費留學考試。一九五四年，
公布「國外留學規程」，規定留學考試及格者才可出國留學。一九六二
年，放寬規定，增列通過資格審查者得免試出國留學。一九七六年，取消
自費留學考試，只要通過資格審查，即可出國。一九八九年，進而廢除
「國外留學規程」，完全開放出國留學。此外，自一九六〇年代起每年舉

辦公費留學考試。留學生人數的消長與上述制度的演變密切相關,一九五
〇年至一九六一年,每年平均只約五百人;一九六二年至一九七五年,每
年平均約二千四百人;一九七六年至一九八八年,每年平均約五千六百
人;而自從開放留學以來,人數激增爲每年兩萬餘人;另有爲數甚多的
「小留學生」,直接到國外唸中學、大學;公費留學人數迄至一九九五年
計一千九百四十一人。

　　留學生以前往美國者最多,約占百分之九十,其次是前往日本,約占
百分之五,前往西德、法國、英國、泰國者合占百分之五。攻讀的類科,
男性以習工程學者最多,習自然科學者次之,習社會科學者再次之;女性
則以習商業及管理學者最多,習人文科學者其次。至於返國情形,一九八
〇年以前學成返國者只占十分之一,一九八〇年代返國者漸增,約占四分
之一,一九九〇年代加速增加,近幾年均超過六千人。返國留學生在臺灣
的政界和學術界均扮演重要的角色。

陸、文化建設

　　一九六六年八月中共在大陸利用紅衛兵發動文化大革命,企圖摧毀一
切中華傳統文化,政府爲挽救此一文化浩劫,明定每年國父誕辰紀念日爲
中華文化復興節,並發起中華文化復興運動,爲結合全民力量有計畫地全
面展開中華文化復興工作,於一九六七年七月二十八日成立中華文化復興
運動推行委員會,作爲全國性推行此一運動的策劃、聯繫、協調與指導機
構。翌年七月三十日正式組成中華文化復興運動推行委員會臺灣省分會,
(以下簡稱省分會)。隨後並輔導各縣市成立總支會,各鄉鎮市區成立會

報及各級學校成立支會，構成推行此項運動的組織體系。一九九一年，該會改組易名為中華文化復興運動總會，除了繼續發揚中華文化之外，也配合本土化文化建設，從事臺、澎、金、馬地區鄉土文化的研究和推廣。

當前文化建設之重點為：陶鑄全民的認同目標、全面推展社會倫理重整運動，確立完整的傳播媒體政策。

一九七7九年，行政院頒行「加強文化及育樂活動方案」，致力於設置文化專管機構、策動成立文化基金會、舉辦文藝季活動、設置文化獎、修訂著作權法、訂定文化資產保存法、文藝人才之培養、音樂水準之提高、國劇與話劇之推廣與扶植、文化活動中心之設立、傳統技藝之保存與發揚、民間設立文化機構之鼓勵等。

一九八一年，行政院文建會成立後，為貫徹文化建設計畫之有效實施，特於一九八三年七月修訂「加強文化及育樂活動方案」，重要措施計有關於縣市文化中心人員之培育暨活動之推展，學術文化著作之翻譯出版，文化資產之維護與宣導，國劇、地方戲曲及話劇之推廣與扶植，關於出版、廣播、電視、電影之輔導，關於音樂水準之提高，關於舞蹈水準之提高，關於全民美育之推廣與水準之提高，鼓勵民間設置文化機構，研訂與整理有關文化法規等十項。

一九八七年九月十日，行政院頒行「加強文化建設方案」，主要內容包括建立縣市文化中心特色，並充實其內容；加強維護文化資產；加強華僑文化活動之輔導；扶植全國性演藝團隊；文化機構專業人才之培訓；民族音樂之提倡；美術水準之提升；文藝中心及專業圖書館之籌設；推動舞臺藝術；舞蹈水準之提升；提倡現代國民生活運動；促進觀光旅遊事業，加強國民休閒活動；公共電視之發展與傳播媒體之輔導；倫理建設與公民教育之加強；民俗技藝活動之推動等。

為使各地文化中心展現當地風俗民情與特有的傳統文化，充分發揮文化中心功能，特邀請專家、學者就各地文化中心特色進行規劃，例如南投

縣竹藝博物館、臺東縣山地文物陳列室、桃園縣中國家具博物館、臺北縣現代陶瓷館、宜蘭縣臺灣戲劇館、雲林縣臺灣寺廟藝術館、臺中縣編織工藝博物館、臺中市臺灣民俗文物館、高雄縣皮影戲館、彰化縣南北管音樂戲曲館及澎湖縣海洋資源、花蓮縣石藝博物館、臺南縣臺灣民間傳統藝能館、屏東縣排灣族雕刻藝術館等，使每一縣市文化中心均有其特殊之文物景觀，更可進而促使地方優良傳統得以傳承、發揚與創新。

關於文化建設重要設施如下：興建國家劇院、音樂廳、自然科學博物館、科學工藝博物館、海洋博物館、臺灣史前文化博物館，以及遷建中央圖書館（現已易名為「國家圖書館」），整建南海學園各館，籌建中國文化園區等。

柒、文化資產之維護

一九八二年五月，政府公布文化資產保存法。全文共八章六十一條，計分古蹟、古物、民族藝術、民俗及有關文物，以及自然文化景觀五大項之文化資產之保存、維護、宣揚及權利之轉移等規定。其中最大特色，在於一法分屬四個部會主管，亦即古物、民俗藝術由教育部主管，古蹟、民俗及有關文物由內政部主管，自然文化景觀由農委會主管，文化資產保存之策劃與共同事項之處理，由行政院文化建設委員會會同有關部會決定之。該法中，專章列有罰則三條，分列以有期徒刑、拘役、或科以罰鍰方式，對於毀損、拆除古物、古蹟，改變或破壞自然文化景觀，獵捕採摘稀有動植物者，以及將國寶或重要古物偷運出國者，均列入罰則刑章之內。

　　一九八七年十一月，文建會舉辦「文化資產維護研討會」，邀集專家、學者百餘人，就文化資產保存有關之學理、法令、制度、人力及執行問題分古物、古蹟、民族藝術、民俗及有關文物、自然文化景觀等五組進行研討，對溝通觀念及實際問題之解決，頗有助益。

　　其次，多次舉辦古蹟修護技術研討會，以吸收國外古蹟保存先進國家技術與實務經驗，研討修護實務技術，藉技術交流提升國內古蹟修護水準。

　　其三，加強文化資產維護宣導，為鼓勵民眾參與文化資產之保存與維護，文建會製作有關之宣導短片，在電視臺播映；製作廣播節目，在電臺播送；印製文化資產叢書，分送有關機關團體學校，以廣宣傳；並委託臺灣電影公司、中國電視公司拍攝傳統技藝及古蹟欣賞影片。

　　此外，為保存傳習傳統民俗技藝，並為國民提供正當休閒場所，經協助高雄市政府規劃設置「民俗技藝園」、臺北市政府設置「昨日世界」、雲林縣政府設置「農業民俗文化村」，並指導民間於南投縣魚池鄉設置「九族文化村」等。此外，臺灣省政府民政廳於屏東縣瑪家鄉設置「臺灣山地文化園區」。

第三節　社會變遷

壹、人口變遷

一九四六年，臺灣人口約六百一十萬人，隨著中國大陸動亂，各省人士陸續遷徙來臺，臺灣人口驟增，至一九五○年，增爲七百五十萬人。一九五一年以後，由於國際局勢及實施徵兵制度，臺灣人口與外界的對流大幅減少，自然增加成爲主宰臺灣人口變遷的主要力量。由於高出生率而死亡率逐年下降之結果，一九六四年，臺灣地區人口突破一千二百萬人；一九八一年，超過一千八百萬人；一九八六年底，約一千九百五十萬人；一九九六年底，已增達約二千一百五十萬人。

雖然至一九五一年以後，人口遷徙的比例有限，但一九七一年以前人口的社會增加長期都是正數，亦即是移入型的人口，一九七○年代起轉爲移出型人口。

戰後臺灣人口死亡率延續日治時期的特色，繼續急速下降，一九四七年至一九六一年期間，粗死亡率由千分之十八降爲千分之七，其後，仍繼續下降，但趨勢漸趨緩和，一九七○年代則維持在千分之四·七。近年來，由於年齡結構的老化，死亡率呈緩慢提高之勢。至於出生率，戰後初期呈上升之勢，自一九五一年達於高峰，爲千分之五十。此後，開始逐漸下降。自一九六四年起，臺灣正式推行家庭計畫，不久獲致相當大的績效，避孕實行率高達百分之七十八，不亞於已開發國家，因此人口成長率顯著下降，迨至一九八六年已降至千分之十六，三十五年間下降了三分之三十五。近年來更接近千分之十，緩和人口快速增加的問題。

貳、社會福利及安全制度的建立

　　政府遷臺初期社會福利措施一直沿襲國民政府時期所制訂的舊法規，因此，逐漸無法因應臺灣邁入工業社會急激變遷的需求。一九七〇年代開始，政府逐步建立完備的社會福利法治，為社會福利事業的推展奠定良好的基礎。一九七三年訂頒兒童福利法，一九八〇年訂頒老人福利法、殘障福利法及新的社會救助法以取代舊的社會救濟法（一九四七年頒布），一九八九年訂頒少年福利法，一九九〇年修訂頒布殘障福利法、勞工保險條例、職業訓練法及勞動基準法。以職業訓練為例，臺灣的職業訓練工作開始於一九五六年，以委託工廠方式試辦職業訓練。一九八一年三月，內政部設立職業訓練局，專責統籌規劃和推動全國職業訓練、技能檢定及就業輔導工作。一九八三年五月，制定公布「職業訓練法」。一九八七年七月，職業訓練局改歸行政院勞工委員會。至於訓練單位，一九七三年，臺灣省政府在桃園市設立臺灣省北區職業訓練中心。一九八五年進而在臺南官田工業區內設南區職業訓練中心，從事多目標、多功能的職業人才培育。迄至一九八九年六月三十日止，接受過職業訓練的人數共達十一萬四千五百二十人，對提高國民就業能力，減少社會失業問題，確實發揮實際功能。

　　一九五〇年三月，臺灣省首先辦理勞工保險，為我國正式實施強制性社會保險之開端。同年六月，實施軍人保險。一九五八年九月，辦理公務員保險。一九六五年八月，辦理退休人員保險。一九八〇年十月，辦理私立學校教職員保險。一九八二年七月，辦理公務人員眷屬疾病保險。一九八四年一月，辦理私立學校教職員退休保險。一九八五年七月，辦理退休公務人員疾病保險及退休公務人員配偶疾病保險；同月，試辦農民健康保險，而於一九八九年七月正式實施農民健康保險。一九八九年九

月,辦理各級地方民意代表、村里長及鄰長健康保險。保險種類計多達十一種。至一九九四年六月底爲止有關健康保險的投保者約一千二百四十萬人,占總人口的百分之五十九。換言之,尙有占總人口百分之四十一的國民未納入保險,其中多數是勞、農保被險人的眷屬,而以老人和兒童最多。這些弱勢群體不但是醫療上的高風險、高需求者,而且是不易在民間保險市場中獲得適切的醫療的保護者。因此,擴大健康保險的適用範圍至全體國民,成爲政府在社會政策方面最迫切需要推展的重大措施。同時,爲了增進全體國民的健康,提供國民適當醫療服務,實施全民健康保險成爲政府責無旁貸的政策。

因此一九九五年三月一日,開始實施全民健康保險,主管機關爲中央衛生主管機關,業務監理機關爲全民健康保險監理委員會,爭議審議機關爲全民健康保險爭議審議委員會,保險人爲中央健康保險局,我國的社會安全制度從此邁入新紀元。

參、社會階層與社會流動

光復後臺灣社會的變遷快速,在職業、教育、城鄉,甚至財富等層面均有明顯的轉型現象,這些深刻影響臺灣社會階層的結構和社會流動的態勢。

一、家庭所得分配與社會分層

財富分配的不均是構成社會階層化現象的一個重要側面,而家庭所得

的分配則是測量此一現象常用的指標。若將臺灣的家庭所得按戶數五等分位，一九六四年至一九九○年間，最高和次高所得組家戶比率始終高達百分之六十，而最低和次低所得組家戶比率約占百分之二十，顯示高所得家戶遠多於低所得的家戶，似乎有一種「均富」的趨勢，異於日治時期和清領時期較接近「均貧」的狀態。

　　儘管如此，所得分配是不可能完全相等的，不均的現象依然存在。一九六四年至一九九○年間，臺灣最富五分之一家庭的所得是最貧五分之一家庭的四至五倍，其比率變化呈先降後升之趨勢，有如「U」字形，一九六○年代大致保持五倍的比率，一九七○年代呈逐漸下降的趨勢，一九八○年代由四倍逐年上升至五倍。蓋因一九六○至一九七○年代是臺灣的工業化時期，一方面農家急遽減少，蛻變成為勞工家庭，提高了所得，另一方面因農家部分人口就業於工業部門，或其家庭副業與兼差的關係，農家的非農業所得大幅地增加，使得家庭貧富的差距逐漸縮小了。一九八○年代臺灣開始面臨工業升級的轉型期，甚至邁入後工業預備期，在財富已累積至相當水準，卻無適當或足夠的管道疏通下，遂產生以房地產、股票及「大家樂」為主的金錢遊戲，加上金融投資的開放與多元化，加速了所得重分配，促使家庭貧富差距的擴大。

　　其次，都市化程度不同地區的家庭所得的確有顯著之差距。大致而言，一九六四年至一九九○年間都市地區的家庭所得平均較高，其次是城鎮地區，其每戶平均所得只占前者的百分之八十，鄉村地區每戶平均所得最低，只約占都市地區的百分之七十。近年來都市和鄉村間的家庭所得差距有擴大的趨勢，一九八六年尚接近百分之七十，一九九○年已降至百分之六十五。此外，農家所得顯然不如非農家所得，一九六四年至一九九○年間，農家所得占非農家所得的百分之七十五至八十三。根據《臺閩地區農漁業普查報告》指出，相對於專業農戶的急遽減少，兼業農戶迅速增加，成為臺灣農業的主體，一九六○年至一九八○年間專業農戶由百分之

四十八降爲百分之九，而兼業農戶則由百分之五十二升至九十一，可見農業所得中以兼業來源爲大宗。

二、階級流動

　　就戰後臺灣各類階級的世襲或傳承情形觀之，據一九八七年的家計資料顯示，比率最高的是工人階級，高達百分之八十三‧六，其次是經理階級占百分之三十四‧三，農民階級百分之二十‧三，居第三位，而資本家、小資本家則各占百分之十。若比較一九七六年的資料，則各類階級呈顯著增加者只有經理階級，由百分之二十增爲百分之三十四‧四，增加原因或與該階級特別注重下一代的教育有關。至於顯著減少者有小資本家階級和農民階級，前者由百分之二十四減爲百分之十，後者則由百分之四十降爲百分之二十，此應與社會及職業結構變遷有關，亦即臺灣由農業社會進入工業社會，職業結構由一級產業轉型爲二、三級產業，迫使大量農民轉業及傳統小規模的家庭企業相對萎縮。此外，工人與資本家階級的世襲情形，變化不大。

　　其次，關於階級的流動情形，流出方面，各階級都以流至工人階級的比率最高，資本家、小資本家、工人階級流入比率均高達百分之八十以上（詳見表10-1）。流入方面，農民階級的自我補充程度最高，達百分之八十四‧五（詳見表10-2）。換言之，兒子爲農民階級者，其父親也大多數是農民階級。就各類階級的主要供給者而言，農民階級還是小資本家與工人階級的最主要供給者。上述情形反映出臺灣社會在產業結構和階級結構上的三項變化：1.以農業爲主的產業型態轉爲以工業爲主的產業型態；2.相對於農民階級和小資本家階級的人數減少，除了工業工人階級迅速擴張之外，經理階級也增加了；3.階級流動的現象有很高的比例是屬於由農

民階級流動到藍領階級的情形，可見其中包含了相當高比例的社會或職業結構流動在內。整體而言，臺灣的階級流動率約五分之三，而階級世襲率約五分之二。至於促成職業結構流動的主因是農民階級大量流出到藍領階級的結果。要之，臺灣階級流動的主要來源不是個人供給面的流動機會增加，而是社會需求面帶來的結構性流動機會的擴充。

表10-1　一九八七年臺灣父子兩代階級流出表

父親階級＼兒子階級	資本家	小資本家	經理	工人	農民
資 本 家	0.0	2.4	8.5	85.4	3.7
小資本家	0.7	10.0	2.7	83.9	2.7
經　　理	5.2	3.1	34.4	56.3	1.0
工　　人	2.2	6.6	4.2	83.6	3.4
農　　民	1.5	8.7	1.1	68.8	20.3

資料來源：許嘉猷：〈臺灣的階級流動及其與美國的一些比較〉，《中國社會學刊》，14期，頁
　　　　　10-11。

表10-2　一九八七年臺灣父子兩代階級流入表

父親階級＼兒子階級	資本家	小資本家	經理	工人	農民
資 本 家	0.0	0.9	6.7	3.3	1.0
小資本家	7.3	20.4	11.4	17.6	4.0
經　　理	12.2	1.4	31.4	2.5	0.3
工　　人	48.8	27.6	37.1	36.0	10.2
農　　民	31.7	49.8	13.3	40.6	84.5

資料來源：許嘉猷：〈臺灣的階級流動及其與美國的一些比較〉，《中國社會學刊》，14期，頁16。

參考書目

壹、中文部分

一、專書與叢書

丁庭宇：社會經濟變遷與人口轉型：臺灣經驗的生育行為研究，臺北：巨流圖書公司，民國75年。

丁庭宇、馬康莊主編：臺灣社會變遷的經驗：一個新興的工業社會，臺北：巨流圖書公司，民國75年。

毛一波：臺灣文化源流，臺中：臺灣省政府新聞處，民國60年。

尤清主編：跨世紀臺灣：人口、社會、產經與環境，臺北：前衛出版社，民國84年。

王世慶：清代臺灣社會經濟，臺北：聯經出版公司，民國83年。

王良行：芳苑鄉志·經濟篇，彰化：芳苑鄉公所，民國86年12月。

王良行：鹿港鎮志·經濟篇，彰化：鹿港鎮公所，民國87年5月。

王作榮：臺灣如何創造了經濟奇蹟，臺北：聯經出版公司，民國73年。

王益滔：臺灣之農業經濟，臺北：臺灣銀行經濟研究室，臺灣研究叢刊第75種，民國51年。

王啟宗：臺灣的書院，臺中：臺灣省政府新聞處，民國76年。

王詩琅：日本殖民體制下的臺灣，臺北：眾文圖書公司，民國69年。

王傳燾：劉銘傳——臺灣現代化的推動者，臺北：幼獅文化公司，民國79年。

王國璠：中原文化與臺灣，臺北：臺北市文獻委員會，民國60年。

王國璠：臺灣抗日史，甲篇，臺北：臺北市文獻委員會，民國70年。

王曉波編：臺灣的殖民地傷痕，臺北：帕米爾書店，民國74年。

方豪：臺灣早期史綱，臺北：臺灣學生書局，民國83年。

孔秋泉等編：我國當前文化政策及其文化活動型態之實例研究，臺北：行政院文化建設委員會，民國76年。

尹章義：臺灣近代史論，臺北：自立晚報社，民國75年9月。

中華文化復興運動推行委員會臺灣分會：臺灣省推行中華文化復興運動工作報告，臺北：中華文化復興運動推行委員會臺灣分會，民國58年。

中國人口學會編：20世紀的臺灣人口變遷研討會論文集，臺北：中國人口學會，民國75年。

中國教育學會：臺灣省山地教育實施調查報告書，臺北：中國教育學會臺灣省分會，民國43年。

中國論壇編輯委員會主編：臺灣地區社會變遷與文化發展，臺北：聯經出版公司，民國74年。

文馨瑩：經濟奇蹟的背後，臺北：自立晚報社，民國79年。

石之瑜：兩岸關係的深層結構：文化發展與政治認知，臺北：永然文化出版社，民國81年。

石之瑜：民族主義外交的困境，臺北：世界書局，民國84年。

矢內原忠雄著、周憲文譯：日本帝國主義下之臺灣，臺北：帕米爾書店，民國74年。

施淑宜主編：見證——臺灣總督府（上、下），臺北：立虹出版社，民國85年。

朱景英：海東札記，臺北：臺灣銀行經濟研究室，臺灣文獻叢刊第19種，民國47年5月。

朱謙、漆敬堯：臺灣農村社會變遷，臺北：臺灣商務印書館，民國73年。

行政院大陸委員會：兩岸關係的回顧與前瞻，臺北：行政院大陸委員會，民國81年。

行政院大陸委員會：大陸政策與兩岸關係，臺北：行政院大陸委員會，民國82年。

行政院大陸委員會：大陸政策與兩岸關係報告書，臺北：行政院大陸委員會，民國83年。

行政院主計處：臺灣地區國民對家庭生活與社會環境意向調查報告，臺北：行政院主計處，民國71年。

行政院青年輔導委員會編：青少年白皮書，臺北：行政院青年輔導委員會，民國84年。

伊慶春、朱瑞玲主編：臺灣社會現象的分析：家庭、人口、政策與階層，臺北：中央研究院三民主義研究所，民國78年。

共黨問題研究中心編：兩岸關係大事紀，臺北：法務部調查局共黨問題研究中心，民國84年。

村上直次郎、岩生成一、中村孝志、永積洋子著，許賢瑤譯：荷蘭時代臺灣史論文集，宜蘭：佛光人文社會學院，民國91年6月。

吳文星：日據時期臺灣師範教育之研究，臺北：國立臺灣師範大學歷史研究所，民國72年。

吳文星：日據時期在臺「華僑」研究，臺北：臺灣學生書局，民國80年3月。

吳文星：日據時期臺灣社會領導階層之研究，臺北：正中書局，民國81年。

吳文星：鹿港鎮志·人物篇，彰化：鹿港鎮公所，民國89年6月。

吳田泉：臺灣農業史，臺北：自立晚報社文化出版部，民國82年。

宋文薰等：臺灣地區主要考古遺址初步評估第一階段研究報告，臺北：中國民族學

會，民國81年。

李功勤編：中國現代史與兩岸關係，臺北：美鐘出版社，民國84年。

李亦園：臺灣土著民族的社會與文化，臺北：聯經出版公司，民國71年。

李汝和主修、莊金德整修：臺灣省通志，卷五，教育志教育行政篇，臺北：臺灣省
文獻委員會，民國58年。

李汝和主修、莊金德整修：臺灣省通志，卷五，教育志制度沿革篇，臺北：臺灣省
文獻委員會，民國59年。

李汝和主修、盛清沂整修：臺灣省通志，卷七，人物志，臺北：臺灣省文獻委員
會，民國59年。

李汝和主修、毛一波整修：臺灣省通志，卷九，革命拒清篇，臺北：臺灣省文獻委
員會，民國59年。

李汝和主修、王詩琅整修：臺灣省通志，卷三，政事志行政篇，臺北：臺灣省文獻
委員會，民國61年。

李汝和：臺灣文教史略，臺中：臺灣省文獻委員會，民國61年。

李永熾：日本史，臺北：牧童出版社，民國64年。

李英明：現階段大陸政經社會發展與兩岸關係，臺北：永然文化出版社，民國83
年。

李登輝：臺灣農工部門間之資本流通，臺北：臺灣銀行經濟研究室，民國65年。

李登輝：臺灣農業發展的經濟分析，臺北：聯經出版公司，民國69年。

李登輝：經營大臺灣，臺北：遠流圖書公司，民國84年。

李筱峰：臺灣光復初期的民意代表（1946-1951），臺北：自立晚報社文化出版
部，民國75年。

李筱峰：臺灣民主運動40年，臺北：自立晚報社，民國76年。

李國祁：中國現代化的區域研究──閩浙臺地區1860-1916，臺北：中央研究院近
代史研究所，民國71年5月。

李國祁總纂、呂實強副總纂：臺灣近代史・政治篇，南投：臺灣省文獻委員會，民
國84年6月。

李國祁總纂、黃富三副總纂：臺灣近代史・經濟篇，南投：臺灣省文獻委員會，民
國84年6月。

李國祁總纂、蔡明哲副總纂：臺灣近代史・社會篇，南投：臺灣省文獻委員會，民
國84年6月。

李國祁總纂、陳捷先副總纂：臺灣近代史・文化篇，南投：臺灣省文獻委員會，民
國86年6月。

呂永祥：由兩岸關係看我國外交政策之取向，臺北：撰者，民國78年。

呂紹理：水螺響起──日治時期臺灣社會的生活作息，臺北：遠流圖書公司，民

87年。

呂淑靜：解嚴前後從報紙社論分析臺灣地區政治文化的轉變：以五報為分析對象，臺北：撰者，民國78年。

呂實強：丁日昌與自強運動，臺北：中央研究院近代史研究所，民國61年12月。

汪知亭：臺灣教育史，臺北：臺灣書店，民國48年。

何清欽：光復初期之臺灣教育，高雄：復文圖書公司，民國69年。

何傳坤：臺灣史前文化三論，臺北：稻鄉出版社，民國85年10月。

何鳳嬌：光復初期土地之接收與處理，臺北：國史館，民國84年。

杜南：中美斷交評述，臺北：時報文化公司，民國70年。

杜蘅之：中美新關係與國際法，臺北：臺灣商務印書館，民國70年。

沈葆楨：福建臺灣奏摺，臺北：臺灣銀行經濟研究室，臺灣文獻叢刊第29種，民國48年2月。

林子候：臺灣涉外關係史，臺北：三民書局，民國67年。

林正峰：從臺灣政治生態論政黨關係與政黨溝通，臺北：撰者，民國83年。

林再復：閩南人，臺北：撰者，民國76年10月增訂三版。

林再復：臺灣開發史，臺北：撰者，民國79年9月再版。

林明德、陳慈玉、許慶雄：日本歷史與文化，臺北：國立空中大學，民國81年。

林滿紅：茶、糖、樟腦與晚清臺灣，臺北：臺灣銀行經濟研究室，臺灣研究叢刊第115種，民國67年5月。

林衡哲：臺灣文化的真與美，臺北：前衛出版社，民國84年。

林衡道主修、莊金德纂修：臺灣省通志，卷五，教育志考選篇，臺北：臺灣省文獻委員會，民國62年。

周何總編纂：臺灣省教育廳志，臺中：臺灣省政府教育廳，民國81年。

周婉窈：日據時代的臺灣議會設置請願運動，臺北：自立晚報社，民國78年。

周婉窈：臺灣歷史圖說，臺北：聯經出版公司，民國86年10月。

周憲文：日據時代臺灣經濟史，第一、二冊，臺北：臺灣銀行經濟研究室，民國47年。

周憲文：清代臺灣經濟史，臺北：臺灣銀行經濟研究室，臺灣研究叢刊第45種，民國51年。

周憲文：臺灣經濟史，臺北：臺灣開明書店，民國69年。

孟祥瀚：臺東縣史・開拓篇，臺東：臺東縣政府，民國86年。

姉齒松平（日）原著、程大學等譯：日據時期祭祀公業及在臺灣特殊法律之研究（改訂版），臺中：臺灣省文獻委員會，日本東都書籍株式會社藏版，1983年6月。

俞文遠：臺灣經濟成長與教育發展之研究，臺北：嘉新水泥公司文化基金會，民國

58年。

姚永森：劉銘傳——首任臺灣巡撫，北京：時事出版社，1985年。

美援會編：中美合作經援概要，臺北：美援會，民國49年。

施琅：靖海紀事，臺北：臺灣銀行經濟研究室，臺灣文獻叢刊第13種，民國47年2
月。

施偉青：施琅評傳，廈門：廈門大學出版社，1987年。

胡偉姣、徐黛妮：文化統計彙編，臺北：行政院文化建設委員會，民國80年。

洪敏麟：臺灣省通志，卷八，同胄志，第一、二冊，臺中：臺灣省文獻委員會，民
國61年。

洪敏麟：臺灣舊地名之沿革，第一冊，臺中：臺灣省文獻委員會，民國69年。

馬立引：國民黨政府與臺灣政治發展，臺北：撰者，民國77年。

馬若孟（Ramon H. Myers）著，陳其南、陳秋坤譯：臺灣農村社會經濟發展，臺
北：牧童出版社，民國68年。

風雲論壇編輯委員會：海峽兩岸的和與戰，臺北：風雲論壇社，民國82年。

翁仕杰：臺灣民變的轉型，臺北：自立晚報社，民國83年。

翁佳音：臺灣武裝抗日史研究（1895-1902），臺北：國立臺灣大學，民國75年。

孫得雄、張明正編著：人口學與家庭計畫，臺北：國立空中大學，民國81年。

許木柱、李壬癸：重修臺灣省通志，卷三，住民志同胄篇，第一、二冊，南投：臺
灣省文獻委員會，民國84年。

許唯民等：臺灣生存之戰：國民黨遷臺40年大危機，臺北：群倫出版社，民國76
年。

許雪姬：清代臺灣的綠營，臺北：中央研究院近代史研究所，民國76年。

許雪姬：滿大人最後的二十年——洋務運動與建省，臺北：自立晚報社文化出版
部，民國82年3月。

席汝輯：臺灣的社會發展，臺北：東大圖書公司，民國78年。

高長：大陸經改與兩岸經貿關係，臺北：五南圖書公司，民國83年。

高拱乾：臺灣府志，臺北：臺灣銀行經濟研究室，臺灣文獻叢刊第65種，民國49
年。

曹永和：臺灣早期歷史研究，臺北：聯經出版公司，民國68年。

盛清沂、王詩琅、高樹藩：臺灣史，臺中：臺灣省文獻委員會，民國66年。

盛清沂撰、林衡道主編：臺灣史，臺中：臺灣省文獻委員會，民國66年4月。

郭廷以：臺灣史事概說，臺北：正中書局，重排本初版，民國85年12月。

陳三井總纂：鄭成功全傳，臺北：臺灣史蹟研究中心，民國68年。

陳三井：臺灣近代史事與人物，臺北：臺灣商務印書館，民國77年7月。

陳孔立主編：臺灣研究十年，廈門：廈門大學出版社，民國79年7月。

陳孔立：清代臺灣移民社會研究，廈門：廈門大學出版社，民國79年10月。

陳孔立主編：臺灣歷史綱要，北京：九洲圖書出版社，1996年3月。

陳在正、陳孔立、鄧孔昭等著：清代臺灣史研究，廈門：廈門大學出版社，民國75
　　年4月。

陳其南：臺灣的傳統中國社會，臺北：允晨文化公司，民國82年。

陳明通：派系政治與臺灣政治變遷，臺北：月旦出版社，民國84年。

陳明通：當前兩岸政治研究論文集，臺北：月旦出版社，民國84年。

陳奇祿等：中國的臺灣，臺北：中央文物供應社，民國69年。

陳芳明：臺灣戰後史資料選：二二八事件專輯，臺北：二二八和平日促進會、自立
　　晚報社，民國80年。

陳啟天：近代中國教育史，臺北：中華書局，民國68年。

陳培桂：淡水廳志，臺北：臺灣銀行經濟研究室，臺灣文獻叢刊第172種，民國52
　　年。

陳紹馨：臺灣的人口變遷與社會變遷，臺北：聯經出版公司，民國68年。

陳陽德：轉變中的臺灣地方政治，臺北：聯豐出版社，民國76年。

陳榮富：六十年來臺灣之金融與貿易，臺北：三省書局，民國45年。

陳靜瑜：芳苑鄉志・社會篇，彰化：芳苑鄉公所，民國86年12月。

張正昌：林獻堂與臺灣民主運動，臺北：撰者，民國69年。

張世賢：晚清治臺政策，臺北：私立東吳大學中國學術著作獎助委員會，民國67
　　年。

張佑宗：民主轉型與臺灣政治文化的變遷，臺北：撰者，民國80年。

張佳琳：臺灣光復後原住民教育政策研究，臺北：撰者，民國82年。

張宗漢：光復前臺灣之工業化，臺北：聯經出版公司，民國69年。

張炎憲：創造臺灣新文化，臺北：前衛出版社，民國82年。

張菼：鄭經鄭克塽紀事，臺北：臺灣銀行經濟研究室，臺灣研究叢刊第86種，民國
　　56年。

張菼：清代臺灣民變史研究，臺北：臺灣銀行經濟研究室，臺灣研究叢刊第104
　　種，民國59年。

張勝彥：臺灣史研究，臺北：華世出版社，民國70年4月。

張勝彥：南投開拓史，南投：南投縣政府，民國73年10月。

張勝彥：臺中縣志・行政篇，臺中：臺中縣政府，民國78年9月。

張勝彥：臺中縣志・役政篇，臺中：臺中縣政府，民國78年9月。

張勝彥：臺中縣志・戶政篇，臺中：臺中縣政府，民國78年9月。

張勝彥：清代臺灣廳縣制度之研究，臺北：華世出版社，民國82年3月。

張勝彥、吳文星、溫振華、戴寶村：臺灣開發史，臺北：國立空中大學，民國85年

1月。

張勝彥：臺中市史，臺中：臺中市立文化中心，民國88年6月。

張勝彥：鹿港鎮志‧政事篇，彰化：鹿港鎮公所，民國89年6月。

張瑞成編：光復臺灣之籌畫與受降接收，臺北：中國國民黨黨史會，民國79年。

莊金德：清代臺灣教育史料彙編，臺中：臺灣省文獻委員會，民國62年。

莊英章：林圯埔：一個臺灣市鎮的社會經濟發展史，臺北：中央研究院民族學研究
　　所，民國82年5月二刷。

連橫：臺灣通史，臺北：眾文圖書公司影印，民國67年2月。

黃大受：臺灣史綱，臺北：三民書局，民國71年10月。

黃士強：臺北芝山巖遺址發掘報告，臺北：臺北市文獻委員會，民國75年。

黃秀政：《臺灣民報》與近代臺灣民族運動（1920-1932），彰化：現代潮出版
　　社，民國76年12月。

黃秀政：臺灣割讓與乙未抗日運動，臺北：臺灣商務印書館，民國81年12月。

黃秀政：二二八事件研究報告，臺北：時報文化公司，民國83年5月。（賴澤涵總
　　主筆，五人合著）

黃秀政：臺灣史研究，臺北：臺灣學生書局，民國84年8月。

黃秀政總訂正，張勝彥、吳文星編著：認識臺灣（歷史篇），臺北：國立編譯
　　館，民國86年8月。

黃秀政總訂正，張勝彥、吳文星編著：國民中學認識臺灣（歷史篇）教師手冊，臺
　　北：國立編譯館，民國86年8月。

黃秀政等：臺灣史志論叢，臺北：五南圖書公司，民國88年6月。

黃秀政：戰後大里的經濟發展與社會變遷，臺中：臺中縣立文化中心，民國88年8
　　月。

黃秀政：鹿港鎮志‧沿革篇，彰化：鹿港鎮公所，民國89年6月。

黃秀政：臺中縣海線開發史，臺中：臺中縣立文化中心，民國90年12月。

黃武雄：臺灣教育的重建，臺北：遠流圖書公司，民國84年。

黃典權：鄭延平開府臺灣人物志，臺南：海東山房，民國47年。

黃典權：鄭成功史事研究，臺北：臺灣商務印書館，民國64年。

黃俊傑：戰後臺灣的轉型及其展望，臺北：正中書局，民國84年。

黃逢昶：臺灣熟蕃紀事，臺北：臺灣銀行經濟研究室，臺灣文獻叢刊第51種，民國
　　49年。

黃康顯主編：近代臺灣的社會發展與民族意識，香港：香港大學校外課程部，民國
　　76年12月。

黃嘉謨：美國與臺灣，臺北：中央研究院近代史研究所，民國55年。

黃嘉謨：甲午戰前之臺灣煤務，臺北：中央研究院近代史研究所，民國55年。

黃靜嘉：日據時期之臺灣殖民地法制與殖民統治，臺北：撰者，民國49年。

彭懷恩：臺灣政治變遷40年，臺北：自立晚報社，民國76年。

彭懷恩：中華民國政府與政治，臺北：風雲論壇社，民國84年。

彭懷恩：臺灣發展的政治經濟分析，臺北：風雲論壇社，民國84年。

葛永光：政治變遷與發展：臺灣經驗的探索，臺北：幼獅文化公司，民國78年。

葉桐、程蘊良、金良悅編：臺灣之職業教育，臺北：臺灣書店，民國38年。

葉振輝：清季臺灣開埠之研究，臺北：標準書局，民國74年5月。

葉振輝：臺灣開發史，臺北：臺源出版社，協和臺灣叢刊49，民國84年。

楊正寬：從巡撫到省主席──臺灣省政府組織調適之研究，臺中：臺灣省政府新聞處，民國79年5月。

楊彥杰：荷據時代臺灣史，南昌：江西人民出版社，民國81年9月。

楊渡：穿梭兩岸的密使：兩岸關係密使1949-1980，臺北：平氏出版社，民國84年。

楊國樞、葉啟政：臺灣的社會問題，臺北：巨流圖書公司，民國73年。

雷飛龍、華力進：海峽兩岸四十年，臺北：正中書局，民國83年。

游鑑明：日據時期臺灣的女子教育，臺北：國立臺灣師範大學歷史研究所，民國77年。

劉士永：光復初期臺灣經濟政策的檢討，臺北：稻鄉出版社，民國85年。

劉妮玲：清代臺灣民變研究，臺北：國立臺灣師範大學歷史研究所，民國72年。

劉益昌：臺灣的考古遺址，臺北：臺北縣立文化中心，民國81年。

劉益昌等：史前文化，臺東：交通部觀光局東部海岸風景特定區管理處，民國82年。

劉益昌：臺灣史前文化與遺址，臺中：臺灣省文獻委員會，民國85年。

劉振魯：劉銘傳傳，臺中：臺灣省文獻委員會，民國68年。

瞿本瑞、陳介英：臺灣社會與經濟論集，臺北：幼獅文化公司，民國84年。

廖正宏：臺灣農業發展的歷史社會分析，臺北：臺灣大學農業推廣系，民國74年。（microform資料）

廖風德：清代之噶瑪蘭，臺北：里仁書局，民國71年。

趙既昌：美援的運用，臺北：聯經出版公司，民國74年。

趙建民：兩岸互動與外交競逐，臺北：永業文化出版社，民國83年。

臧振華：臺灣考古，臺北：行政院文化建設委員會，民國84年。

臺灣省政府：臺灣教育發展的軌跡：歷任教育廳長向臺灣省議會工作報告詞，臺中：臺灣省政府教育廳，民國66年。

臺灣省政府社會處編：臺灣省社會變遷中的家庭問題調查報告，南投：臺灣省政府社會處，民國74年。

臺灣省政府教育廳：計畫教育的實施，臺北：臺灣省政府教育廳，民國38年。

臺灣省政府教育廳：十年來的臺灣教育會，臺北：臺灣省政府教育廳，民國45年。

臺灣省政府教育廳：臺灣省社會教育工作概況，臺中：臺灣省政府教育廳，民國48年。

臺灣省政府教育廳：臺灣省社會教育實施概況，臺中：臺灣省政府教育廳，民國49年。

臺灣省政府教育廳：今日的臺灣省教育，臺中：臺灣省政府教育廳，民國59年。

臺灣省政府教育廳：臺灣省九年國民教育的實施，臺中：臺灣省政府教育廳，民國61年。

臺灣省政府教育廳：臺灣省實施九年國民教育文獻，臺中：臺灣省政府教育廳，民國61年。

臺灣省政府教育廳：臺灣省教育規劃與展望，臺中：臺灣省政府教育廳，民國81年。

臺灣省政府教育廳：臺灣省教育行政會議實錄，臺中：臺灣省政府教育廳，民國81年。

臺灣省政府教育廳：臺灣省政府教育廳大事紀，臺中：臺灣省政府教育廳，民國83年。

臺灣省政府教育廳：臺灣省教育統計指標，臺中：臺灣省政府教育廳，民國83年。

臺灣省政府教育廳統計室：臺灣省光復以來各級教育發展概況，臺中：臺灣省政府教育廳，民國75年。

臺灣省政府教育廳臺灣教育發展史料彙編委員會：臺灣省教育發展史料彙編，臺中：臺灣省立臺中圖書館，民國83年。

臺灣省政府新聞處：臺灣光復40年專輯（政治建設篇），臺中：臺灣省政府新聞處，民國74年。

臺灣省政府新聞處：臺灣光復40年專輯（經濟建設篇），臺中：臺灣省政府新聞處，民國74年。

臺灣省政府新聞處：臺灣光復40年專輯（文化建設篇）：教育文化，臺中：臺灣省政府新聞處，民國74年。

臺灣省政府新聞處：臺灣光復40年專輯（社會建設篇），臺中：臺灣省政府新聞處，民國74年。

臺灣省政府新聞處：臺灣光復四十五年專輯之文化建設篇──教育發展與文化建設，臺中：臺灣省政府新聞處，民國79年10月。

臺灣省教育會編：十年來的臺灣教育會，臺北：臺灣省教育會，民國45年。

臺灣研究基金會編：臺灣的教育改革，臺北：前衛出版社，民國83年。

臺灣教育輔導月刊編輯委員會：臺灣教育發展的方向，臺北：臺灣教育輔導月刊社，民國49年。

臺灣銀行經濟研究室編：清聖祖實錄選輯，臺北：臺灣銀行經濟研究室，臺灣文獻叢刊第165種，民國52年3月。

臺灣銀行經濟研究室編：清代臺灣大租調查書，第一冊，臺北：臺灣銀行經濟研究室，臺灣文獻叢刊第152種，民國52年4月。

臺灣銀行經濟研究室編：清穆宗實錄選輯，臺北：臺灣銀行經濟研究室，臺灣文獻叢刊第190種，民國52年11月。

國家建設研究會主編：中華民國臺灣地區20年來經濟社會發展概況，臺北：國家建設研究會，民國62年。

鄧孔昭：鄭成功與明鄭臺灣史研究，北京：臺海出版社，民國89年2月。

管碧玲：民族主義與臺灣政黨政治，臺北：撰者，民國83年。

蔡志展：清代臺灣水利開發研究，臺中：昇朝出版社，民國69年。

蔡宏進：臺灣社會的發展與問題，臺中：漢新出版社，民國72年。

蔡明坤：臺灣省議會教育決議案之研究（民國35-70年），臺中：撰者，民國78年。

蔡政文、林嘉誠：臺海兩岸政治關係，臺北：業強出版社，民國83年。

蔡培火等：臺灣民族運動史，臺北：自立晚報社，民國71年。

鄭竹園：海峽兩岸經濟發展與互動，臺北：聯經出版公司，民國83年。

鄭梓：臺灣省參議會史研究（1946-1951），臺北：華世出版社，民國74年3月。

鄭牧心（梓）：臺灣議會政治40年，臺北：自立晚報社，民國76年。

鄭梓：戰後臺灣的接收與重建，臺北：新化圖書公司，民國83年3月。

衛惠林等：臺灣省通志稿，卷八，同胄志，第一、二冊，臺中：臺灣省文獻委員會，民國54年。

薛光前主編：近代的臺灣，臺北：正中書局，民國65年。

賴永祥：臺灣史研究——初集，臺北：三民書局，民國59年。

賴遠清：臺灣地區解嚴後政治民主轉型之研究，桃園：撰者，民國80年。

賴澤涵、黃俊傑主編：光復後臺灣地區發展經驗，臺北：中央研究院中山人文社會科學研究所，民國80年。

黎中光：國民政府與臺灣終戰初期的政治經濟（1945-1952），臺北：東吳大學社會學研究所，民國81年。

盧德嘉：鳳山縣采訪冊，臺北：臺灣銀行經濟研究室，臺灣文獻叢刊第73種，民國49年。

簡炯仁：臺灣民眾黨，臺北：稻鄉出版社，民國80年。

戴天昭著、李明峻譯：臺灣國際政治史，臺北：前衛出版社，民國85年。

戴炎輝：清代臺灣之鄉治，臺北：聯經出版公司，民國68年。

戴國煇：臺灣史研究，臺北：遠流出版公司，民國74年3月。

戴寶村：清季淡水開港之研究，臺北：國立臺灣師範大學歷史研究所，民國73年。

戴寶村：臺中港開發史，臺中：臺中縣立文化中心，民國76年。

蕭國和：臺灣農業興衰四十年，臺北：自立晚報社，民國76年。

瞿海源、章英華主編：臺灣社會與文化變遷，臺北：中央研究院民族學研究所，民國75年。

瞿海源編纂、劉寧顏總纂：重修臺灣省通志，卷三，住民宗教篇，第一冊，南投：臺灣省文獻委員會，民國81年4月。

藍鼎元：平臺紀略，臺北：臺灣銀行經濟研究室，臺灣文獻叢刊第14種，民國47年4月。

羅敦偉：美援運用在各方面所發生效果之研究，臺北：中央委員會設計考核委員會，民國49年。

嚴演存：臺灣之艱危時間——民國36年到民國39年之臺灣，臺北：自立晚報社，民國76年9月。

二、論文

中村孝志：荷領時代之臺灣農業及其獎勵，臺灣經濟史初集，臺北：臺灣銀行經濟研究室，民國43年。

王世慶：民間信仰在不同祖籍移民的鄉村之歷史，臺灣文獻，第23卷第3期，民國61年。

王世慶：參與光復後臺灣地區修志之回顧及對重修省志之管見，臺灣文獻，第35卷第1期，民國73年3月。

王國璠：劉銘傳，臺北文獻，第10、11、12期（合刊），民國45年。

方豪：臺灣行郊研究導言與臺北之郊，東方雜誌，復刊第5卷第12期，民國61年。

方豪：臺南之郊，大陸雜誌，第44卷第4期，民國61年。

方豪：鹿港之郊，現代學苑，第9卷第3期，民國61年。

方豪：新竹之郊，中國歷史學會史學專刊，第4期，民國61年。

方豪：澎湖、北港、新港、宜蘭之郊，現代學苑，第9卷第7、8期，民國61年。

石磊：臺灣土著民族，國文天地，第5卷第11期，民國79年。

石璋如：圓山貝塚之發掘與發現，大陸雜誌，第9卷第2期，民國43年。

田錦：近60年來中國憲政與民權之發展，近代中國，第1期，民國66年4月。

朱珊：再論施琅與鄭延平的恩怨，臺南文化，第7卷第2期，民國50年。

朱雅靜：施琅與鄭延平的恩怨，文史薈刊，第1期，民國48年。

宇驥：從生產型態與聚落景觀看臺灣史上的平埔族，臺灣文獻，第21卷第1期，民國59年。

吳文星：日據時代臺灣書房之研究，思與言，第16卷第3期，民國67年9月。

吳文星：日據時期臺灣的教育與社會領導階層之塑造，第一屆歷史與中國社會變遷研討會論文集，下冊，臺北：中央研究院三民主義研究所，1983年7月。（轉載於《臺灣師範大學歷史學報》，第10期，民國72年6月）。

吳文星：日據時期臺灣總督府推廣日語運動初探，東海歷史學報（臺灣開發史研討會專輯），第7期，民國74年12月。（又略作修訂，仍以原題刊載於臺灣風物，第37卷第1、4期，民國76年3、12月。另收入國立臺灣師範大學歷史學系編，《認識臺灣歷史論文集》，民國86年）。

吳文星：日據時期臺灣的放足斷髮運動，收入瞿海源、章英華主編，臺灣社會與文化變遷，臺北：中央研究院民族學研究所，民國75年6月。（又略作修訂，收入張玉法、李又寧編，《中國婦女史論文集》，第2輯，臺北：臺灣商務印書館，民國77年。另收入國立臺灣師範大學歷史學系編，《認識臺灣歷史論文集》，民國86年）。

吳文星：日據時期地方自治改革運動之探討，臺灣史研究暨史料發掘研討會論文集，高雄：臺灣史蹟研究中心，民國75年11月。

吳文星：日據初期臺灣社會領導階層之肆應與變動，臺灣師範大學歷史學報，第15期，民國76年6月。

吳文星：日據時期臺灣社會領導階層與「國語普及運動」，（上、下），近代中國，第55、56期，民國76年10、12月。

吳文星：日據時期臺灣書房教育之再檢討，思與言，第26卷第1期，民國77年5月。

吳文星：日據時期臺灣社會領導階層與社會文化變遷——以放足斷髮運動為例，臺灣省文獻委員會慶祝成立四十週年紀念論文專輯，民國77年6月。

吳文星：日據初期（1895-1910）西人的臺灣觀，臺灣風物，第40卷第1期，民國79年3月。

吳文星：清季李春生的自強思想——以臺事議論為中心，近代中國歷史人物論文集，臺北：中央研究院近代史研究所，民國82年6月。（另收入《李春生的思想與時代》，臺北：正中書局，民國84年4月）。

吳文星：新渡戶稻造與日本治臺之宣傳，日據時期臺灣史國際學術研討會論文集，臺北：國立臺灣大學歷史系，民國82年6月。

吳文星：「二二八事件」期間國民政府的因應與決策之探討，收入賴澤涵主編，臺灣光復初期歷史，臺北：中央研究院中山人文社會科學研究所，民國82年8

月。

吳文星：日據時期臺灣的高等教育，中國歷史學會史學集刊，第25期，民國82年9月。

吳文星：太陽旗下的臺灣──教育篇，日本文摘，第100期紀念特刊，民國83年5月。（另以〈日本統治時代の教育制度を振り返る〉為題譯載於《中華週報》，1685-1693號，民國83年9月5日～11月7日）

吳文星：臺胞對日本統治的拒斥與調適，收入李國祁總纂、呂實強副總纂，臺灣近代史・政治篇，南投：臺灣省文獻委員會，民國84年6月。

吳文星：如何看待日據時代臺灣史，學術講演專集，第12輯，臺北：臺灣師範大學，民國85年6月。

吳文星：日治時期臺灣糖業改革之序幕，高雄歷史與文化論集，第3輯，高雄：陳中和翁慈善基金會，民國85年10月。

吳文星：日治時期殖民統治政策之演變，講義彙編，南投：臺灣史蹟源流研究會，民國86年7月。

吳文星：東京帝國大學與臺灣「學術探險」之展開，臺灣史研究一百年──回顧與研究，臺北：中央研究院臺灣史研究所籌備處，民國86年12月。

吳文星：日治時期舊制臺南師範學校之探討，南師一百年，臺南：國立臺南師範學院，民國87年12月。

吳文星：日治時期臺灣社會階層的變動，臺灣史蹟研習會講義彙編（下），臺北：臺北市文獻委員會，民國88年8月。

吳文星：二二八事件期間留臺日人之見聞，臺灣文獻，第50卷第4期，民國88年12月。

吳文星：日治時期臺灣的社會變遷，講義彙編，南投：臺灣史蹟源流研究會，民國89年2月。

吳文星：八田與一對臺灣土地改良之看法，八田與一技師研究會，臺南：現代文化基金會、嘉南農田水利會，民國89年5月。（另見《臺灣歷史學報》，第28期，民國89年6月）。

吳文星：日治時期舊制臺中師範學校之探討（1899-1902），臺灣文獻史料整理研究學術研討會，南投：臺灣省文獻委員會，民國89年11月。

吳文星：近十年來關於日治時期臺灣教育史研究之動向（1991-2000），臺灣師範大學歷史學報，第28期，民國90年6月。

吳田泉：臺灣之農業發展，臺灣銀行季刊，第40卷第3期，民國78年7月。

宋文薰：臺灣的考古遺址，臺灣文獻，第12卷第3期，民國50年。

宋文薰：史前時期的臺灣，收入黃富三、曹永和編，臺灣史論叢，第一輯，臺北：眾文圖書公司，民國69年。

宋文薰、鹿野忠雄：臺灣先史時代的文化層，收入黃富三、曹永和編，臺灣史論叢，第一輯，臺北：眾文圖書公司，民國69年。

宋文薰、劉益昌：探尋古人足跡——臺灣的考古遺址，大眾科學，第5卷第1期，民國73年。

宋文薰：臺灣的考古學，臺灣風物，第38卷第4期，民國77年。

李壬癸：臺灣平埔族的種類及其相互關係，臺灣風物，第42卷第1期，民國81年。

李亦園：臺灣傳統的社會結構，收入臺灣省文獻委員會主編，臺灣史蹟源流講義彙編，臺中：臺灣省文獻委員會，民國70年。

李登輝：臺灣農業經濟之回顧與展望，臺灣土地金融月刊，第13卷第6期，民國65年。

李國祁：清季臺灣政治的近代化——開山撫蕃與建省（一八七五～一八九四年），中華文化復興月刊，第8卷第12期，民國64年。

李國祁：清代臺灣社會的轉型，中華學報，第5卷第2期，民國67年。

李榮秋：第一次臺海危機期間的美國對華政策，政治學報，第9期，民國70年12月。

李騰嶽：建省始末，文獻專刊，第4卷第1、2期（合刊），民國42年。

呂實強：蔣經國先生的歷史地位，近代中國，第76期，民國79年4月。

汪榮祖：施琅與臺灣，國立中央圖書館館刊，第18卷第2期，民國74年。

邵玉銘：美國、蘇俄與國共四角關係之研究（1945-1949），美國研究，第10卷第1、2期，民國69年6月。

岩生成一：荷鄭時代臺灣與波斯間之糖茶貿易，南方土俗，臺灣經濟史二集，臺北：臺灣銀行經濟研究室，民國44年。

林一新：臺灣的工業與農業——臺灣傳統經濟——之分析，中國經濟評論，第73-74期，民國69年10月。

林子候：明鄭對日關係與存銀事件，臺灣文獻，第25卷第4期，民國63年。

林衡道：臺灣民俗與民間宗教信仰，收入臺灣省文獻委員會主編，臺灣史蹟源流講義彙編，臺中：臺灣省文獻委員會，民國77年。

林鐘雄：臺灣經濟發展的基礎，馬關條約一百年-臺灣命運的回顧與展望國際學術研討會，民國84年4月。

孟祥瀚：左宗棠經營臺灣的理念，興大歷史學報，第6期，民國85年6月。

侯立朝等：「保釣」運動的回顧與檢討，人與社會，第6卷第3期，民國67年8月。

柯志明：日據臺灣農村之商品化與小農經濟之形成，中央研究院民族學研究所集刊，第68期，民國79年。

柯志明：所謂「米糖相剋」問題——以日據臺灣作為一個依賴發展的例子，臺灣風物，第40卷第2期，民國79年6月。

根岸勉治：日據時代臺灣之商業資本型殖民地企業型態，臺灣銀行季刊，第10卷第
　　1期，民國47年3月。

洪秋芬：日據初期臺灣的保甲制度（1895-1903），中央研究院近代史研究所集
　　刊，第21期，民國81年。

洪秋芬：臺灣保甲和「生活改善」運動，1937-1945，思與言，第29卷第4期，民國
　　80年12月。

洪秋芬：一九二〇年代臺灣保甲制度和社會運動關係初探，中國歷史學會史學集
　　刊，第26期，民國83年9月。

洪敏麟：綜觀臺灣山地社會結構與文化演變之軌跡，臺灣文獻，第22卷第3期，民
　　國60年。

范燕秋：日據前期臺灣之公共衛生——以防疫為中心之研究，臺北：國立臺灣師範
　　大學歷史研究所碩士論文，民國83年。

范燕秋：鼠疫與臺灣之公共衛生（1896-1917），中央圖書館臺灣分館館刊，第1卷
　　第3期，民國84年3月。

范燕秋：日治前期臺灣公共衛生之形成（1895-1920），思與言，第33卷第2期，民
　　國84年6月。

范燕秋：醫學與殖民擴張——以日治時期臺灣瘧疾研究為例，新史學，第7卷第3
　　期，民國85年9月。

凌純聲：古代閩越人與臺灣土著族，學術季刊，第1卷第2期，民國41年。

許介鱗：日據時期統治政策，收入李國祁總纂、呂實強副總纂，臺灣近代史‧政治
　　篇，南投：臺灣省文獻委員會，民國84年6月。

許雪姬：福建臺灣建省的研究，國立政治大學歷史學報，第3期，民國74年。

許達然（文雄）：清朝臺灣社會動亂，收入古鴻廷、黃書林合編，臺灣歷史與文化
　　（一），臺北：稻鄉出版社，東海大學通識教育中心專刊　，民國88年9月二
　　刷。

許達然（文雄）：清朝臺灣福佬客家衝突，收入古鴻廷、黃書林合編，臺灣歷史與
　　文化（三），臺北：稻鄉出版社，東海大學通識教育中心專刊　，民國89年2
　　月。

許文雄：十八及十九世紀臺灣民變和社會結構，收入古鴻廷、黃書林、顏清苓合
　　編，臺灣歷史與文化（四），臺北：稻鄉出版社，東海大學通識教育中心專刊
　　，民國89年11月。

徐雪霞：明鄭時期漢人在臺灣的拓展，臺南文化，第18期，民國73年。

曹永和：鄭氏時代之臺灣墾殖，臺灣銀行季刊，第6卷第1期，民國42年。

莊金德：清初嚴禁沿海人民偷渡來臺始末（上、下），臺灣文獻，第15卷第3、4
　　期，民國53年。

盛清沂：明鄭內政考略，臺灣文獻，第27卷第2期，民國65年。

陳正祥、段紀憲：臺灣之人口，臺灣銀行季刊，第4卷第1期，民國40年。

陳其南：清代臺灣漢人社會的開墾組織與土地制度之形成，食貨月刊，復刊第9卷第10期，民國69年。

陳君愷：光復之疫：臺灣光復初期衛生與文化問題的鉅視性觀察，思與言，第31卷第1期，民國82年3月。

陳秋坤：臺灣土地的開發，收入黃富三、曹永和編，臺灣史論叢，第一輯，臺北：眾文圖書公司，民國69年。

陳秋坤：清代前期對臺少數民族政策與臺灣土著的傳統土地權利（1690-1766），近代中國初期歷史研究討論會文集（下），臺北：中央研究院近代史研究所，民國78年。

陳純瑩：臺灣光復初期之警政（1945-1953），臺北：臺灣師範大學歷史研究所博士論文，民國82年。

陳清添：略述臺灣光復後教育政策與主要教育行政措施，臺灣文獻，第4卷第3期，民國78年。

陳盛韶：問俗錄，收入陳淑均，噶瑪蘭廳志，卷五風俗，第二冊，臺北：臺灣銀行經濟研究室，臺灣文獻叢刊第160種，民國52年3月。

陳漢光：鄭氏復臺與其開墾，臺灣文獻，第12卷第1期，民國50年。

陳國棟：清代中葉臺灣與大陸之間的帆船，臺灣史研究，第1卷第1期，民國83年。

張世賢：清代治臺政策的發展，收入黃富三、曹永和編，臺灣史論叢，第一輯，臺北：眾文圖書公司，民國69年。

張菼：清代初期治臺政策的檢討，臺灣文獻，第21卷第1期，民國59年。

張淑雅：杜魯門與臺灣，歷史月刊，第23期，民國78年12月。

張勝彥：清代臺灣書院制度初探（上、下），食貨月刊，第6卷第3、4期，民國85年6、7月。

張勝彥：清代臺灣漢人土地所有型態之研究，東海大學歷史學報，第4期，民國70年2月。

張勝彥：清代臺灣廳縣之建置與調整，史聯雜誌，第22期，民國82年6月。

張勝彥：清代臺灣知縣制度之研究，臺灣文獻，第44卷第2、3期，民國82年9月。

張勝彥：臺灣教育的發展，收入李國祁總纂、陳捷先副總纂，臺灣近代史·文化篇，南投：臺灣省文獻委員會，民國84年6月。

張勝彥：清代臺灣之廳制——以淡水廳為例，臺灣史研究，民國87年6月。

張漢裕：日據時代臺灣經濟之演變，臺灣銀行季刊，第4卷第4期，民國40年12月。

張耀錡：平埔族社名對照表，文獻專刊，第2卷第1、2期，民國40年。

連照美：臺北圓山遺址現況調查研究報告，臺北文獻，直字第83期，民國77年。

奧田彧、陳茂詩、三浦敦史：荷領時代之臺灣農業，臺灣經濟史初集，臺北：臺灣
　　銀行經濟研究室，民國43年。

黃秀政：朱一貴的傳說與歌謠，臺灣文獻，第26卷第3期，民國64年。

黃秀政：清代臺灣內地化政策的發軔：論藍鼎元的積極治臺主張，興大文史學
　　報，第7期，民國66年6月。

黃秀政：清代臺灣的分類械鬥事件，興大文史學報，第9期，民國68年6月。

黃秀政：書院與臺灣社會，臺灣文獻，第31卷第3期，民國69年。

黃秀政：《臺灣青年》與近代臺灣民族運動（1920-1922），國立臺灣師範大學歷
　　史學報，第13期，民國74年6月。

黃秀政：馬關議和的割臺交涉（上、下），近代中國，第55、56期，民國75年10、
　　12月。

黃秀政：乙未割臺與清代朝野的肆應，興大文史學報，第17期，民國76年3月。

黃秀政：光緒乙未臺灣抗日運動的性質與影響，思與言，第26卷第1期，民國77年5
　　月。

黃秀政：清代治臺政策的再檢討：以渡臺禁令為例，興大文史學報，第20期，民國
　　79年3月。

黃秀政：劉永福與乙未反割臺運動，甲午戰爭一百週年紀念學術研討會論文集，臺
　　北：臺灣師範大學，民國84年3月。

黃秀政：論清廷朝野的反割臺言論，歷史月刊，第88期，民國84年5月。

黃秀政：清季政治的演進：割讓與抗拒，收入李國祁總纂、呂實強副總纂，臺灣近
　　代史‧政治篇，南投：臺灣省文獻委員會，民國84年6月。

黃秀政：丘逢甲與1895年反割臺運動，丘逢甲與臺灣歷史文化學術研討會論文
　　集，臺中：逢甲大學，民國85年3月。（與楊護源合著）

黃秀政：清代鹿港的防務與官治組織，興大文史學報，第27期，民國86年6月。
　　（與陳靜寬合著）

黃秀政：傳記與戰後臺灣史研究，興大臺中夜間部學報，第3期，民國86年11月。

黃秀政：清代鹿港的移墾與社會發展，興大文史學報，第28期，民國87年6月。

黃秀政：林氏宗族與清代臺灣中部的開發：以臺中林氏宗廟相關衍派為中心，香港
　　大學中文系主辦「明清史國際學術研討會」，民國90年4月。

黃典權：陳永華史事研究，臺灣文獻，第26卷第1期，民國64年。

黃富三、曹永和：導言，收入黃富三、曹永和編，臺灣史論叢，第一輯，臺北：眾
　　文圖書公司，民國69年。

黃富三：清代臺灣漢人之耕地取得問題，收入黃富三、曹永和編，臺灣史論叢，第

一輯，臺北：眾文圖書公司，民國69年。

黃富三：劉銘傳與臺灣的近代化，收入黃富三、曹永和編，臺灣史論叢，第一輯，臺北：眾文圖書公司，民國69年。

溫振華：清代臺灣漢人的企業精神，國立臺灣師範大學歷史學報，第9期，民國70年5月。

溫振華：清代臺灣中部的開發與社會變遷，國立臺灣師範大學歷史學報，第11期，民國72年。

游鑑明：日據時期公學校的臺籍女教師，日據時期臺灣史國際學術研討會論文集，民國82年6月。

游鑑明：日據時期公學校女教師的搖籃：臺北第三高等女學校，收入賴澤涵主編，臺灣光復初期歷史，臺北：中央研究院中山人文社會科學研究所，民國82年11月。

葉龍彥：臺灣光復初期的高等教育（1945-1949），臺北文獻，第102期，民國81年12月。

劉益昌：史前文化與臺灣原住民關係初步探討，臺灣風物，第45卷第3期，民國84年。

趙綺娜：1940年代美國外交政策中的臺灣戰略地位，美國研究，第12卷第1期，民國71年3月。

鄭梓：戰後臺灣省制之變革——從行政長官公署到臺灣省政府（1945-1947），思與言，第26卷第1期，民國77年5月。

鄭梓：國民政府對於「收復臺灣」之設計——「臺灣接管計劃之草擬」爭議與定案，東海大學歷史學報，第9期，民國77年7月。

鄭瑞明：臺灣明鄭與東南亞之關係初探——發展東南亞貿易之動機、實務及外商之前來，國立臺灣師範大學歷史學報，第14期，民國75年。

樊信源：清代臺灣民間械鬥歷史之研究，臺灣文獻，第25卷第4期，民國63年。

蔡淵洯：合股經營與清代臺灣的土地開發，國立臺灣師範大學歷史學報，第13期，民國74年6月。

蔡淵洯：清代臺灣行郊的發展與地方權力結構之變遷，國立臺灣師範大學歷史學報，第14期，民國75年6月。

薛正良：臺灣省主席任內的陳誠，歷史月刊，第23期，民國78年12月。

賴永祥：鄭英通商略史，臺灣風物，第4卷第4期，民國43年。

賴永祥：明鄭藩下官爵表，臺灣研究，第一輯，民國45年。

賴永祥：明鄭時期臺灣的開發梗概，臺灣風物，第11卷第3期，民國51年。

賴永祥：臺灣鄭氏與英國通商關係史，臺灣文獻，第16卷第2期，民國54年。

賴澤涵：陳儀和二二八事件，臺灣風物，第40卷第2期，民國79年6月。

賴澤涵：二二八事件與當代臺灣的發展，當代，第34期，民國78年2月。

戴寶村：光復後臺灣的都市化，歷史月刊，第15期，民國78年4月。

魏啟林：百年來臺灣產業的國際導向，馬關條約一百年-臺灣命運的回顧與展望國
　　際學術研討會，民國84年4月。

顧樹型：臺灣光復以來歷任省主席，中國與日本，第247期，民國70年9月。

貳、日文部分

一、專書

井出季和太：臺灣治績志，臺北：臺灣日日新報社，1937年。

王育德：臺灣——苦悶するその歷史，東京：弘文堂，1980年。

矢內原忠雄：矢內原忠雄全集，第2卷，東京：岩波書店，1963年。

臺灣總督府官房文書課：臺灣統治綜覽，臺北：臺灣總督府，1908年。

臺灣總督府警務局：臺灣社會運動史（原臺灣總督府警察沿革誌，第一、二篇，中
　　卷），東京：原書房重刊，1973年。

向山寬夫：日本統治下における臺灣民族運動史，東京：中央經濟研究所，1987
　　年。

安倍明義：臺灣地名研究，臺北：蕃語研究會，昭和13年（1938年）。

伊能嘉矩：臺灣蕃政志，臺北：臺灣總督府民政部殖產局，1904年。

伊能嘉矩：臺灣志，東京：以文館，明治44年（1911年）。

伊能嘉矩：臺灣文化志，東京：刀江書院，昭和10年（1935年）。

吉野秀公：臺灣教育史，臺北：著者發行，1927年。

谷川勝三：臺灣を愛した日本人——嘉南大圳の父八田與一の生涯，日本松山市：
　　青葉圖書公司，1989年。

佐藤源志：臺灣教育の進展，臺北：臺灣出版文化株式會社，1943年。

阿部宗光、阿部洋編：韓國と臺灣の教育開發，東京：アジア經濟研究所，1972
　　年。

東鄉實、佐藤四郎：臺灣植民發達史，臺北：晃文館，1916年。

近藤正已：總力戰と臺灣，東京：刀水書房，1996年。

春山明哲、若林正丈：日本殖民地主義の政治的展開（1895-1934），東京：アジ
　　ア政經學會，1980年。

若林正丈：臺灣抗日運動史研究，東京：研文出版社，1983年。

若林正丈、劉進慶、松永正義合編：臺灣百科，東京：大修館書店，1990年。

許世楷：日本統治下の臺灣，東京：東京大學出版會，1972年5月。

涂照彥：日本帝國主義下の臺灣，東京：東京大學出版會，1975年。
淺田喬二：日本帝國主義下の民族革命運動，東京：未來社，1973年。
黃昭堂：臺灣民主國の研究——臺灣獨立運動史の一斷章，東京：東京大學出版
　　會，1970年。
黃昭堂：臺灣總督府，東京：教育社，1981年。

二、論文
中村孝志：臺灣における鹿皮の產出とその日本輸出について，日本文化，第33
　　期，昭和28年（1953年）。
中村孝志：オラコダの臺灣經營，天理大學學報，第43期，昭和39年。
近藤正巳：戰時下臺灣の軍夫動員と皇民化政策，臺灣近現代史研究，第6號，
　　1988年。

參、英文部分
George W, Barclay, *Colonial Development and Population in Taiwan.* (Princeton
　　University Press, 1954)
Ching-chin Chen, *Japanese Socio-Political Control in Taiwan, 1895-1945.* Ph. D. diss.
　　(Harvard University, 1968)
Edward I-te, Chen, *Japanese Colonialism in Korea and Formosa: A Comparison of
　　its Effects upon the Development of Nationalism.* Ph. D. diss., (University of
　　Pennsylvania, 1968)
Wan-yao Chou, *The Kominka Movement: Taiwan under Wartime Japan, 1937-1945.* Ph. D.
　　diss. (Yale University)
Tung-tsu Ch'u, *Local Government in China under the Ch'ing.* (Cambridge, Massachusetts:
　　Harvard University Press, 1970)
James W, Davidson, *The Island of Formosa, Past and Present.* (New York, Book World,
　　1903)
Harry J., Lamley, *The Taiwan Literati and Early Japanese Rule, 1895-1915.* Ph. D. diss.
　　(University of Washington, 1964)
Harry J., Lamley, *The 1895 Taiwan Republic,* Journal of Asian Studies, 27:4 (Aug. 1968),
　　pp.739-762.
Ramon H. Myers & R. Peattie Mark, ed., *The Japanese Colonial Empire, 1895-1945.*
　　(Princeton University Press, 1984)
Takekoshi Yosaburo, *Japanese Rule in Formosa,* Trans. By George Braithwaita, (London,

1907)

Hui-Yu Caroline, Ts'ai, *One Kind of Control: The Hoko System in Taiwan under Japanese Rule, 1895-1945*. Ph. D. diss., (Columbia University, 1990)

E. Patricia Tsurumi, *Japanese Colonial Education in Taiwan, 1895-1945*. (Havard University Press, 1977)

國家圖書館出版品預行編目資料

臺灣史／黃秀政，張勝彥，吳文星著.--三版.
--臺北市：五南圖書出版股份有限公司，
2023.08
 面；公分
978-626-366-299-5(平裝)

1.臺灣史

733.21   112010690

1W69 臺灣史系列

臺灣史

作　　者 — 吳文星　黃秀政　張勝彥

發 行 人 — 楊榮川

總 經 理 — 楊士清

總 編 輯 — 楊秀麗

副總編輯 — 黃惠娟

責任編輯 — 陳巧慈

美術編輯 — 郭佳慈

封面設計 — 姚孝慈

出 版 者 — 五南圖書出版股份有限公司

地　　址：106台北市大安區和平東路二段339號4樓

電　　話：(02)2705-5066　　傳　真：(02)2706-6100

網　　址：https://www.wunan.com.tw

電子郵件：wunan@wunan.com.tw

劃撥帳號：01068953

戶　　名：五南圖書出版股份有限公司

法律顧問　林勝安律師

出版日期　2002年2月初版一刷
　　　　　2011年4月二版一刷
　　　　　2023年8月三版一刷

定　　價　新臺幣480元

五南
WU-NAN

全新官方臉書

五南讀書趣

WUNAN
Books since1966

Facebook 按讚

1秒變文青

★ 專業實用有趣
★ 搶先書籍開箱
★ 獨家優惠好康

不定期舉辦抽
贈書活動喔！！

五南讀書趣 Wunan Books

經典永恆・名著常在

五十週年的獻禮——經典名著文庫

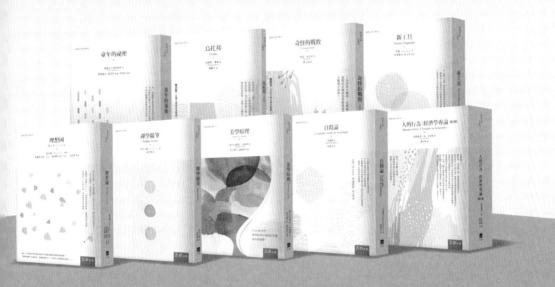

五南，五十年了，半個世紀，人生旅程的一大半，走過來了。

思索著，邁向百年的未來歷程，能為知識界、文化學術界作些什麼？

在速食文化的生態下，有什麼值得讓人雋永品味的？

歷代經典・當今名著，經過時間的洗禮，千錘百鍊，流傳至今，光芒耀人；

不僅使我們能領悟前人的智慧，同時也增深加廣我們思考的深度與視野。

我們決心投入巨資，有計畫的系統梳選，成立「經典名著文庫」，

希望收入古今中外思想性的、充滿睿智與獨見的經典、名著。

這是一項理想性的、永續性的巨大出版工程。

不在意讀者的眾寡，只考慮它的學術價值，力求完整展現先哲思想的軌跡；

為知識界開啟一片智慧之窗，營造一座百花綻放的世界文明公園，

任君遨遊、取菁吸蜜、嘉惠學子！